REVISIÓN DEL CONCEPTO CONSTITUCIONAL DEL SECRETO DE LAS COMUNICACIONES

FERNANDO JOSÉ RIVERO SÁNCHEZ-COVISA
Notario

REVISIÓN DEL CONCEPTO CONSTITUCIONAL DEL SECRETO DE LAS COMUNICACIONES

DYKINSON

Este libro ha sido sometido a evaluación por parte de nuestro Consejo Editorial
Para mayor información, véase www.dykinson.com/quienes_somos

Editorial DYKINSON, S.L. Meléndez Valdés, 61 - 28015 Madrid
Teléfono (+34) 91 544 28 46 - (+34) 91 544 28 69

e-mail: info@dykinson.com
http://www.dykinson.es
http://www.dykinson.com

ISBN: 978-84-9148-056-3
Depósito Legal: M-657-2017

Maquetación:
Germán Balaguer Valdivia
german.balaguer@gmail.com

A mi esposa Marta

ÍNDICE

1. CONCEPTO TRADICIONAL DEL SECRETO DE LAS COMUNICACIONES 11

2. CONVERSACIONES ORALES COMO COMUNICACIÓN SUJETA AL SECRETO DE LAS COMUNICACIONES 31

3. SECRETO DE LAS COMUNICACIONES EN EL ÁMBITO DE LAS NUEVAS TECNOLOGÍAS 63

4. EXTENSIÓN DEL SECRETO DE LA COMUNICACIÓN A LOS DATOS EXTERNOS: DATOS DE TRÁFICO Y DATOS DE LOCALIZACIÓN 115

5. RECAPITULACIÓN: CONCEPTO ACTUAL DEL SECRETO DE LAS COMUNICACIONES. PRESUPUESTOS DE APLICACIÓN DEL ARTÍCULO 18.3 DE LA CONSTITUCIÓN ESPAÑOLA 185

6. INTERCEPTACIÓN DE LAS COMUNICACIONES Y TERCEROS AFECTADOS: LA L.O. 13/2015 189

1. CONCEPTO TRADICIONAL DEL SECRETO DE LAS COMUNICACIONES

Comentaba LUÍS MARÍA DÍEZ PICAZO "*...sólo la comunicación indirecta que ha de valerse de algún medio técnico (postal, telefónico, informático, etc.) está cubierta por el art. 18.3 CE. No lo está, en cambio, la comunicación directa (verbal o no verbal), ya que aquí depende esencialmente de los comunicantes evitar la interferencia de terceros. Ni que decir tiene que ello no obsta a la posible aplicabilidad del derecho a la intimidad...*"[1].

Esta opinión es generalizada dentro de la doctrina, y así, más recientemente, JOSÉ LUÍS RODRÍGUEZ LAINZ lo reitera con otras palabras: "*Ello supone que por exclusión tal protección constitucional está vedada cuando la comunicación tiene lugar directamente entre personas a través de la palabra, el gesto o la expresión corporal. Esta idea es la que late en la jurisprudencia de nuestro Tribunal Constitucional, dando a entender que es esta intervención del tercero en el tránsito de la comunicación el elemento esencial que da lugar a la protección del art. 18.3 de la Constitución cualquiera que sea la evolución que experimenten las tecnologías de las comunicaciones, la que define el concepto estricto de comunicación protegido por el mencionado precepto. La protección constitucional del secreto de las comunicaciones lo es tanto en cuanto el contenido de lo que comunicamos necesita la participación de un tercero para su transmisión, cualquiera que sea la técnica o naturaleza del soporte en que éste tenga lugar. Fuera, por tanto, de este estricto ámbito habremos de acudir a la*

[1] DÍEZ-PICAZO, LUÍS MARÍA, "Sistema de Derechos Fundamentales", Editorial Thomson Civitas, Cizur Menor, 2005, página 311.

protección que nos brindan otros preceptos de la Constitución, mas no su art. 18.3".[2]

El artículo 39 de la Ley 9/2014, de 9 de mayo, General de Telecomunicaciones establece: "*1. Los operadores que exploten redes públicas de comunicaciones electrónicas o que presten servicios de comunicaciones electrónicas disponibles al público deberán garantizar el secreto de las comunicaciones de conformidad con los artículos 18.3 y 55.2 de la Constitución, debiendo adoptar las medidas técnicas necesarias".*

No obstante, el propio DÍEZ PICAZO destaca: "*...el secreto admite grados dependiendo de las características técnicas –y, por tanto, también de las expectativas de reserva– del medio empleado para la comunicación. Por ejemplo, quien envía una tarjeta postal o habla por un teléfono móvil no puede esperar el mismo nivel de secreto que, respectivamente, quien envía una carta en sobre cerrado o habla por un teléfono fijo...*"[3].

El artículo 5.1 de la Directiva 2002/58/CE dispone: "*1. Los Estados miembros garantizarán, a través de la legislación nacional, la confidencialidad de las comunicaciones, y de los datos de tráfico asociados a ellas, realizadas a través de las redes públicas de comunicaciones y de los servicios de comunicaciones electrónicas disponibles al público. En particular, prohibirán la escucha, la grabación, el almacenamiento u otros tipos de intervención o vigilancia de las comunicaciones y los datos de tráfico asociados a ellas por personas distintas de los usuarios, sin el consentimiento de los usuarios interesados, salvo cuando dichas personas estén autorizadas legalmente a hacerlo de conformidad con el apartado 1 del artículo 15. El presente apartado no impedirá el almacenamiento técnico necesario para la conducción de una comunicación, sin perjuicio del principio de confidencialidad*".. El Reglamento UE 611/2013 de 24 de junio de 2013 relativo a las medidas aplicables a la notificación de casos

---

[2] RODRÍGUEZ LAINZ, JOSÉ LUÍS "Estudios sobre el secreto de las comunicaciones. Perspectiva doctrinal y jurisprudencial", Wolters Kluwer España, S.A., 2011, página 206. El Considerando 20 de la Directiva 2002/58/CE dice: "*(20) Los proveedores de servicios deben tomar las medidas adecuadas para salvaguardar la seguridad de sus servicios, de ser necesario en conjunción con el suministrador de la red, e informar a los abonados de todo riesgo especial relativo a la seguridad de la red. Tales riesgos pueden presentarse especialmente en el caso de los servicios de comunicaciones electrónicas a través de una red abierta como Internet o de una red de telefonía móvil analógica...*".

[3] DÍEZ-PICAZO, LUÍS MARÍA, "Sistema de Derechos Fundamentales", Editorial Thomson Civitas, Cizur Menor, 2005, página 312.

de violación de datos personales en el marco de la Directiva 2002/58/CE del Parlamento Europeo y del Consejo sobre la privacidad y las comunicaciones electrónicas, ordena un régimen de notificaciones de dichas violaciones a la autoridad nacional competente y a los usuarios o abonados afectados.

La Ley 9/2014, consciente de que las comunicaciones electrónicas pueden presentar cierta vulnerabilidad, y siguiendo las directrices establecidas en el Considerando 20 de la Directiva 2002/58/CE y el artículo 21.4 de la Directiva 2009/136/CE, establece en su artículo 41 una serie de deberes de los operadores que exploten redes o presten servicios de comunicaciones electrónicas: informar sobre la existencia de un "*riesgo particular de violación de la seguridad de la red pública o del servicio de comunicaciones electrónicas*", notificar a la Agencia Española de Protección de Datos los supuestos de "*violación de los datos personales*" y al abonado o particular directamente afectado, y llevar un inventario de las violaciones acontecidas.

El derecho al secreto de las comunicaciones se configura como un derecho formal. Como reconoce la Sentencia del Tribunal Constitucional de 29 de noviembre de 1984: "*...se predica de lo comunicado, sea cual sea su contenido y pertenezca o no el objeto de la comunicación misma al ámbito de lo personal, lo íntimo o lo reservado*". En consecuencia, a la hora de determinar qué comunicación queda sujeta al artículo 18.3 CE nunca se tendrá en cuenta el contenido de lo comunicado, sino el hecho mismo de la comunicación. Para que dicha comunicación quede sujeta a la protección constitucional del artículo 18.3 CE, lo trascendente no es el contenido de la comunicación, ni aquello que haya sido pactado entre los interesados, sino el hecho mismo de la comunicación: la comunicación como fenómeno o proceso en unas condiciones específicas.

La comunicación, aunque no sea bidireccional –como ocurre con los correos electrónicos–, debe ser cerrada, entendiendo ese carácter cerrado en el sentido de que el número de destinatarios o interlocutores está inicialmente determinado y sean identificables, aunque pueda ampliarse o ir variando en el curso de la comunicación, pero esos interlocutores, aunque sean variables, deben estar determinados.

Tampoco se configura como elemento definidor de la <comunicación> la transmisión de dichos contenidos en tiempo real. Ello puede ser definidor de un tipo de comunicaciones: las telefónicas, con independencia de cuál sea el medio empleado, sea cable, ondas, o la red. Estas se caracterizan por las notas de bilateralidad (la posibilidad de obtener una respuesta inmediata del destinatario o destinatarios), o por realizarse en tiempo real. Puede comprender sólo voz, o también imágenes o videoconferencia. Según la doctrina tradicional lo relevante es realizarse por medio de un operador: el tercero (distinto de los comunicantes) que facilite un medio para el desarrollo y materialización de la comunicación.

La Directiva 2006/24/CE, aunque invalidada por la STJUE Gran Sala de 8 de abril de 2014, nos ofrece un criterio delimitador del concepto de comunicación. La referencia contenida en la Directiva 2006/24/CE a los <destinatarios de una llamada telefónica por Internet> evidencia que la comunicación puede ser no sólo entre dos sujetos, sino que puede abarcar varios destinatarios. El artículo 3 de la Ley 25/2007, de 28 de octubre, de conservación de datos relativos a las comunicaciones electrónicas y a las redes públicas de comunicaciones enumera, entre los datos objeto de conservación: *"2.- ...i) La identificación de usuario o el número de teléfono del destinatario o destinatarios de una llamada telefónica por Internet"*.[4]

Dentro de los chats, puede diferenciarse entre los chats privados (como aquellos grupos que se crean en whatsapp), de los chats públicos o abiertos, donde personas no inicialmente determinadas pueden emitir o colgar pensamientos o expresar opiniones, incluyendo datos personales como su fotografía. ¿Cuándo estamos ante una comunicación sujeta al secreto y cuándo no puede hablarse de una comunicación sujeta al secreto de las comunicaciones? Esto es ¿Cuándo puede hablarse de una comunicación secreta, en cuanto reducida a un número de sujetos interlocutores o comunicantes, y cuándo estamos ante una

---

[4] A este tipo de llamadas, comprensivas de varios sujetos comunicantes, responde las llamadas propias de un grupo de Skype (llamada o conversación grupal), donde pueden desarrollarse conversaciones o videoconferencias en tiempo real. Este servicio de comunicación en tiempo real entre varios destinatarios, sin embargo, no es posible en los chats o grupos de whatsapp, que sin embargo sí permite configurar grupos donde se desarrollen envío de mensajes de voz, imágenes o texto entre los integrantes de dicho grupo. Estas llamadas o comunicaciones en tiempo real también son posibles en Facebook a través de la aplicación "hangouts". En Instagram es posible enviar mensajes, tanto de texto, como como de imágenes, pero no llamadas en tiempo real.

simple exposición al público (sea ésta última más o menos amplia, o reducida en cuanto al número de destinatarios)?

Esta cuestión plantea cómo diferenciar cuándo nos encontramos ante una <comunicación> propiamente dicha, sujeta a la garantía constitucional del artículo 18.3 CE, y cuándo estamos ante una simple exposición de datos personales, sean o no íntimos, con motivo de colgar los datos en el muro o perfil (esto es, en el Facebook, Twiter o Istagram), que sería una simple revelación de datos personales, respecto a un número de destinatarios, que puede ser amplio o restringido dependiendo de la configuración de la "red social" elegida, pues el usuario puede configurarla como más o menos restringida o "privada", o abierta y accesible por terceros. Teniendo en cuenta, además, que estas mismas plataformas pueden permitir desarrollar comunicaciones abiertas o intercambio de contenidos entre un número indeterminado de sujetos, accesible por terceros, donde no cabe esperar la confidencialidad predicable de la comunicación amparada por el artículo 18.3 CE, pero también pueden permitir comunicaciones propiamente dichas, sujetas a dicha garantía constitucional.

Se trata de establecer aquellos presupuestos necesarios para identificar una comunicación amparada por la garantía constitucional del artículo 18.3 CE.

La Directiva 2002/58/CE advertía: *"(16) La información que forma parte de un servicio de radiodifusión suministrado en una red pública de comunicaciones y está dirigida a una audiencia potencialmente ilimitada no constituye una comunicación con arreglo a la presente Directiva. No obstante, en casos en que se pueda identificar al abonado o usuario individual que recibe dicha información, por ejemplo, con servicios de vídeo a la carta, la información conducida queda incluida en el significado del término "comunicación" a efectos de la presente Directiva"*. Es el concepto de "audiencia potencialmente ilimitada" el que excluía el concepto de comunicación, y, por tanto, la protección de su carácter secreto. De nuevo se diferencia entre <divulgación> de <comunicación>, con independencia del medio o técnica utilizada para ello. Es el carácter <determinado> e <identificable> del número de destinatarios el que permite afirmar que estamos ante una <comunicación>. Lo que no significa que dicha comunicación debe ser inmediata, o en tiempo real: puede diferirse en el tiempo, como ocurre con la comunicación postal, incluso con los servicios de mensajería móviles, en los que el mensaje puede ser <abierto> por el destinatario pasado un tiempo desde su emisión o envío. Por ello, el artículo 2 de la Directiva 2002/58/CE definía la llamada como: *"e) "llamada": una conexión establecida por medio de un servicio telefónico disponible para el público que permita la comunicación bidireccional en tiempo real;"*. Es decir, dentro de las comunicaciones aquello que caracteriza a la llamada telefónica, frente otras comunicaciones igualmente protegidas por el secreto de las comunicaciones, es su realización "en tiempo real", y que los contenidos pueden emitirse en ambas direcciones, esto es, cada comunicante puede ser emisor y receptor, aunque ello no significa que deba utilizarse necesariamente una red de telefonía, pudiendo usar como medio dicha llamada tanto ondas como el propio internet[5].

Tenemos, por tanto, un primer elemento definidor: el número de destinatarios de la comunicación, debe estar determinado al tiempo de su inicio, aunque pueden ser varios y variables en el curso del desarrollo de la comunicación, siempre que éstos estén determinados, y aunque la comunicación resulte fallida respecto de alguno de ellos. Quedaría, por tanto, fuera del concepto de comunicación sujeta al secreto del artículo 18.3 CE aquellos supuestos de emisión de un contenido, ideas, pensamientos, texto, imagen o sonido, en que los sujetos destinatarios están inicialmente indeterminados, con independencia de aquel que emite, publica, o cuelga, ciertos conceptos, mensajes, pensamientos, o fotografías, busque su conocimiento por un número amplio o reducido de destinatarios. Aquí podría hablarse de revelación de pensamiento o intimidad para su conocimiento por otros, búsquese un conocimiento por los demás de forma generalizada, o sólo respecto de un núcleo o número reducido de destinatarios.

---

[5] El Anexo II de la Ley 9/2014 General de Telecomunicaciones define la <llamada> como: *"21. Llamada: una conexión establecida por medio de un servicio de comunicaciones electrónicas disponible para el público que permita la comunicación bidireccional de voz"*. El mismo Anexo II define, en su apartado 31, la red de comunicación electrónica (siguiendo art. 2 de la Directiva 2002/21/CE modificado por la Directiva 2009/140/CE), y como subespecie de la misma <las telecomunicaciones> en su apartado 39. El Considerando 13 de la Directiva 2009/136/CE reconoce que *"La bidireccionalidad es inherente a un servicio de esta índole, lo que permite la comunicación entre ambas partes"*. La Directiva 2002/21/CE, modificada por la Directiva 2009/140/CE define la llamada como *""llamada": una conexión establecida por medio de un servicio de comunicaciones electrónicas disponible para el público que permita la comunicación de voz bidireccional.»"*.

La Directiva 2002/58/CE definía el <correo electrónico> como: "*h) "correo electrónico": todo mensaje de texto, voz, sonido o imagen enviado a través de una red de comunicaciones pública que pueda almacenarse en la red o en el equipo terminal del receptor hasta que éste acceda al mismo*". Al igual que ocurre con el correo postal, está comunicación no responde al concepto de comunicación <en tiempo real>, sino que puede implicar un lapso de tiempo entre emisión y recepción, incluso la simple recepción no implica apertura del correo, en el sentido de acceso al conocimiento de su contenido.

La determinación del destinatario estaba implícita en el artículo 2 de la Directiva 2002/58/CE cuando define la comunicación como: "*d) "comunicación": cualquier información intercambiada o conducida entre un número finito de interesados por medio de un servicio de comunicaciones electrónicas disponible para el público. No se incluye en la presente definición la información conducida, como parte de un servicio de radiodifusión al público, a través de una red de comunicaciones electrónicas, excepto en la medida en que la información pueda relacionarse con el abonado o usuario identificable que reciba la información;*" La referencia al <número finito de interesados> evidencia que los interlocutores o sujetos de una comunicación puede ser más de dos, pero también que su número debe estar determinado, en el sentido, de que la comunicación va dirigida a sujetos previamente definidos, aunque la misma resulte infructuosa respecto alguno de ellos. Esta definición es reproducida literalmente en el artículo 64 del Real Decreto 424/2005, de 15 de abril (Reglamento de la Ley General de Telecomunicaciones), en su apartado c). Esta definición parece introducir un nuevo elemento en la delimitación del concepto de la comunicación: "*que la información pueda relacionarse con el abonado o usuario identificable que reciba la información*". Este último inciso no puede ser interpretado en el sentido de definir la comunicación por razón del contenido de la misma, esto es, de la información transmitida, lo que es de todo punto improcedente porque, como veremos, el secreto de las comunicaciones protege el hecho de la comunicación, con independencia del contenido (de lo comunicado). Lo relevante es, como destaca el Considerando 16 de la Directiva 2002/58/CE, que el destinatario esté determinado y sea identificable al tiempo de remitir la información, con independencia del contenido de la comunicación[6]: es decir que la información se destine específicamente a un destinatario[7].

El artículo 86 del Real Decreto 524/2005 reconoce que la comunicación puede existir y, por tanto, estar sujeta a secreto de cara a su interceptación, aunque no llegue a su destinatario, esto es, no sea fructífera: "*1....Junto con las comunicaciones deberán poder facilitar la información relativa a la interceptación que se enumera en el artículo 88, aun cuando la comunicación quede en mero intento por no llegar a establecerse...*". Y su artículo 87 reconoce que la comunicación sujeta a secreto, y, por tanto, a un control judicial en su interceptación, puede utilizar diversos medios y la información transmitida puede abarcar diversos contenidos: "*2. El acceso se facilitará para todo tipo de comunicaciones electrónicas, en particular, por su penetración y cobertura, para las que se realicen mediante cualquier modalidad de los servicios de telefonía y de transmisión de datos, se trate de comunicaciones de vídeo, audio, intercambio de mensajes, ficheros o de la transmisión de facsímil*".

La Ley 9/2014, de 9 de mayo, General de Telecomunicaciones, en su Preámbulo aclara que queda fuera de su ámbito de aplicación los medios de comunicación social: "*La Ley excluye expresamente de su regulación los contenidos difundidos a través de servicios de comunicación audiovisual, que constituyen parte del régimen de los medios de comunicación social, y que se caracterizan por ser transmitidos en un solo sentido de forma simultánea a una multiplicidad de usuarios. No obstante, las redes utilizadas como soporte de los servicios de radiodifusión sonora y televisiva y los recursos asociados sí son parte integrante de las comunicaciones electrónicas reguladas en la presente Ley*". Des-

---

[6] Un periódico digital dirigido a un número cerrado de usuarios, puede permitir identificar el destinatario de la comunicación en la medida que sea comunicado por un correo electrónico. Pero, si simplemente se facilita un código o contraseña de acceso a la página web podrá acceder al contenido de dicho periódico digital accesible por internet, dicha información no iría dirigida "específicamente" al mismo, aunque el destinatario fuere identificable, y la información publicada o comunicada se relacione con el mismo.

[7] El artículo 88 del Real Decreto 524/2005 enumera entre la información a suministrar con motivo de una interceptación legal de una comunicación: "***a)*** *Identidad o identidades –en la acepción definida en el artículo 84.i)– del sujeto objeto de la medida de la interceptación.* ***b)*** *Identidad o identidades –en la acepción definida en el artículo 84.i)– de las otras partes involucradas en la comunicación electrónica*". Nos da a entender que pueden existir varios sujetos involucrados en la comunicación, pero dichos sujetos son identificables y están limitados inicialmente y durante el desarrollo de la comunicación.

tacamos la referencia a "servicios de comunicación audiovisual, que constituyen parte del régimen de los medios de comunicación social, y que se caracterizan por ser transmitidos en un solo sentido de forma simultánea a una multiplicidad de usuarios". La Ley reconoce que no es tanto el medio empleado (la red utilizada) como la circunstancia de que la transmisión del mensaje o contenidos se realiza en "un solo sentido" y a una "multiplicidad de usuarios", aquello que diferencia los <medios de comunicación social> de las <comunicaciones sujetas al secreto del art 18.3 CE>. Aunque alguno de esos destinatarios indeterminados pudiera expresar una respuesta, lo realizaría por medio de un canal abierto, es decir, accesible por terceros, del cual no cabe expectativa de confidencialidad. Es decir, toda exposición de pensamientos, imágenes, conocimientos, ideas, etc... de forma unidireccional y dirigida a un número indeterminado de destinatarios, se configuraría como una exposición o revelación del interesado que hace público, de una manera más o menos amplia o restringida, dichos contenidos. Es una divulgación de dichos contenidos, cuyos destinatarios, pueden ser más o menos numerosos.

El artículo 39.4 de la Ley 9/2014, General de Telecomunicaciones al regular las interceptaciones de las comunicaciones, de conformidad con la Ley de Enjuiciamiento Criminal, dispone: "*4. El acceso se facilitará para todo tipo de comunicaciones electrónicas, en particular, por su penetración y cobertura, para las que se realicen mediante cualquier modalidad de los servicios de telefonía y de transmisión de datos, se trate de comunicaciones de vídeo, audio, intercambio de mensajes, ficheros o de la transmisión de facsímiles*". Reconoce que la <comunicación> objeto de dicho secreto puede utilizar como medio tanto la telefonía, comunicaciones de video, audio, intercambio de mensajes, ficheros o de la transmisión de facsímiles". El artículo 40 de dicha ley también alude a: "interceptación de señales no dirigidas al público en general".

Para poder hablar de secreto de las comunicaciones amparado por la garantía constitucional del artículo 18.3 CE se requiere que la comunicación –por sí– responda a una estructura, con independencia de la voluntad de los interlocutores o de los pactos suscritos por todos o algunos de ellos. Estos pactos pueden tener trascendencia desde la perspectiva del respeto al derecho a la intimidad o de la protección de datos de carácter personal, en la medida que pueden constatar consentimientos que autoricen desvelar ciertos datos íntimos, delimitando el ámbito donde se autoriza la revelación del secreto, o pueden permitir ciertas cesiones o tratamientos de datos personales, consentidas por su titular, o facilitar la publicidad de dichos datos haciéndolos accesibles al público en general.

Pero en el ámbito del secreto de las comunicaciones lo realmente relevante es la estructura de la propia comunicación: el modo de desarrollarse dicha comunicación. Según la doctrina y jurisprudencia tradicional, para que dicha comunicación quede amparada por el artículo 18.3 CE, dicha comunicación debe responder a los siguientes presupuestos, que enumeramos siguiendo la STCo 281/2006, de 9 de octubre[8]:

a)Requerir la intervención de un tercero que facilita un medio (correo, operador de telefonía, operador de internet...) para trasmitir dicha comunicación: "*...la protección constitucional se proyecta sobre el proceso de comunicación mismo cualquiera que sea la técnica de transmisión utilizada (STC 70/2002) y con independencia de que el contenido del mensaje transmitido o intentado transmitir –conversaciones, informaciones, datos, imágenes, votos, etc.– pertenezca o no al ámbito de lo personal, lo íntimo o lo reservado (STC 114/1984)*"(F.D. 3º).

El tercero que facilita el <medio de comunicación> puede ser público o privado: "*...a los efectos de la protección del derecho al secreto de las comunicaciones postales es indiferente quién presta el servicio postal, de modo que el derecho al secreto de las comunicaciones postales alcanza el proceso de comunicación tanto si se presta mediante servicios públicos como privados,...*"(F.D. 3º b).

b)Pueden utilizarse diversas técnicas o medios para dicha comunicación: "*...el término «comunicaciones» al que se refiere el art. 18.3 CE, sirve para denotar el objeto de protección de este derecho constitucional sea cual sea el medio a través del cual la comunicación tiene lugar –postal, telegráfico, telefónico...–; de modo que la noción constitucional de*

[8] Reconoce que "*...desde la STC 114/1984, de 29 de noviembre, son varias las características delimitadoras del derecho protegido en el art. 18.3 CE que, si bien han sido elaboradas por este Tribunal en relación con una de las formas de comunicación protegidas en dicho precepto, las comunicaciones telefónicas, hemos de precisar ahora que se proyectan también sobre el derecho a las comunicaciones postales...*" (F.D.3º):

comunicación ha de incorporar los elementos o características comunes a toda clase de comunicación" (F.D. 3º b STCo 281/2006).

Siguiendo este criterio jurisprudencial, la STS Sala 2ª, 413/2015, de 30 de junio de 2015 (Roj 3177/2015), dice: "*la protección constitucional del secreto de las comunicaciones abarca todos los medios de comunicación conocidos en el momento de aprobarse la norma fundamental, y también los que han ido apareciendo o puedan aparecer en el futuro, no teniendo limitaciones derivadas de los diferentes sistemas técnicos que puedan emplearse (SSTS núm. 367/2001, de 22 de marzo y núm. 1377/1999, de 8 de febrero)*". (F.D. 1)[9]. El artículo 588 ter a) de la LECRim

---

[9] En la STS Sala 2ª 895/2014, de 23 de diciembre de 2014, (Roj 5810/2014) "*se prorroga " la intervención del número de teléfono...y se autoriza a los Mossos d`Esquadra la...la intervención y observación de las comunicaciones, así como de las comunicaciones GPRS/UMT...* ". En STS Sala 2º 10636/2014, de 22 de diciembre de 2014 (Roj 5392/2014), se intervienen un correo electrónico, teléfonos, y una línea ADSL asociada a un teléfono fijo: "*Por último, interesa la parte recurrente la nulidad del auto de 8 de marzo de 2010 (folios 480 y ss), que autorizó la intervención que se pueda producir a través de la línea ADSL asociada al teléfono fijo 91.388.73.33, cuyo titular es la empresa POEXPA S.L., incluyendo datos asociados a la comunicación así como listado de titulares de esta Compañía con los que establezca comunicación o de cualquier otro dato que puedan aportar y se encuentre en su base de datos, debiendo los funcionarios de la UDYCO proceder a la grabación íntegra de los correos y demás que tengan lugar en el ADSL, en soporte informático (disco magnético-óptico). Argumenta para ello que del auto habilitante resultaba que las comunicaciones realizadas debían ser grabadas, es decir, que era necesario que se produjera algún tipo de comunicación a través de esta línea ADSL a través de un servidor POP y de unas DNS que entrega la propia compañía telefónica. El resto de las comunicaciones efectuadas al no poder ser grabadas porque no salen del servidor no podían ser intervenidas y, por tanto, ninguna garantía de su intervención a través de esa línea ADSL se puede ofrecer, puesto que a los correos electrónicos de Yahoo o de Hotmail se puede acceder desde cualquier ordenador, de tal modo que no hay forma de asegurar que dichas comunicaciones se produjeron a través de la línea ADSL. Asimismo aduce que la intervención de esa línea ADSL se hace precisamente para detectar algún modo de comunicación que estuviesen utilizando las personas investigadas en ese momento, pero no para intervenir un número indefinido de diferentes cuentas de correo electrónico, como ha resultado ser el caso, pues si se ha tenido acceso a un correo electrónico de una cuenta Hotmail, se ha tenido acceso a toda la cuenta y por ello a toda una serie de comunicaciones anteriores sobre las que no había autorización judicial. Dejando de lado las cuestiones técnicas respecto del distinto servidor que tengan el remitente y destinatario del correo, es lo cierto que, a solicitud de la policía, el Juez de Instrucción dictó auto autorizando la intervención de la comunicaciones telemáticas que se pudieran producir a través de la línea ADSL asociada al número de teléfono fijo citado, incluyendo los datos asociados a la comunicación,, es decir, las comunicaciones de voz y el envío y recepción de correos electrónicos. La interceptación afecta, por tanto, a cualquier comunicación que tenga como origen o destino el terminal específico que se determine en*

expresamente reconoce la necesidad de autorización judicial para: "... *la interceptación de las comunicaciones telefónicas y telemáticas solo podrá ser concedida cuando la investigación tenga por objeto alguno de los delitos a que se refiere el artículo 579.1 de esta ley o delitos cometidos a través de instrumentos informáticos o de cualquier otra tecnología de la información o la comunicación o servicio de comunicación".*

c) -" *si el derecho al secreto de las comunicaciones (art. 18.3 CE) constituye una plasmación singular de la dignidad de la persona y el libre desarrollo de la personalidad que son «fundamento del orden político y de la paz social» (art. 10.1 CE), las comunicaciones comprendidas en este derecho han de ser aquellas indisolublemente unidas por naturaleza a la persona, a la propia condición humana; por tanto, la comunicación es a efectos constitucionales el proceso de transmisión de expresiones de sentido a través de cualquier conjunto de sonidos, señales o signos".* (F.D. 3º b STCo 281/2006). La garantía constitucional existe con independencia del contenido del mensaje o intentado transmitir (y aunque la comunicación resulte fallida): "*la diferenciación y autonomía del ámbito de protección de los derechos fundamentales a la intimidad personal (art. 18.1 CE) y al secreto de las comunicaciones (art. 18.3 CE) que se proyecta sobre el régimen de protección constitucional de ambos derechos. Pues si ex art. 18.3 CE la intervención de las comunicaciones requiere siempre resolución judicial, «no existe en la Constitución reserva absoluta de previa resolución judicial» respecto del derecho a la intimidad personal,"* (F.D. 3º a STCo 281/2006).

---

el auto de intervención. El correo electrónico es un medio de comunicación asimilable al teléfono, de ahí que la intervención de la comunicación telemática mediante correo electrónico, en cuanto representa una limitación del derecho constitucional al secreto de las comunicaciones precisará autorización judicial (artículo 18.3 de la Constitución Española). El artículo 39 de la Ley 9/2014, de 9 de mayo, General de Telecomunicaciones , dispone que en sus apartados 2 y 3 que los operadores están obligados a realizar las interceptaciones que se autoricen de acuerdo con lo establecido en el artículo 579 de la Ley de Enjuiciamiento Criminal , así como que la interceptación deberá facilitarse para cualquier comunicación que tenga como origen o destino el punto de terminación de red o el terminal específico que se determine a partir de la orden de interceptación legal, incluso aunque esté destinada a dispositivo de almacenamiento o procesamiento de la información". En la STS Sala 2ª 176/2015, de 25 de marzo de 2015 (Roj 1869/2015) se interviene un correo electrónico y un teléfono. En la STS Sala 2ª 297/2016, de 11 de abril de 2016 (Roj 1559/2016) se intervienen mensajes SMS.

d)La garantía constitucional abarca no sólo el contenido del mensaje (de lo comunicado), sino el hecho mismo de la existencia de la comunicación y de sus elementos externos: *"La existencia de la comunicación, la identidad de los corresponsales, el momento en que se produce, los lugares de remisión y destino, son todos ellos datos que, una vez iniciado el proceso de comunicación, son secretos para cualquier persona ajena a la comunicación, de modo que su conocimiento por quien presta el servicio postal puede ser utilizado a los solos efectos de la prestación del servicio (mutatis mutandi, STC 123/2002, de 20 de mayo, FFJJ 5, 6)"*. (F.D. 3º b STCo 281/2006).

e)El contenido de esa comunicación puede consistir en "conversaciones (mensajes de voz, incluso interactivos en tiempo real), informaciones, datos, imágenes, votos, etc...: *"...en la medida en que los mensajes pueden expresarse no solo mediante palabras, sino a través de otro conjunto de signos o señales que componen otra clase de lenguajes, y dado que los mensajes pueden plasmarse no solo en papel escrito, sino también en otros soportes que los incorporan –cintas de cassette o de vídeo, CD's o DVD's, etc.– la noción de correspondencia no puede quedar circunscrita a la correspondencia escrita, entendida ésta en su sentido tradicional..."*(F.D. 3º b STCo 281/2006).[10]

f)*"... protege a los comunicantes frente a cualquier forma de interceptación o captación del proceso de comunicación por terceros ajenos, sean sujetos públicos o privados (STC 114/1984)»"* (F.D. 3º a STCO 281/2006) *"...el objeto directo de protección es el secreto de la comunicación, de modo que el secreto, constitucionalmente protegido,* ***se proyecta tanto sobre el proceso de comunicación como sobre el contenido de la misma****, aunque éste no quede en la esfera de lo íntimo (STC 114/1984, de 29 de noviembre). La tercera es que la protección alcanza frente a cualquier forma de interceptación en el proceso de comunicación mientras el pro-*

---

[10] La STS Sala 2ª 1165/2014, de 5 de marzo de 2015 (Roj 822/2015), comenta: "A partir de la STC. antes citada –nos dice la STS. 232/2007 de 20.3–, deben tenerse presente una serie de criterios interpretativos respecto al alcance del derecho constitucional al secreto de las comunicaciones postales (art. 18-3 C.E .) que resumimos del siguiente modo:... La comunicación es a efectos constitucionales el proceso de transmisión de expresiones de sentido a través de cualquier conjunto de sonidos, señales o signos, por lo que el derecho al secreto de las comunicaciones postales sólo protege el intercambio de objetos a través de los cuales se transmiten mensajes mediante signos lingüísticos, de modo que la comunicación postal es desde esta perspectiva equivalente a la correspondencia (Fund.. 3).

ceso está teniendo lugar (STC 137/2002, de 3 de junio, FJ 3), siempre que sea apta para ***desvelar bien la existencia misma de la comunicación, bien los elementos externos del proceso de comunicación, bien su propio contenido*** *(SSTC 114/1984, de 29 de noviembre, FJ 7; 123/2002, de 20 de mayo, FJ 5). Por último, el derecho comprendido en el art. 18.3 CE alcanza frente a terceros ajenos a los propios comunicantes (por todos, STC 114/1984, de 29 de noviembre, FJ 7; 56/2003, de 24 de marzo, FJ 3)"* (F.D. 3º a STCo 281/2006)[11].

g) *"...«el fundamento del carácter autónomo y separado del reconocimiento de este derecho fundamental y de su específica protección constitucional reside en la especial vulnerabilidad de la* ***confidencialidad*** *de estas comunicaciones en la medida en que son posibilitadas mediante la intermediación técnica de un tercero ajeno a la comunicación".* (F.D. 3º)

Ello supondría excluir aquellas formas de comunicación consideradas "abiertas", o aquellos medios o vehículos de comunicación de los cuales no cabe esperar una confidencialidad, una expectativa de "confidencialidad". Por ello, añade: "*...se ha de estar a la delimitación que la regulación legal sobre el servicio postal universal establece, que al efecto atiende a ciertas características externas y físicas –tamaño– del objeto de envío –sobre, paquete–, en cuyo interior se introducen los soportes físicos de los mensajes –papeles, cintas, CD's...–. Desde esta perspectiva, no gozan de la protección constitucional* ***aquellos objetos –continentes– que por sus propias características no son usualmente utilizados*** *para contener correspondencia individual sino para servir al transporte y tráfico*

---

[11] En concreto y respecto de las comunicaciones postales expone:

"...es indiferente el procedimiento a través del cual se acceda al conocimiento del proceso de la comunicación postal o del contenido de la correspondencia, por lo que se vulnera este derecho aun cuando a tal conocimiento no se acceda mediante la apertura del continente o de la propia carta, documento u objeto, de otro modo cerrado... si lo que se protege es la comunicación humana en cuanto expresión de sentido, sólo serán lesivas del derecho a la comunicación postal aquellas formas de acceso al contenido del soporte material del mensaje que supongan formas de tomar conocimiento del mensaje, por lo que no serán lesivos de este derecho aquellos procedimientos que, siendo aptos para identificar que el contenido del sobre o del soporte sea un objeto ilícito, no lo son, sin embargo, para conocer el mensaje mismo –inspecciones mediante perros adiestrados, escáneres... Por consiguiente, el procedimiento más habitual de vulneración del derecho al secreto de la correspondencia será su apertura, aunque no pueda descartarse la vulneración del derecho mediante otros procedimientos técnicos que permitan acceder al contenido del mensaje sin proceder a la apertura de la correspondencia".

de mercancías (ATC 395/2003, de 11 de diciembre, FJ 3), ***de modo que la introducción en ellos de mensajes no modificará su régimen de protección constitucional****. Ni tampoco gozan de la protección constitucional del art. 18.3 CE aquellos objetos que, pudiendo contener correspondencia, sin embargo, la regulación legal prohíbe su inclusión en ellos, pues la utilización del servicio comporta la aceptación de las condiciones del mismo"* (F.D. 3º b STCo 281/2006).

"si lo que se protege es el secreto de la comunicación postal ***quedan fuera de la protección constitucional aquellas formas de envío de la correspondencia que se configuran legalmente como comunicación abierta, esto es, no secreta****. Así sucede cuando es legalmente obligatoria una declaración externa de contenido, o cuando bien su franqueo o cualquier otro signo o etiquetado externo evidencia que, como acabamos de señalar, no pueden contener correspondencia, pueden ser abiertos de oficio o sometidos a cualquier otro tipo de control para determinar su contenido"* (F.D. 3º b STCo 281/2006).[12]

h)La comunicación debe ser cerrada entendida, no en el sentido del vehículo o medio utilizado para su desarrollo y materialización, sino en el sentido de la concreción o determinación de los sujetos comunicantes. Es decir, sólo pueden acceder a la misma un número determinado de interlocutores o comunicantes[13]. No implica que sólo deban ser dos. Pueden ser más, e incluso pueden ir sumándose o saliéndose interlocutores de dicha comunicación, con independencia de que se realicen en tiempo real, como las conservaciones telefónicas, o no, como los mensajes de grupos de whatsapp.

i)No es imprescindible que se realice en tiempo real: puede implicar un distanciamiento, o un lapso de tiempo entre emisión y recepción.

j) Según esta doctrina tradicional, la comunicación debe estar <activa>, para que quede amparada por el artículo 18.3 CE. Ello implica delimitar cuando se considera concluida o terminada una comunicación. Circunstancia que, según esta doctrina, tendría relevancia desde

---

[12] Este criterio es seguido por la Sentencia del TS, Sala 2ª, 577/2015, de 6 de octubre (Roj 4254/2015).

[13] JOSÉ LUÍS RODRÍGUEZ LAINZ resalta: "...concepto clásico de comunicación amparada en el art. 18.3 de la CE, basado en la transmisión de información entre un número finito de personas y la intermediación de un tercero" ("Estudios sobre el secreto de las comunicaciones. Perspectiva doctrinal y jurisprudencial", Wolters Kluwer España, S.A., 2011, página 806).

el punto de vista de concretar el derecho fundamental afectado. Si la comunicación está activa, el derecho afectado es, en todo caso, el secreto de las comunicaciones (como derecho formal, y con independencia del contenido de la comunicación esto es, del mensaje), lo que no excluye que también lo puedan ser los derechos a la intimidad o a la protección de datos (por razón del contenido de la comunicación: derecho material).

A la hora de delimitar cuando termina la comunicación nos enfrentamos a un confusionismo o contradicción entre sentencias de distintos tribunales, e incluso del mismo Tribunal, generalmente relacionadas con el problema de los correos <no abiertos>, o relacionadas con los listados, carpetas o registros de llamadas o correos <enviados> o <recibidos>, y como elemento diferenciado de los anteriores a las agendas de <contactos> o de <números de teléfono> o <direcciones de correo>. Según esta doctrina no es lo mismo acceder a un correo electrónico que conste ya <abierto> por su destinatario, que el correo electrónico que figura en la carpeta de "recibidos" y está pendiente de su apertura. El origen de esta confusión de derechos protegidos, tal vez, encuentre su origen en la jurisprudencia del Tribunal Europeo de Derechos Humanos cuando analiza los casos enjuiciados en relación al artículo 8 CEDH, donde se regulan conjuntamente el "derecho al respeto de su vida privada y familiar, de su domicilio y de su correspondencia"., y en cuyo seno el TEDH ha residenciado la protección de derechos de diversa índole: desde el derecho a la intimidad, la inviolabilidad del domicilio, el secreto de las comunicaciones o la protección de los datos personales[14]. De tal manera que la jurisprudencia del TEDH realiza un estudio conjunto del caso desde la perspectiva única del art 8 CEDH que está redactado en términos de un derecho material. Lo que no significa que exista un

---

[14] RODRÍGUEZ LAINZ comenta: "*La protección de los datos que orbitan en el entorno de las comunicaciones electrónicas, al menos cuando se disocian con el debido respeto del concepto de comunicación en sentido estricto, encajan por ello no tanto en esa protección global de la poliédrica realidad de la esfera privada que le dota de sentido y contenido. Los datos de tráfico de comunicaciones, al igual que cualesquiera otros datos de carácter personal objeto de almacenamiento, se ven comprometidos por la garantía del derecho al respeto de la vida privada no por razón de su origen, sino porque el solo hecho de su almacenamiento y ulterior o posible tratamiento produce o puede dar lugar a una injerencia sobre la vida privada de las personas susceptible de transgredir lo dispuesto en el art. 8 del CEDH*" RODRÍGUEZ LAINZ, JOSÉ LUÍS "Estudios sobre el secreto de las comunicaciones. Perspectiva doctrinal y jurisprudencial", Wolters Kluwer España, S.A., 2011, páginas 558-559).

cierto reconocimiento del derecho al secreto de las comunicaciones como un derecho formal: la STEDH de 6 de diciembre de 2012 (caso Michaud c. Francia), en su parágrafo 90 afirma: *"90. Consagrando el derecho de "toda persona" al respeto de su "Correspondencia", el artículo 8 de la Convención protege la confidencialidad de las "comunicaciones privadas" (Frérot v . Francia, n 70204/01, § 53, 12 de junio 2007), con independencia del contenido de la correspondencia en cuestión (Frérot antes citada, § 54), y con independencia de la forma que adopte".*

La STEDH de 12 de enero de 2016 (caso Szabó y Vissy v. Hungría), en su parágrafo 52, reconoce que *"...las medidas de buscar y mantener bajo vigilancia secreta la casa del solicitante, registro de la correspondencia postal y paquetes, controlar las comunicaciones electrónicas y transmisión de datos y realizar grabaciones de cualquier dato suministrado por estos métodos puede ser examinado desde la perspectiva de la <vida privada>, <domicilio> y <correspondencia>, garantizados por el artículo 8 de la Convención".*

José Luís Rodríguez Lainz ya advirtió que la STCO 230/2007, de 5 de noviembre, podría encontrar su precedente en la STEDH de 3 de abril de 2007 (caso Copland c. Reino Unido) *"...Nótese...que es en esa conjunción entre la protección de la intimidad y de la correspondencia donde podría estar el germen de tan ambiciosa expansión de la protección del derecho al secreto de las comunicaciones a lo que no son sino informaciones obtenidas de datos de comunicaciones conservadas por las operadoras de telefonía a los efectos de la facturación, y facilitados al titular del terminal con dicha finalidad. Será en sentencias inmediatamente posteriores donde lo que era una protección global se transforma en protección radical, en el exclusivo ámbito del derecho al secreto de las comunicaciones...la STEDH de 16 de octubre de 2007 (caso Wieser y Bicos Beiligungen GMBH v. Austria; asunto 74336/01); seguida por la STEDH de 22 de mayo de 2008 (caso Ililla Stefanov c. Bulgaria, asunto núm. 65755/01), llega a albergar bajo el ámbito de protección del derecho a la confidencialidad de la correspondencia privada nada más y nada menos que los archivos informáticos de correos electrónicos recibidos y leídos que se encontraban conservados en el disco duro de un Pc hallado en la sede (de) la asesoría jurídica de una empresa farmacéutica. De hecho el Tribunal de Estrasburgo no tiene reparo alguno en afirmar que <...la búsqueda e incautación de datos electrónicos constituye una interferencia* *del derecho de los interesados al respeto de su correspondencia dentro del ámbito del art. 8>"*[15].

El criterio mantenido por el TEDH se evidencia en la STEDH de 1 de julio de 2008 (Calmanovici c. Rumanía): *"Las conversaciones telefónicas están cubiertas por los conceptos de "vida privada " y "Correspondencia" en el sentido del artículo 8 § 1 supra, la interceptación,* ***el almacenamiento de los datos resultantes y su posible uso en los procesos penales dirigidas contra el solicitante había ascendido a "injerencia de la autoridad pública"*** *en el ejercicio del derecho garantizado por el artículo 8 (véase, entre otros, Malone v de Reino Unido 2 agosto de 1984, serie a No. 82, p 30, § 64 ;.. Kruslin v Francia y Huvig . v . Francia, de 24 de abril de 1990 la serie A nº 176 - A y 176 - B, p . 20, § 26, p . 52, § 25 , Halford v . Reino Unido de 25 de junio de 1997, Reports 1997 - III, pp . 1016-1017, § 48)" (parágrafo 117)".*

José Luís Rodríguez Laínz llega a la siguiente conclusión: "*En contra de la visión mantenida por el TEDH, la disociación entre comunicación y datos de carácter personal relativos a las mismas es una constante en la más reciente regulación de la UE en materia de telecomunicaciones, donde destaca claramente el tratamiento diverso en materia de conservación de datos relativos a las comunicaciones a los efectos de futuras investigaciones criminales frente a los contenidos de las mismas...*"[16]. Igualmente ha mantenido dicho opinión fundamentándola en la Ley 25/2007, de 18 de octubre, de conservación de datos relativos a las comunicaciones electrónicas y a las redes públicas de comunicaciones, afirmando: "*...el acceso a los restantes datos, respecto de llamadas ya consumadas, habría perdido ya la razón de ser de su protección al amparo de lo establecido en el art. 18.3 de la Constitución, permitiendo sin duda la urgencia del caso la inmisión sobre el que no sería sino el derecho a la intimidad del detenido del art. 18.1. Cualquier otra interpretación daría al traste con la línea de flotación de la LCDCE, por cuanto que los datos de tráfico adyacentes a comunicaciones, como parte integrante de las mismas, no dejarían de ser contenido protegido por el art. 18.3 de la Constitución por el hecho de encontrarse almacenados en ficheros impuestos por la referida ley, por lo*

[15] RODRÍGUEZ LAINZ, JOSÉ LUÍS "Estudios sobre el secreto de las comunicaciones. Perspectiva doctrinal y jurisprudencial", Wolters Kluwer España, S.A., 2011, página 441.

[16] RODRÍGUEZ LAINZ, JOSÉ LUÍS "Estudios sobre el secreto de las comunicaciones. Perspectiva doctrinal y jurisprudencial", Wolters Kluwer España, S.A., 2011, página 445.

que por una parte se haría precisa una norma con rango de Ley Orgánica para la a creación de los ficheros y regulación de su ulterior cesión, y por otra, su almacenamiento quedaría proscrito por el mandato expreso del art. 1.3 de la LCDCE".[17]

De todo lo expuesto, según esta doctrina tradicional, se concluye que:

1. Que para que una transmisión de contenidos responda al concepto de comunicación, debe responder a una estructura, con independencia del contenido de lo comunicado y de aquello que esté pactado por los sujetos comunicantes. Es el vehículo utilizado para la transmisión de ese contenido lo que merece la protección. Tradicionalmente la doctrina ha considerado que esa comunicación, sujeta a la garantía constitucional, implicaba la utilización de un medio (vehículo) en el cual era necesario la intervención de un tercero que facilite dicha transmisión (pensamiento, idea, imagen...).

2. Por consiguiente, es necesario concretar cuándo puede hablarse de una comunicación sujeta a dicha garantía constitucional. Existen muchos medios de comunicación de ideas o pensamientos, pero no todos responden al concepto de comunicación sujeta al secreto del artículo 18.3 CE. Quedarían excluidas de esta protección las conversaciones orales o verbales.

3. La comunicación debe estar "activa", cuestión que genera el problema de determinar cuándo queda finalizada o consumada la comunicación.

4. Los registros o listados de llamadas o correos enviados o recibidos, o la lista o agenda de contactos, números de teléfono o direcciones de correos electrónicos, estarían amparadas por los derechos a la intimidad o a la protección de datos personales, pero no bajo la protección del secreto de las comunicaciones. Esta cuestión está relacionada con el problema de considerar que los datos externos de las comunicaciones o asociados a las mismas, o bien forman parte integrante de las mismas, y, por tanto, quedan

---

[17] RODRÍGUEZ LAINZ, JOSÉ LUÍS "Estudios sobre el secreto de las comunicaciones. Perspectiva doctrinal y jurisprudencial", Wolters Kluwer España, S.A., 2011, página 495.

amparados por el secreto de las comunicaciones, o bien entender que no están protegidos por dicho derecho constitucional, sino amparados por otros derechos constitucionales como el derecho a la intimidad o a la protección de datos de carácter personal.

Frente a esta posición tradicional, la jurisprudencia más reciente, tanto del TEDH, como de nuestro TCo, se ha planteado la aplicabilidad del secreto de las comunicaciones en dos ámbitos, que puede implicar la necesidad de revisar el concepto de comunicación sujeta al secreto del artículo 18.3 CE, en cuanto que dicha jurisprudencia supone alterar el concepto tradicionalmente mantenido, lo que, a su vez, ha tenido reflejo, a nivel positivo, en la L.O. 13/2015, de 5 de octubre, de modificación de la Ley de Enjuiciamiento Criminal para el fortalecimiento de las garantías procesales y la regulación de las medidas de investigación tecnológica. Nos estamos refiriendo a los siguientes ámbitos:

- En primer lugar, las comunicaciones verbales u orales, tradicionalmente excluidas del ámbito de la garantía del artículo 18.3 CE.
- En segundo lugar, las comunicaciones en el ámbito informático, telemático o electrónico, donde se entremezclan diversos derechos constitucionales, como la protección de datos de carácter personal, la intimidad y el secreto de las comunicaciones, en lo que viene a llamarse el "derecho al entorno digital".

2. CONVERSACIONES ORALES COMO COMUNICACIÓN SUJETA AL SECRETO DE LAS COMUNICACIONES

Como hemos relacionado, dentro de estas comunicaciones <abiertas> donde no cabe esperar dicha confidencialidad, y la garantía de la protección depende de los propios comunicantes, se encontrarían, según DÍEZ-PICAZO, y la doctrina tradicional, las comunicaciones verbales o conversaciones orales.

Dentro de esta tesis tradicional, y entre las opiniones doctrinales más recientes, cabe citar a CRISTINA ZOCO ZABALA: *"...la interceptación de las conversaciones orales o imágenes en establecimiento o vía pública no queda protegida por la garantía de la autorización judicial del artículo 18.3 CE; pues no se intervienen comunicaciones a través de medio técnico de uso, sino conversaciones directas o imágenes que, por ello, quedan protegidas por el artículo 18.1 CE,..."*[18]. Por ello, afirma: *"Tampoco se vulnera el artículo 18.3 CE cuando el mismo interlocutor les haga partícipes a otras personas de sus propias conversaciones o comunicaciones telemáticas mediante la utilización de un amplificador, o mediante la visualización conjunta del correo electrónico, actuación que ni siquiera queda protegida por el derecho fundamental a la intimidad que sólo protege la revelación de datos íntimos de las personas no consentido por el titular de los mismos, mas no la participación en conversaciones telefónicas propias, o en otras comunicaciones realizadas a través de medios técnicos. Ni siquiera la acción de percibir personalmente una conversación que los investigados mantienen en un lugar próximo al agente policial infringe el*

---

[18] ZOCO ZABALA, CRISTINA "Nuevas tecnologías y control de las comunicaciones", Thomson Reuters- Aranzadi, Cizur Menor, 2015, página 44.

artículo 18.3 CE pues no se trata de comunicaciones realizadas mediante medio técnico, ni el agente utiliza artificio técnico para intervenirlas.- De lo anterior se colige que tampoco existe vulneración del secreto de las comunicaciones cuando uno de los interlocutores graba la conversación mantenida con otro y la presenta en soporte físico ante el órgano judicial, como material probatorio de la presunta comisión de un delito en virtud ex artículo 259.1 LECrim.[19]".

La STS Sala 2ª 591/2002, de 1 de abril, analizó la inaplicabilidad del secreto de las comunicaciones a una comunicación mantenida en abierto por medio de ondas radiofónicas en frecuencias abiertas, reconociendo que no cabía aplicar a las mismas el derecho al secreto de las comunicaciones. Es el carácter abierto de las comunicaciones, su eventual y posible acceso por cualquier interesado el que no permite concluir su protección por el art. 18.3 CE.

La STS, Sala 2ª, 747/2015, de 19 de noviembre de 2015 (caso Codice Calixtino) (Roj 5087/2015), trata incidentalmente este tema. La Audiencia consideró que la grabación de unas conversaciones mantenidas por el acusado en su domicilio carecía de cobertura legal y declaró la nulidad de la prueba y de aquellas conectadas con la misma por su antijuricidad. El Tribunal Supremo mantiene la declaración de nulidad de la grabación de las conversaciones, si bien considera que las otras pruebas declaradas nulas son válidas al no existir esa conexión de antijuricidad. El F.D. 4º refiere los fundamentos jurídicos de la sentencia de la Audiencia: "*2. Respondiendo a los alegatos de la defensa del acusado en la vista oral del juicio, la Audiencia declara la nulidad de la diligencia de instalación de dispositivos electrónicos para la captación y grabación de las conversaciones en el domicilio de los acusados aplicando la doctrina de la sentencia 145/2014, de 22 de septiembre, en la que se decretó la nulidad de las escuchas practicadas mediante micrófonos instalados en unos calabozos policiales por falta de la habilitación legal para realizarlas. Consideró la Audiencia que en este caso también era imprescindible la reserva de ley, por constituir "el único modo efectivo de garantizar las exigencias de seguridad jurídica en el ámbito de los derechos fundamentales y las libertades públicas", lo que "implica exigencias respecto del contenido de la Ley que, naturalmente, son distintas según el*

---

[19] ZOCO ZABALA, CRISTINA "Nuevas tecnologías y control de las comunicaciones", Thomson Reuters-Aranzadi, Cizur Menor, 2015, páginas 65 y 66.

ámbito material de que se trate", pero que en todo caso determinan que "el legislador ha de hacer el 'máximo esfuerzo posible' para garantizar la seguridad jurídica", esto es, "la expectativa razonablemente fundada del ciudadano en cuál ha de ser la actuación del poder en aplicación del Derecho" (STC 49/1999). Por tanto, de dichas citas jurisprudenciales se desprende que, ***bien se enfoque desde la perspectiva del derecho al secreto de las comunicaciones, bien del derecho a la vida privada****, existe un denominador común que ha de concurrir para que la injerencia de dichos derechos sea legítima, y no es otro que la habilitación legal. El juez no ostenta un poder sin límites y sus potestades no son otras que aquéllas que le otorga la Ley a cuyo imperio está sometido. Es la ley la que debe definir el alcance de la discrecionalidad del juez y la forma de ejercerlo de modo que las personas se encuentren protegidas frente a cualquier injerencia injustificada ...".*

En dicha argumentación se realiza un análisis conjunto de varios derechos fundamentales, de forma similar a la jurisprudencia del TEDH. El fundamento de la misma es la falta de cobertura legal de dicha medida en base a la falta de previsibilidad legal de la misma por el afectado. Como después veremos, la L.O. 13/2015[20] introduce los artículos 588 quater a) LECrim, que prevén la posibilidad de grabar conversaciones orales, incluso en el domicilio o recintos cerrados, colmando dicha laguna legal.

---

[20] La L.O. 13/2015 modifica la LECRim, respondiendo tanto a las demandas del TS como del TCo. La STS, Sala 2ª, de 30 de junio de 2015 (Roj 3177/2015) decía: "*Las insuficiencias de nuestro marco legal han sido puestas de manifiesto tanto por esta misma Sala, como por el TC SSTC núm. 26/2006, de 30 de enero , 184/2003, de 23 de octubre , 49/1999, de 5 de abril) y el TEDH (SSTEDH de 18 de febrero de 2003, Prado Bugallo contra España y de 30 de julio de 1998 , Valenzuela Contreras contra España). La LECrim dedica a esta materia el art. 579, en el Título VIII del Libro II, y las nuevas normas legales sectoriales no complementan adecuadamente sus insuficiencias, que requieren imperativamente y sin más demoras una regulación completamente renovada, en una nueva Ley procesal penal que supere la obsolescencia de nuestra legislación decimonónica*" (F.D. 1ª). Las deficiencias de la ley, su falta de calidad, se evidenciaron en el caso Valenzuela Contreras c. España en STEDH de 30 de julio de 1998. La STS Sala 2º 877/2014, de 22 de diciembre, en su F.D. 2º también relacionaba "las insuficiencias de nuestro marco legal". La STS 342/2015, Sala 2ª, de 2 de junio de 2015 (Roj 2718/2015) recuerda, no obstante, el Auto TEDH de 25 de septiembre de 2006 (caso Abdulkadr c España) sobre la suficiencia de la legislación española, integrada por la doctrina de nuestra Tribunal Constitucional, en relación al antiguo artículo 579 LECrim, F.D. 10º.

El criterio según el cual las conversaciones orales quedan excluidas de la garantía del artículo 18.3 CE parece ser el seguido por nuestro TCo en la sentencia 281/2006, de 9 de octubre. Pero parece alejarse de esta postura, el TEDH cuando considera que basta el hecho de "interceptar" una comunicación por "cualquier medio" por un tercero, y "cualquiera que sea el medio utilizado por los comunicantes", incluido el medio oral o ambiental, para poder considerar infringido el artículo 8 CEDH. Basta que la interceptación de dicha comunicación verbal sea realizada por cualquier instrumento, aparato o técnica que exceda de la simple audición habitual de un sujeto (mediante los sentidos humanos), para considerar que ha existido una violación del artículo 8 del CEDH. La STCo 281/2006, de 9 de octubre, recuerda (F.D. 3º): *"La delimitación del objeto de protección del derecho reconocido en el art. 18.3 CE ha de partir de su propio tenor literal y del de los textos de los convenios sobre derechos humanos en los que España es parte, que, de conformidad con el art. 10.2 CE, sirven de pauta en la interpretación del contenido y alcance de los derechos fundamentales reconocidos en la Constitución"*.

La STEDH de 12 de mayo de 2000 (caso Khan c. Reino Unido) analiza la posible violación del artículo 8 CEDH por razón de la instalación de dispositivos en el interior de un espacio privado, con el fin de captar y grabar conversaciones orales dentro del interior de dicho local. El TEDH concluyó la violación del artículo 8 por la falta de previsibilidad de la ley: dicha medida no estaba legalmente prevista en la legislación británica. Luego admite que pueda preverse legalmente dicha captación y grabación, si bien cumpliendo los requisitos exigibles a la interceptación de una interferencia telefónica. El parágrafo 26 decía: *"26. El Tribunal recuerda, al igual que la Comisión en el caso Govell ...que la frase "de conformidad con la ley" no sólo exige el cumplimiento de la legislación nacional, sino que también se refiere a la calidad de la ley, lo cual requiere que sea compatible con el estado de derecho (véase el Halford v. el juicio de Reino Unido el 25 de junio de 1997, Repertorio de sentencias y resoluciones 1997-III, p. 1017, § 49). En el contexto de la vigilancia encubierta por las autoridades públicas, en este caso por la policía, la legislación nacional debe proporcionar protección contra la interferencia arbitraria en el derecho de un individuo en virtud del artículo 8. Por otra parte, la ley debe ser lo suficientemente clara en sus términos para dar a los individuos una indicación adecuada sobre las circunstancias y las condiciones en que las autoridades públicas tienen derecho a recurrir a tales medidas encubiertas (véase la Malone v. el juicio de Reino Unido de 2 de agosto de 1984, serie a, núm. 82, pág. 32, § 67).*

27. Aunque la Ley de policía de 1997 proporciona ahora un marco legal, en el momento de los hechos del presente caso, no existía ningún sistema legal para regular el uso de dispositivos de escucha encubiertas,. Las Directrices Internas de la oficina en el momento de los hechos no eran ni legalmente vinculantes ni eran directamente accesibles al público".

En el mismo sentido se pronunció la sentencia TEDH de 16 de julio de 2002 (caso Armstrong c. Reino Unido). Y esta misma doctrina es aplicada por la STEDH de 22 de octubre de 2002 (caso Taylor-Sabori c. Reino Unido) en cuanto a la interceptación de mensajes de un buscapersonas; y en relación a grabaciones encubiertas de video y audio en la celda y zona de visitas de una prisión en STEDH de 5 de noviembre de 2002 (caso Allan c. Reino Unido) y STEDH de 20 de diciembre de 2005 (caso Wisse c. Francia), o medidas de vigilancia de su casa e interrogatorio de conocidos en STEDH de 31 de mayo de 2005 (caso Antunes Rocha c. Portugal).

La STEDH de 27 de octubre de 2015 (caso R.E. c Reino Unido) realiza un compendio de la doctrina del TEDH sobre interceptación de conversaciones verbales, al analizar un supuesto de medidas de vigilancia secreta de conversaciones entre detenidos y sus abogados en dependencia policiales. Frente a la alegación del Gobierno británico de que se trataba de una medida de vigilancia, y no una interceptación de una comunicación (parágrafo 126), la Corte concluye: *"130.- La Corte, por tanto, no ha excluido la aplicación de los principios desarrollados en el contexto de casos de interceptación a los casos de vigilancia encubierta; más bien, ha sugerido que el factor decisivo será el nivel de interferencia con el derecho del individuo a que se respete su vida privada, y no la definición técnica de la interferencia. 131.- El presente caso se refiere a la vigilancia de las consultas jurídicas que tienen lugar en una comisaría de policía, que la Corte considera análoga a la interceptación de una llamada telefónica entre un abogado y su cliente. El Tribunal de Justicia ha reconocido que, **si bien el artículo 8 protege la confidencialidad de toda la correspondencia entre individuos, el mismo permite una "protección reforzada" para los intercambios [conversaciones] entre los abogados y sus clientes**, en la medida que los abogados serían* *incapaces de defender a sus clientes si no fueran capaces de garantizar que sus intercambios permanecerían confidenciales (Michaud v. Francia, núm. 12323/11, § 118, CEDH 2012). Por lo tanto, la Corte considera que la vigilancia de una consulta legal constituye* ***un altísimo grado de intrusión en el derecho de la persona a que se respete su vida privada y su correspondencia****; más alto que el grado de intrusión en Uzun e incluso en Bykov. En consecuencia, en estos casos es esperable que, para proteger a los individuos contra una interferencia arbitraria en sus derechos reconocidos por el artículo 8,* ***sean aplicables las mismas medidas de seguridad que tendrían lugar en los casos relativos a la interceptación de las comunicaciones****, al menos en la medida en que dichos principios se pueden aplicar a la forma de la vigilancia de que se trate".* El TEDH admite una cierta diferenciación entre interceptación de comunicaciones en sentido estricto y conversaciones verbales, pero acaba equiparando ambos tipos de comunicaciones bajo el secreto a la correspondencia del artículo 8 CEDH[21]. Admite el TEDH que, en estos casos, hay que realizar una ponderación entre el derecho a la defensa del acusado y la potestad de intervenir las comunicaciones en base a intereses legítimos, conforme al art. 8.2 CEDH, y, por tanto, considera admisible que –en ciertos casos– puedan aplicarse medidas de vigilancia a estas consultas o conversaciones entre detenidos y asesores legales, siempre que dicha medida esté legalmente prevista. La ley británica también preveía que si el detenido fuese una persona "vulnerable" estuviese presente en los interrogatorios un "adulto apropiado", entendiendo por adulto apropiado a *"un pariente o tutor, o una persona con experiencia en el tratamiento de personas con trastornos mentales o de personas mentalmente vulnerables"*, pero estima que a las conversaciones entre el detenido y el "adulto apropiado" no son aplicables los mismos privilegios o garantías legales que a las conversaciones entre detenidos y abogados, y su interceptación no quedan sujeta a la protección reforzada dispensable a estos últimos.

Sobre la relación entre asesor legal y cliente se había pronunciado el TEDH en su sentencia de 6 de diciembre de 2012 (caso Michaud c. Francia), en cuyo parágrafo 90 se afirma: *"90. Consagrando el derecho*

[21] En la STEDH de 2 de diciembre de 2014 (caso Taraneks c Letonia) planteó la violación del artículo 8 CEDH por la grabación de unas conversaciones si bien sólo desde la perspectiva del respeto a la <vida privada> y no del secreto de las comunicaciones.

de "toda persona" al respeto de su "Correspondencia", el artículo 8 de la Convención protege la confidencialidad de las "comunicaciones privadas" (Frérot v . Francia, n 70204/01, § 53, 12 de junio 2007), con independencia del contenido de la correspondencia en cuestión (Frérot antes citada, § 54), y con independencia de la forma que adopte. Es por lo tanto la confidencialidad de todos los intercambios en los que los individuos pueden participar a los fines de la comunicación lo que está garantizado por Artículo 8". Y este mismo comentario se reitera en la STEDH de 7 de julio de 2015 (caso M.N. y otros c. San Marino, parágrafo 52). El caso Michaud supone reconocer el carácter formal del secreto de las comunicaciones, como derecho diferenciado del derecho a la vida privada, y que el mismo alcanza a cualquier tipo de comunicación donde quepa esperar una confidencialidad, con independencia de cuál sea su forma y contenido.

El TS Sala 2ª también se planteó la cuestión de si una conversación verbal quedaba protegida por el artículo 18.3 CE en la STS Sala 2ª 513/2010, de 2 de junio (Roj 3075 /2010), en cuyo F.D. 3º relacionaba las diversas posiciones doctrinales al respecto. Esta sentencia del TS, a su vez, motivó la STCo 145/2014, de 22 de septiembre (B.O.E. 28.10.2014) que analiza un supuesto de grabación de conversaciones orales desde el punto de vista del artículo 18.3 CE. Dice su F.J. 1º: *"...**El demandante considera que se ha vulnerado su derecho al secreto de las comunicaciones (art. 18.3 CE) por falta de garantías constitucionales en las escuchas telefónicas que fueron practicadas. Se habría lesionado dicho derecho fundamental, en segundo lugar, por la grabación de las conversaciones que tuvo lugar en los calabozos, en dependencias policiales y con ocasión de la detención, al no existir habilitación legal para llevarlas a cabo**, transgrediéndose con ello, adicionalmente, los derechos a no declarar contra sí mismo y a no confesarse culpable, como garantías o derechos instrumentales que son del genérico derecho de defensa (art. 24.2 CE)...".*

Las consideraciones más relevantes, a los efectos de analizar la posible violación del artículo 18.3, se realizan al enjuiciar la grabación de las conversaciones orales de los detenidos en dependencias policiales, concluye en los FF.JJ. 7º y 8º: *"7.-...la intervención de las conversaciones verbales en dependencias policiales, al entenderse carente de cobertura legal la resolución judicial que la autoriza (art. 18.3 CE)....c) Bajo esas circunstancias, concluimos que las personas afectadas no podían prever la situación que ahora se denuncia, lo que excluye otros debates (suficiencia de la norma legal o proporcionalidad de la medida judicial) que sólo proceden una vez cumplida esa primera garantía o premisa de la secuencia (existencia de disposición jurídica que cumpla el cometido de precisar la vaguedad e indeterminación del art. 18.3 CE en este punto, conforme declaró la jurisprudencia constitucional anteriormente reseñada). Y es que los avales mínimos que se han venido reclamando cuando de calidad de la ley hablamos (en concreto de su previsibilidad), quiebran en mayor medida si ni siquiera se ha procedido a la intervención del legislador. No olvidemos que el propio Tribunal Supremo en la Sentencia recurrida recuerda como el Tribunal Europeo de Derechos Humanos declaró, en los* casos *Kruslin contra Francia* y *Huvig contra Francia, Sentencias de 24 de abril de 1990, que la puesta en práctica de medidas de vigilancia secreta de las comunicaciones no está abierta al control de las personas afectadas o del público en general, de modo que, por esa razón, sería contrario a la norma de Derecho que la discrecionalidad legal concedida al Ejecutivo o a un Juez se expresara en términos de poder sin límites. La ley debe indicar el alcance de la discrecionalidad conferida a las autoridades competentes y la manera de su ejercicio, con la suficiente claridad como para proporcionar a las personas la protección adecuada contra una injerencia arbitraria.*

De esas Sentencias se desprende, en suma, que la medida controvertida de intervención por las autoridades debe estar basada en la legislación aplicable del Estado en cuestión, que ha de poseer las cualidades de disponibilidad y previsibilidad para las personas destinatarias, y también que no son de recibo interpretaciones analógicas. *En consecuencia de todo ello, añadimos nosotros ahora, si la ley existente queda condicionada en su validez a la satisfacción de dichos términos, en ausencia plena de regulación normativa es de todo punto inviable el más lejano aseguramiento de esas garantías básicas.*

d) ***Es verdad que el art. 18.3 CE no dispone una distinta protección de las conversaciones telefónicas –una tutela inferior por eventualmente incidida por un órgano judicial– que de otras comunicaciones como las verbales, sino solo una garantía común y genérica frente a la impenetrabilidad por terceros ajenos a la comunicación misma****.... Queda en manos del legislador una precisión normativa que* *evite, en su caso, ese resultado (quizá paradójico) del contraste entre los supuestos regulados y los de anomia.*

De todo lo expuesto se deduce ***que las grabaciones en dependencias policiales resultaron contrarias al art. 18.3 CE,*** *deviniendo nula la prueba obtenida por ese cauce para todos aquellos que resultaron perjudicados penalmente por ella.*

8. Declarada la lesión del art. 18.3 CE por la intervención de las comunica-ciones verbales en dependencias policiales..."

El Tribunal Constitucional viene a reconocer que la grabación de unas conversaciones orales puede lesionar el derecho al secreto de las comunicaciones del artículo 18.3 CE. Se trataría de la grabación utilizando algún medio técnico, que exceda de la simple audición de cualquier persona en circunstancias normales, es decir, por los propios medios sensoriales humanos.

La STS Sala 2ª 423/2015, de 26 de junio de 2015 (Roj 3247/2015) analiza un supuesto de grabación de conversaciones orales. En su F.D. 3º lo que plantea es la posible lesión del derecho a la intimidad: "*TERCERO.- El segundo motivo, articulado igualmente por idéntico cauce casacional, reprocha la vulneración del derecho a la intimidad (art. 18.1 de la Constitución española), en tanto se produjo una grabación de la conversación que mantuvo el denunciante Virgilio con Carlos Miguel, el día 28 de octubre de 2009, a partir de las 21:00 horas, mientras la policía observaba y vigilaba la reunión.... la grabación se efectuó con autorización judicial, pero pudo haberse obtenido, incluso sin ésta, conforme a una consolidada jurisprudencia cuyo hito inicial hay que situar en la conocida STC 114/1984, de 29 de noviembre, resolución emblemática por cuanto de ella emanó todo el discurso y desarrollo de la teoría de la prueba ilícita en nuestro ordenamiento jurídico. Como dice nuestra STS 298/2013, de 13 de marzo, la utilizabilidad de ese medio de prueba no queda supeditada a la conformidad en la grabación de todos los partícipes o contertulios; ni a la ausencia de toda connotación subrepticia o de engaño u ocultación por parte de quien dispone lo necesario para la fijación en un soporte de la conversación. Sólo la escucha o grabación por un tercero sin autorización de ninguno de los comunicantes ni de la autoridad judicial convierte en inutilizable ese medio probatorio...* ***Sea cual sea el ámbito objetivo del concepto de «comunicación», la norma constitucional se dirige inequívocamente a garantizar***

su impenetrabilidad por terceros (públicos o privados: el derecho posee eficacia erga omnes) ajenos a la comunicación misma. La presencia de un elemento ajeno a aquéllos entre los que media el proceso de comunicación, es indispensable para configurar el ilícito constitucional aquí perfilado*. No hay «secreto» para aquél a quien la comunicación se dirige, ni implica contravención de lo dispuesto en el art. 18.3 de la Constitución la retención, por cualquier medio, del contenido del mensaje. Dicha retención (la grabación, en el presente caso) podrá ser, en muchos casos, el presupuesto fáctico para la comunicación a terceros, pero ni aun considerando el problema desde este punto de vista puede apreciarse la conducta del interlocutor como preparatoria del ilícito constitucional, que es el quebrantamiento del secreto de las comunicaciones...Sobre los comunicantes no pesa tal deber, sino, en todo caso, y ya en virtud de norma distinta a la recogida en el art. 18.3 de la Constitución, un posible «deber de reserva» que –de existir– tendría un contenido estrictamente material, en razón del cual fuese el contenido mismo de lo comunicado (un deber que derivaría, así del derecho a la intimidad reconocido en el art. 18.1 de la Norma fundamental).*

Quien entrega a otro la carta recibida o ***quien emplea durante su conversación telefónica un aparato amplificador de la voz que permite captar aquella conversación a otras personas presentes no está violando el secreto de las comunicaciones, sin perjuicio de que estas mismas conductas, en el caso de que lo así transmitido a otros entrase en la esfera «íntima» del interlocutor, pudiesen constituir atentados al derecho garantizado en el artículo 18.1 de la Constitución****. Otro tanto cabe decir, en el presente caso, respecto de la grabación por uno de los interlocutores de la conversación telefónica. Este acto no conculca secreto alguno impuesto por el art. 18.3 y tan sólo, acaso, podría concebirse como conducta preparatoria para la ulterior difusión de lo grabado. Por lo que a esta última dimensión del comportamiento considerado se refiere, es también claro que la contravención constitucional sólo podría entenderse materializada por el hecho mismo de la difusión (art. 18.1 de la Constitución).* ***Quien graba una conversación de otros atenta, independientemente de toda otra consideración, al derecho reconocido en el art. 18.3 de la Constitución; por el contrario, quien graba una conversación con otro no incurre, por este solo hecho, en conducta contraria al precepto constitucional citado****.... El actor* *invoca, en primer lugar, en apoyo de sus tesis el art. 7.1 de la Ley Orgánica 1/1982, de 5 de mayo, a tenor del cual «tendrán la consideración de intromisiones ilegítimas... el emplazamiento en cualquier lugar de aparatos de escucha, de filmación, de dispositivos ópticos o de cualquier otro medio apto para grabar o reproducir la vida íntima de las personas» y pone en relación este precepto con el art. 18.3 de la Constitución. Esta última conexión internormativa no es exacta....* ***Lo que se sanciona es la «interceptación» o el empleo de artificios para la «escucha, transmisión, grabación o reproducción», pero siempre sobre la base de que tales conductas, como es claro, impliquen una injerencia exterior, de tercero, en la comunicación de que se trate...***"

"...*Como conclusión, pues, debe afirmarse que no constituye contravención alguna del secreto de las comunicaciones la conducta del interlocutor en la conversación que graba ésta (que graba también, por lo tanto, sus propias manifestaciones personales, como advierte el Ministerio Fiscal en su escrito de alegaciones). La grabación en sí –al margen su empleo ulterior– sólo podría constituir un ilícito sobre la base del reconocimiento de un hipotético «derecho a la voz» que no cabe identificar en nuestro ordenamiento, por más que sí pueda existir en algún Derecho extranjero. Tal protección de la propia voz existe sólo, en el Derecho español, como concreción del derecho a la intimidad*[22] *y, por ello mismo, sólo en la medida en que la voz ajena sea utilizada ad extra y no meramente registrada, y aun en este caso cuando dicha utilización lo*

---

[22] La referencia tampoco es exacta, porque la voz puede estar protegida por el derecho a la propia imagen en la medida que la misma identifique expresamente al afectado. El art 7.6 de la L.O. 1/1982, de 5 de mayo, de protección de los derechos al honor, a la intimidad personal y familiar y a la propia imagen, establece expresamente como intromisión ilegítima: "La utilización del nombre, de la voz o de la imagen de una persona para fines publicitarios, comerciales o de naturaleza análoga". Y el artículo 5 f) del Real Decreto 1720/2007, de 21 de diciembre, por el que se aprueba el Reglamento de desarrollo de la Ley Orgánica 17/1999, de 13 de diciembre, de protección de datos de carácter personal, define como dato de carácter personal: "Datos de carácter personal: Cualquier información numérica, alfabética, gráfica, fotográfica, acústica o de cualquier otro tipo concerniente a personas físicas identificadas o identificables".

La STCo 12/2012, de 30 de enero (B.O.E. 24.02.2012) en su F.J. 6º dice: *"Y en cuanto al derecho a la propia imagen, debemos alcanzar idéntica conclusión. En efecto, como apreció correctamente la Sentencia de la Sala de lo Civil del Tribunal Supremo, la persona grabada subrepticiamente fue privada del derecho a decidir, para consentirla o para impedirla, sobre la reproducción de la representación de su aspecto físico y de su voz, determinantes de su plena identificación como persona".*

sea con determinada finalidad (art. 7.6 de la citada Ley Orgánica 1/1982: «utilización de la voz de una persona para fines publicitarios, comerciales o de naturaleza análoga). Por su parte ***en la STC 56/2003 tras citar expresamente la que se acaba de transcribir, argumenta así: "... en el presente caso, no existe vulneración del derecho al secreto de las comunicaciones. Es, precisamente, uno de los interlocutores en la comunicación telefónica (el denunciante del chantaje al que se encontraba sometido) quien autorizó expresamente a la Guardia Civil a que registrara sus conversaciones para poder determinar así el número desde el que le llamaban, al no contar con aparato técnico para ello****...A ello cabe agregar que, tal y como se señala en la STEDH de 25 de septiembre de 2001 (caso P.G. y J.H. contra Reino Unido), "la divulgación a la policía está permitida conforme a un marco legal cuando sea necesaria para la detección y prevención del delito y el material se utilizó en el proceso contra los demandantes por cargos penales para corroborar otras pruebas referidas al período de tiempo de las llamadas telefónicas" (§ 47). Además, no cabe olvidar la prohibición del abuso del derecho contemplada en el art. 17 del Convenio europeo para la protección de los derechos humanos y de las libertades fundamentales, según la cual ninguna de las disposiciones del Convenio puede implicar un derecho a realizar un acto tendente a la destrucción de los derechos o libertades reconocidos en el Convenio. En atención a todo lo anterior hay que rechazar que, en el presente caso, la intervención telefónica en cuestión haya vulnerado los derechos fundamentales a la intimidad personal y familiar (art. 18.1 CE) y al secreto de las comunicaciones (art. 18.3 CE) del actor. La referida doctrina, lógicamente, ha sido asumida por esta Sala Segunda en un nutrido grupo de sentencias. Relevante botón de muestra* ***son las SSTS 2008/2006, de 2 de febrero ó 682/2011 de 24 de junio: "Se alega que la grabación de la conversación mantenida entre víctima y acusado ha sido obtenida con vulneración de derechos fundamentales dado que uno de los interlocutores desconocía que estaba siendo grabada, por lo que no tuvo opción de impedir dicha grabación, proteger su intimidad y hacer valer su derecho al secreto de las comunicaciones. ...La jurisprudencia ha señalado que la grabación que un particular haga de sus propias conversaciones, telefónicas o de otra índole, no suponen el atentado al secreto de las comunicaciones (STS 20-2-2006; STS 28-10-2009, nº 1051/2009).***

E igualmente ha precisado la STS 25-5-2004, nº 684/2004 que las cintas grabadas no infringen ningún derecho, en particular el art. 18-3 C.E., debiendo distinguir entre grabar una conversación de otros y grabar una conversación con otros. Pues no constituye violación de ningún secreto la grabación de un mensaje emitido por otro cuando uno de los comunicantes quiere que se perpetúe. Además, –como recuerda la STS de 11-3-2003 nº 2190/2002 –, ***la STS de 1-3-96, ya entendió que no ataca el derecho a la intimidad, ni al secreto a las comunicaciones, la grabación subrepticia de una conversación entre cuatro personas, realizada por una de ellas****. Y la STS 2/98 de 29 de julio, dictada en la causa especial 2530/95, consideró que tampoco vulneran tales derechos fundamentales las grabaciones magnetofónicas realizadas por particulares de conversaciones telefónicas mantenidas con terceras personas, ya que el secreto de las comunicaciones se refiere esencialmente a la protección de los ciudadanos frente al Estado.... En consecuencia, la grabación fue legal, contó además con autorización judicial –aun no siendo necesaria–, razón por la cual el motivo no puede prosperar".*

La STS 747/2015, Sala 2ª, de 19 de noviembre de 2015 (Roj 5087/2015), con fundamento en la STCo 145/2014, afirmó, F.D. 4º: "*... la Audiencia declara la nulidad de la diligencia de instalación de dispositivos electrónicos para la captación y grabación de las conversaciones en el domicilio de los acusados aplicando la doctrina de la sentencia 145/2014, de 22 de septiembre, en la que se decretó la nulidad de las escuchas practicadas mediante micrófonos instalados en unos calabozos policiales por falta de la habilitación legal para realizarlas. ...tras considerar que la medida adoptada, consistente en la instalación de dispositivos electrónicos ocultos en la vivienda de los acusados para captar las conversaciones familiares, afecta a derechos fundamentales como la inviolabilidad del domicilio, el secreto de las comunicaciones y, especialmente, el derecho a la vida privada, la anula por no estar contemplada en nuestro ordenamiento jurídico y analiza después los efectos derivados de esa nulidad...*". Llama la atención que una grabación de una conversación oral se considere como atentado al secreto de las comunicaciones, cuando como hemos visto, según la doctrina tradicional, las comunicaciones sujetas a dicho secreto son aquellas que requieren la intervención de un tercero que proporciona el medio para dicha conversación. Sin embargo, esta sentencia del TS considera lesionado, no sólo la inviolabilidad del domicilio, como espacio donde existe una expectativa razonable de privacidad, sino también el derecho al secreto de las comunicaciones.

Del criterio mantenido por DÍEZ PICAZO sobre la exclusión de las conversaciones orales del secreto de las comunicaciones, porque "dependen de los interesados evitar las interferencias", parece que pasamos a un reconocimiento legal y jurisprudencial de las conversaciones verbales o ambientales como protegidas por el secreto de las comunicaciones, y, en consecuencia, la aplicabilidad de una "previsibilidad legal" para todo tipo de inmisiones o injerencias. De manera que incluso en el ámbito de las conversaciones ambientales cabe hablar de una "expectativa razonable de privacidad" o confidencialidad.

Del conjunto de las sentencias del Tribunal Constitucional y del TEDH, incluso del TS, parece deducirse que la intervención de un tercero, que proporciona un medio técnico al uso, no es presupuesto para delimitar el ámbito del artículo 18.3 CE. La comunicación (en cuanto transmisión de pensamientos, ideas, imágenes, voz, etc...) no requiere, ni presupone, necesariamente la intervención de un tercero como presupuesto de la misma comunicación, objeto de la garantía constitucional. La comunicación existe, aunque sea directa entre los interlocutores, sin intervención de un tercero que facilite un medio técnico para ello. La intervención de un tercero mediante el uso de un "medio técnico" sí es, sin embargo, presupuesto de cierto tipo de comunicaciones, como las electrónicas, pero no presupuesto necesario de la comunicación amparada por el artículo 18.3 CE.

La intervención de un tercero mediante el uso de algún medio técnico, sin embargo, sí es presupuesto de una "interceptación ilícita". La utilización de ese "medio técnico" puede ser como consecuencia de la intervención del tercero que facilita un medio técnico que permite materializar dicha comunicación, en la medida que su intervención exceda de la facilitación y conducción de la comunicación, o bien consecuencia de que un tercero (que en este caso no facilita un medio técnico para materializar la comunicación) utiliza algún artificio o dispositivo que le permita captar la existencia o contenido de una comunicación mantenida por otros: con independencia de que estos interlocutores mantengan dicha conversación de forma ambiental –conversación oral–, o la mantengan por medio de un tercero (operador) distinto del que interfiere (interceptor) en dicha comunicación ajena. En cualquier caso, dicha comunicación sujeta al secreto de las comunicaciones debe realizarse en unas condiciones que no sean perceptibles por terceros, y permitan garantizar cierta confidencialidad. De ahí que no queden sujetas a dicha garantía constitucional, aquellas comunicaciones que se desarrollan en un ámbito o en condiciones donde no cabe esperar dicha confidencialidad, como serían una conversación a voces en un espacio público, o una conversación que utiliza algún medio técnico que permite a priori la audición por un número indeterminado de destinatarios, aunque éstos deban utilizar algún medio técnico para ello, como las comunicaciones por radio, o las comunicaciones realizadas utilizando los medios de la empresa cuando el empresario ha prohibido su uso para fines personales, o dicho uso ha quedado excluido en el convenio colectivo aplicable[23]. Sigue siendo la expectativa fundada y razonable de

---

[23] La STCo 170/2013, de 7 de octubre (B.O.E. 27.11.2013), basándose en la previa STCo 241/2012, en su F.D. 4º sintetiza su doctrina sobre el secreto de las comunicaciones en el ámbito de las relaciones laborales: "Asimismo, en nuestra labor de delimitación del ámbito de cobertura del derecho, hemos precisado que el art. 18.3 CE protege únicamente ciertas comunicaciones: las que se realizan a través de determinados medios o canales cerrados. En consecuencia, no "gozan de la protección constitucional del art. 18.3 CE aquellos objetos que, pudiendo contener correspondencia, sin embargo la regulación legal prohíbe su inclusión en ellos, pues la utilización del servicio comporta la aceptación de las condiciones del mismo". Así pues "quedan fuera de la protección constitucional aquellas formas de envío de la correspondencia que se configuran legalmente como comunicación abierta, esto es, no secreta". Así ocurre "cuando es legalmente obligatoria una declaración externa de contenido, o cuando bien su franqueo o cualquier otro signo o etiquetado externo evidencia que, como acabamos de señalar, no pueden contener correspondencia". En tales casos "pueden ser abiertos de oficio o sometidos a cualquier otro tipo de control para determinar su contenido" [STC 281/2006, de 9 de octubre, FJ 3 b)]. De igual forma, en la STC 241/2012, de 17 de diciembre, FJ 7, también hemos excluido la protección constitucional de comunicaciones abiertas, que se realizan en un canal del que no puede predicarse su confidencialidad.

b) Por lo que se refiere específicamente a las comunicaciones electrónicas en el ámbito de las relaciones laborales, la citada STC 241/2012 ha tenido ya oportunidad de señalar que, en el marco de las facultades de autoorganización, dirección y control correspondientes a cada empresario, "no cabe duda de que es admisible la ordenación y regulación del uso de los medios informáticos de titularidad empresarial por parte del trabajador, así como la facultad empresarial de vigilancia y control del cumplimiento de las obligaciones relativas a la utilización del medio en cuestión, siempre con pleno respeto a los derechos fundamentales" (FJ 5). Con relación a esta última limitación, en la misma Sentencia hemos precisado que, aun cuando la atribución de espacios individualizados o exclusivos –como la asignación de cuentas personales de correo electrónico a los trabajadores– puede tener relevancia sobre la actuación fiscalizadora de la empresa, ha de tenerse en cuenta que "los grados de intensidad o rigidez con que deben ser valoradas las medidas empresariales de vigilancia y control son variables en función de la propia configuración de las condiciones de disposición y uso de las herramientas informáticas y de las instrucciones que hayan podido ser impartidas por el empresario a tal fin" (FJ 5).

En el caso entonces enjuiciado, la empresa había accedido a unos ficheros informáticos en los que habían quedado registradas las conversaciones electrónicas mantenidas por dos trabajadoras a través de un programa de mensajería que habían instalado en un ordenador de uso común a todos los trabajadores que no tenía clave de acceso; se incumplía pues la expresa prohibición de la entidad de instalar programas en el ordenador. En tales circunstancias, la citada STC 241/2012 concluyó que no existía una situación de tolerancia empresarial al uso personal del ordenador y que, por tanto, "no podía existir una expectativa razonable de confidencialidad derivada de la utilización del programa instalado" (FJ 6); en consecuencia se rechazó la lesión del derecho al secreto de las comunicaciones, porque las mantenidas no lo habían sido en un canal cerrado.

c) Proyectando nuestra doctrina –tanto general como específica– sobre el supuesto ahora enjuiciado, procede determinar el régimen de uso por los trabajadores de las herramientas informáticas de titularidad empresarial que resultaba aplicable en la empresa demandada en el momento de producirse los hechos. Hemos de constatar si la utilización del correo electrónico por parte del recurrente, sobre la que versa su demanda de amparo, gozaba o no de la protección constitucional del art. 18.3 CE ante la actuación fiscalizadora del empresario.

Al respecto, ha de tenerse en cuenta que, conforme a la Sentencia recurrida, las partes del proceso quedaban dentro del ámbito de aplicación del XV Convenio colectivo de la industria química, acordado por la Federación Empresarial de la Industria Química Española y por los sindicatos FITEQA-CCOO y FIA-UGT (resolución de la Dirección General de Trabajo de 9 de agosto de 2007, "Boletín Oficial del Estado" de 29 de agosto de 2007). En lo que ahora interesa, en su art. 59.11 se tipificaba como falta leve la "utilización de los medios informáticos propiedad de la empresa (correo electrónico, Intranet, Internet, etc.) para fines distintos de los relacionados con el contenido de la prestación laboral, con la salvedad de lo dispuesto en el artículo 79.2". Por su parte, el art. 79.2 del Convenio, relativo a los derechos sindicales, que partía de un principio general según el cual "el correo electrónico es de exclusivo uso profesional", añadía, como excepción, que los representantes de los trabajadores –condición que, según los hechos probados de la Sentencia, no ostentaba el actor– podían hacer uso del mismo, únicamente, para comunicarse entre sí y con la dirección de la empresa; se requería el previo acuerdo con ésta para cualquier otro uso ajeno a lo expuesto.

Conforme al presupuesto admitido en la Sentencia impugnada, este contenido del Convenio colectivo –en concreto, se refiere al indicado art. 59.11– resultaba aplicable a la empresa Alcaliber, S.A., y al trabajador demandante; de ahí que, en virtud de lo establecido en el art. 82.3 del texto refundido de la Ley del estatuto de los trabajadores (LET), haya de entenderse que ambas partes quedaban obligadas a lo allí dispuesto. En atención al carácter vinculante de esta regulación colectivamente pactada, cabe concluir que, en su relación laboral, sólo estaba permitido al trabajador el uso profesional del correo electrónico de titularidad empresarial; en tanto su utilización para fines ajenos al contenido de la prestación laboral se encontraba tipificada como infracción sancionable por el empresario, regía pues en la empresa una prohibición expresa de uso extralaboral, no constando que dicha prohibición hubiera sido atenuada por la entidad. Siendo este el

---

régimen aplicable, el poder de control de la empresa sobre las herramientas informáticas de titularidad empresarial puestas a disposición de los trabajadores podía legítimamente ejercerse, *ex* art. 20.3 LET, tanto a efectos de vigilar el cumplimiento de la prestación laboral realizada a través del uso profesional de estos instrumentos, como para fiscalizar que su utilización no se destinaba a fines personales o ajenos al contenido propio de su prestación de trabajo.

En tales circunstancias, de acuerdo con la doctrina constitucional expuesta, cabe entender también en el presente supuesto que no podía existir una expectativa fundada y razonable de confidencialidad respecto al conocimiento de las comunicaciones mantenidas por el trabajador a través de la cuenta de correo proporcionada por la empresa y que habían quedado registradas en el ordenador de propiedad empresarial. La expresa prohibición convencional del uso extralaboral del correo electrónico y su consiguiente limitación a fines profesionales llevaba implícita la facultad de la empresa de controlar su utilización, al objeto de verificar el cumplimiento por el trabajador de sus obligaciones y deberes laborales, incluida la adecuación de su prestación a las exigencias de la buena fe [arts. 5 a) y 20.2 y 3 LET]. **En el supuesto analizado la remisión de mensajes enjuiciada se llevó pues a cabo a través de un canal de comunicación que, conforme a las previsiones legales y convencionales indicadas, se hallaba abierto al ejercicio del poder de inspección reconocido al empresario; sometido en consecuencia a su posible fiscalización, con lo que, de acuerdo con nuestra doctrina, quedaba fuera de la protección constitucional del art. 18.3 CE.**

Mayores dudas interpretativas plantea el ámbito de aplicación del artículo 90.4 de la Ley 36/2011, de 10 de octubre, de la Jurisdicción Social que establece: *"4. Cuando sea necesario a los fines del proceso el acceso a documentos o archivos, en cualquier tipo de soporte, que pueda afectar a la intimidad personal u otro derecho fundamental, el juez o tribunal, siempre que no existan medios de prueba alternativos, podrá autorizar dicha actuación, mediante auto, previa ponderación de los intereses afectados a través de juicio de proporcionalidad y con el mínimo sacrificio, determinando las condiciones de acceso, garantías de conservación y aportación al proceso, obtención y entrega de copias e intervención de las partes o de sus representantes y expertos, en su caso".* (FRANCISCO PÉREZ DE LOS COBOS ORIHUEL comenta que este artículo sólo sería aplicable en aquellos supuestos "...en que, según la jurisprudencia, rige un cierto principio de tolerancia en el uso personal por no haber mediado prohibición empresarial previa", ("Nuevas tecnologías y relaciones laborales" en "Desafíos para los derechos de la persona ante el siglo XXI: Internet y Nuevas Tecnologías", Editorial Thomson Reuters-Aranzadi, Cizur Menor, 2013, pág 352). Interpretación lógica, teniendo en cuenta que el Tribunal Constitucional, en su citada sentencia 170/2013, ha considerado que presupuesto de aplicación del artículo 18.3 CE es que exista un tipo de comunicación donde exista una expectativa razonable de confidencialidad, lo que no puede existir cuando el empresario ha prohibido el uso de los medios de la empresa para fines extralaborales. No existiendo comunicación protegida por el artículo 18.3 CE no puede hablarse de afección a "un derecho fundamental".

En aquellos supuestos donde el empleador no haya prohibido el uso de los medios de la empresa para fines extralaborales, y exista, por tanto, una cierta tolerancia en dicho tipo de usos, será aplicable el artículo 90.4 de la Ley 36/2011, reguladora de la Jurisdicción Social. En este caso, el Juez antes de autorizar dicha medida, potencialmente lesiva de derechos fundamentales del trabajador, deberá tener presente la doctrina sentada confidencialidad aquello que garantiza la libertad de comunicaciones. De ahí que, donde no haya tal expectativa, no quepa la aplicación de la garantía constitucional del artículo 18.3, como ocurre con los envíos postales (paquetes postales).

---

en la sentencia 170/2013, en cuyo F.D. 5º, que analiza la posible lesión del derecho a la intimidad del trabajador, dice: *"De forma similar a lo dicho respecto al derecho al secreto de las comunicaciones, tampoco en este caso podemos apreciar que el trabajador contara con una expectativa razonable de privacidad respecto a sus correos electrónicos registrados en el ordenador de la entidad empresarial... a la luz de nuestra doctrina sobre el carácter no ilimitado del derecho a la intimidad en su colisión con otros intereses constitucionalmente relevantes, debemos recordar que «para comprobar si una medida restrictiva de un derecho fundamental supera el juicio de proporcionalidad, es necesario constatar si cumple los tres siguientes requisitos o condiciones: si tal medida es susceptible de conseguir el objetivo propuesto (juicio de idoneidad); si, además, es necesaria, en el sentido de que no exista otra medida más moderada para la consecución de tal propósito con igual eficacia (juicio de necesidad); y, finalmente, si la misma es ponderada o equilibrada, por derivarse de ella más beneficios o ventajas para el interés general que perjuicios sobre otros bienes o valores en conflicto (juicio de proporcionalidad en sentido estricto)» (STC 96/2012, de 7 de mayo, FJ 10; o SSTC 14/2003, de 28 de enero, FJ 9; y 89/2006, de 27 de marzo, FJ 3)".* A estos extremos alude el artículo 90.4 cuando dispone que el Juez que ordene la medida deberá ponderar *"...los intereses afectados a través de juicio de proporcionalidad y con el mínimo sacrificio, ..."*.

Sobre previa información al trabajador sobre el uso de medios de vigilancia auditiva o videovigilancia en el puesto de trabajo como lesiva del derecho a la intimidad del artículo 18.1 CE puede verse las SSTCo 98/2000, de 10 de abril y 186/2000, de 10 de julio. Y estas mismas medidas como potencialmente lesivas de los derechos fundamentales de los trabajadores del artículo 18.4 CE en la STCo 29/2013, de 11 de febrero en relación a la STCo 292/2000, de 30 de noviembre, y más recientemente STCo 39/2016, de 3 de marzo. En ésta última sentencia, la previa información al trabajador sobre la posible grabación de imágenes (determinantes de la prueba de una infracción laboral) resultaba de la colocación del distintivo informativo ubicado en lugar visible del centro de trabajo-escaparate del comercio–, como suficiente para legitimar su uso con fines del control del desarrollo de la relación laboral. Por ello, parece apartarse del criterio mantenido por el TCo en su STCO 29/2013, ni siquiera para considerar lesionado el derecho a la intimidad del art. 18.1 CE. En la STCo 29/2013, de 11 de febrero, había mantenido: *"No contrarresta esa conclusión que existieran distintivos anunciando la instalación de cámaras y captación de imágenes en el recinto universitario, ni que se hubiera notificado la creación del fichero a la Agencia Española de Protección de Datos; era necesaria además la información previa y expresa, precisa, clara e inequívoca a los trabajadores de la finalidad de control de la actividad laboral a la que esa captación podía ser dirigida. Una información que debía concretar las características y el alcance del tratamiento de datos que iba a realizarse, esto es, en qué casos las grabaciones podían ser examinadas, durante cuánto tiempo y con qué propósitos, explicitando muy particularmente que podían utilizarse para la imposición de sanciones disciplinarias por incumplimientos del contrato de trabajo". (F.J.8º).*

De ahí que el medio técnico no sea presupuesto necesario de una comunicación sujeta al secreto de las comunicaciones, pero sí de una interceptación ilícita.

La STEDH de 12 de enero de 2016 (caso Szabó y Vissy v. Hungría), en su parágrafo 59, alude a *"...la expresión <de acuerdo a la ley> en el artículo 8.2...también se refiere a la calidad de la ley en cuestión, lo cual requiere que sea compatible con el imperio de la ley y la accesibilidad de la persona afectada, que debe, por otra parte, ser capaz de prever las consecuencias para él (ver, entre otras autoridades, caso Kruslin c. Francia, 24 abril de 1990, parágrafo 27, serie a n. 176-A; Huvig, parágrafo 26; Lambert c. Francia, 24 agosto 1998, parágrafo 28...; Perry c. Reino Unido, ...Dumitru Popescu c. Rumanía, 26 de abril de 2007...; Asociación Europea para la Integración.... Y Liberty...) La calidad de la ley en este sentido implica que la ley local debe ser, no sólo accesible y previsible en su aplicación, sino también asegurar que dichas medidas de vigilancia secretas sean aplicadas solamente cuando sea <necesario en una sociedad democrática>", y en particular proporcionando garantías y salvaguardias adecuadas y efectivas en contra de abusos (ver Roman Zakharov...236)".*

La STEDH 12 de junio de 2014 (Fernández Martínez c. España) sienta que las palabras "prevista por la ley" se refiere también a la <calidad de la ley>", que exige la accesibilidad de esta a la persona concernida, que por añadidura debe poder prever las consecuencias para ella, y su compatibilidad con la preeminencia del derecho...esta expresión implica especialmente por tanto que la legislación interna debe utilizar términos bastantes claros para indicar a todos de manera suficiente en qué circunstancias y bajo qué condiciones, habilita a los poderes públicos para hacer uso de medidas que afectan a sus derechos amparados por el Convenio....**La cuestión decisiva es saber en qué medida, el interesado hubiera podido anticipar el riesgo de que, como consecuencia de su conducta personal**..." (parágrafo 117 y 119).

En la STEDH 16 de febrero de 2000 (caso Amman c. Suiza), después de reiterar que las llamadas telefónicas en locales privados o de negocios están cubiertas por el secreto de la correspondencia y la vida privada (parágrafo 44), requiere la calidad de la ley que prevea la injerencia y su previsibilidad para el afectado. Y la STEDH 30 de junio de 2015 (caso Khoroshenko c. Rusia) también se refiere a la calidad de la ley en el sentido de que la misma sea accesible a la persona afectada y que ésta pueda prever los efectos derivados de la misma, aclarando que esta previsibilidad implica *"que debe prever con suficiente precisión las condiciones en que será aplicada, de manera que las personas concernidas por la medida puedan, si es necesario, con el asesoramiento apropiado- adecuar su conducta"* (parágrafo 110).

Con el fin de evitar esa "imprevisibilidad legal", y cumplir con la previsibilidad y accesibilidad de la norma habilitante de la interceptación, la L.O. 13/2015 añade un artículo 588 quater a:

"Artículo 588 quater a. Grabación de las comunicaciones orales directas.

1. Podrá autorizarse la colocación y utilización de dispositivos electrónicos que permitan la captación y grabación de las comunicaciones orales directas que se mantengan por el investigado, en la vía pública o en otro espacio abierto, en su domicilio o en cualesquiera otros lugares cerrados.

Los dispositivos de escucha y grabación podrán ser colocados tanto en el exterior como en el interior del domicilio o lugar cerrado.

2. En el supuesto en que fuera necesaria la entrada en el domicilio o en alguno de los espacios destinados al ejercicio de la privacidad, la resolución habilitante habrá de extender su motivación a la procedencia del acceso a dichos lugares.

3. La escucha y grabación de las conversaciones privadas se podrá complementar con la obtención de imágenes cuando expresamente lo autorice la resolución judicial que la acuerde".

Parece, por tanto, que la grabación de imágenes podría tener lugar incluso en "domicilio o en cualesquiera otros lugares cerrados", si bien excepcionalmente.

La STEDH de 10 de marzo de 2009 (caso Bykov.c Rusia) plantea la posible violación del art. 8 CEDH por razón de escuchas y grabaciones de conversaciones en el interior del domicilio del acusado. En su parágrafo 170 expone los argumentos de la autoridad pública que llevo a cabo dicha intervención: *"El Gobierno sostiene que la operación secreta, y en particular la intervención y grabación de la conversación del demandante con V., se había llevado a cabo de acuerdo con el operativo de búsqueda - Ley de actividades. A su juicio, constituía una <operación> dentro del significado de la Ley. Sostuvieron además que había sido requerido sin autorización judicial a los efectos del presente caso, porque conforme a la Sección 8 de la Ley, sólo se requiere la misma para la inter-*

ceptación de las comunicaciones transmitidas a través de los canales de cable o servicios de correo, ninguno de los cuales habían sido empleado en la operación encubierta en cuestión. También negaron que había habido una intrusión en el domicilio del demandante, ya que la "casa de huéspedes " no se podía considerar su casa...". Y el parágrafo 74 añade: *"El mismo argumento fue presentado por el Gobierno, que considera que la exigencia de autorización judicial no se extendía a la utilización del dispositivo transmisor de radio y que la operación encubierta, por tanto, no podía decirse que ha violado el derecho interno"* La sentencia plantea si es necesaria la intervención de un tercero (operador) para que pueda considerarse aplicable el secreto de las comunicaciones (correspondencia). El TEDH concluye (parágrafo 79): "*En opinión del Tribunal, estos principios se aplican igualmente a la utilización de un dispositivo transmisor de radio, lo que, en términos de la naturaleza y grado de la intrusión involucrados, es prácticamente idéntica a la intervención de teléfonos*" El TEDH considera aplicables los principios de interceptación de comunicaciones telefónicas a la captación y transmisión vía radio de una conversación oral mantenida por el acusado en lugar privado o un domicilio. Exige la previsibilidad legal para el afectado. Y considera suficiente dicho argumento para considerar violado el art. 8 CEDH sin necesidad de entrar a enjuiciar una posible lesión del derecho a la inviolabilidad del domicilio: "*La Corte concluye que la injerencia en el derecho del demandante al respeto de la vida privada no era " de conformidad con la ley", como exige el artículo 8 § 2 de la Convención. A la luz de esta conclusión, el Tribunal no está obligado a determinar si la injerencia era «necesaria en una sociedad democrática "para uno de los objetivos enumerados en el párrafo 2 del artículo 8. Tampoco es necesario examinar si la operación encubierta también constituyó una interferencia con el derecho del demandante al respeto de su domicilio*" (parágrafo 82).

Parece, por tanto, que el TEDH deslinda la protección del secreto de las comunicaciones del derecho a la inviolabilidad del domicilio. Sin embargo, el TEDH siempre ha analizado desde la perspectiva del artículo 8 CEDH, de forma conjunta, la posible lesión de la protección de datos de tráfico junto con el secreto de las comunicaciones o la inviolabilidad del domicilio, como parte del derecho a la <vida privada>.

La Sentencia del caso Bykov plantea si es necesaria la "intervención de un tercero" como presupuesto para la aplicación de la garantía derivada del secreto de las comunicaciones (incluidas en el concepto de respeto a la <correspondencia> del art. 8 CEDH). El TEDH concluye que, para obtener la protección de dicha garantía, basta que se trate de captar una conversación ambiental por medio de algún instrumento o artificio. Quedaría fuera de la cobertura de dicha garantía, derivada del derecho fundamental al secreto de las comunicaciones, la audición realizada por medios humanos, es decir, la que hubiera oído cualquier persona en condiciones normales, por sus propios sentidos y sin necesidad de utilizar algún medio artificial.

Lo que nos lleva a examinar si existe lesión del secreto de las comunicaciones cuando acontece la audición de una conversación telefónica por un tercero que no es interlocutor en dicha conversación. Esto es, aquellos supuestos donde un tercero accede al conocimiento de una conversación telefónica, sin utilizar ningún medio de interceptación, ni sobrepasar la audición que cualquier persona hubiere realizado en condiciones normales (vida ordinaria). Ello puede ser debido a descuido de algunos de los interlocutores (mantener la conversación en algún lugar donde las palabras de alguno de los interlocutores sean audibles por tercero), o porque alguno de dichos interlocutores facilita dicha audición por un tercero. Este problema ha sido suscitado cuando la audición de la conversación es facilitada por uno de los interlocutores. Esto es, cuando uno de los interlocutores permite, incluso con el desconocimiento del otro interlocutor o comunicante, que dicha conversación, que presupone confidencial, sea oída por un tercero. Este problema fue planteado en la STS, Sala 2º, 589/2015, de 28 de septiembre (Roj 4413/2015), en la cual se enjuicia la legalidad de las pruebas aportadas relativa a una escucha de una conversación telefónica, cuando uno de los interlocutores colabora con el agente de policía facilitando que éste escuche aquella conversación que el colaborador mantiene con el acusado. En su F.D. 4º dice: "*Las conversaciones habidas con este recurrente fueron llevadas a cabo directamente por Edurne a través de un teléfono con número oculto de la unidad policial, desde la propia Comisaría; que voluntariamente accedió a llamar al acusado Dámaso, mantuvo libremente las conversaciones con el mismo, y simplemente puso el altavoz o "manos libres" para que las conversaciones fueran escuchadas por los agentes, que se limitaron a constatar lo que se decía en las mismas...*". El TS concluye en dicho F.D. 4º: "*No existe intervención telefónica por parte de la policía judicial, simplemente realizan actividades de comprobación del delito, no de provocación, como se dice en tal queja casacional...En consecuencia, si la que realiza las llamadas telefónicas voluntariamente es la propia coimputada Sra. Edurne y la misma está de acuerdo en que sus conversaciones sean oídas por terceras personas, en este caso los Mossos d'Esquadra, es indudable que no existe vulneración del secreto de las comunicaciones, ni delito provocado, porque la intención del referido sujeto era recoger aquello que había transportado Edurne, luego no se le indujo a llevar a cabo ninguna actividad que no fuera aquella que tenía previamente intención de realizar".*

Sin embargo, el TEDH en sentencia de 3 de noviembre de 1993 (caso A. c. Francia), en un caso similar, en el cual el denunciante de un posible delito de asesinato, realiza una llamada al acusado, siendo las conversaciones grabadas por un agente policial previamente concertado con el denunciante, consideró que había habido violación del artículo 8 CEDH. Dice el parágrafo 36: *"36. La Corte observa que la acción denunciada por el solicitante dependía del trabajo conjunto del Sr. Gehrling y el Sr. Aimé-Blanc. Difícilmente puede disociarse la una de la otra. El primero jugó un papel decisivo en la concepción y la puesta en práctica del plan para realizar la grabación, al ir a ver el inspector jefe y luego llamar por teléfono a la señora A. El Sr. Aimé-Blanc, por su parte, era un funcionario de una "autoridad pública". Hizo una contribución fundamental a la ejecución del plan poniendo a disposición, por un corto tiempo, su oficina, su teléfono y su grabadora. Es cierto que no informó a sus superiores de sus acciones y que no había solicitado la autorización previa de un juez de instrucción, pero estaba actuando en el ejercicio de sus funciones como un oficial de policía de alto rango. De ello se desprende que las autoridades públicas intervinieron hasta el punto de comprometer la responsabilidad del Estado de acuerdo con la Convención.*

En cualquier caso, la grabación representaba una interferencia en relación a la protección que le dispensa el sistema legal francés".

El TEDH concede singular relevancia al hecho de que la medida (llamada sujeta a grabación) fuese propuesta por la autoridad policial. Por tanto, el único elemento que permitiría diferenciar el caso enjuiciado en la STS 28 de septiembre de 2015 y el caso A. contra Francia, sería el punto de partida o iniciativa de dicha medida (injerencia): sólo en la medida que dicha audición hubiere sido sugerida y facilitada por el colaborador con la policía sería admisible dicha prueba por no ser lesiva del art. 8 CEDH; pues si la iniciativa hubiere partido de los Mossos de d´Esquadra el supuesto de hecho habría incurrido en la misma violación que la denunciada en el caso A. contra Francia.

La STS Sala 2ª 513/2010, de 2 de junio (Roj 3075 /2010), en su F.D. 6º, comenta: *"Cuando la policía utiliza un subterfugio -por ejemplo, introducir en la celda otra persona, de acuerdo con la Policía- para sonsacarle información, para interrogar a su acusado, después -o antes- de que éste haya advertido que no quiere hacer declaraciones, está consiguiendo de manera incorrecta información que no habría podido obtener de haber respetado el derecho constitucional del detenido o permanecer en silencio, se violan sus derechos porque se le priva de su opción. Sin embargo, en ausencia de comportamiento para obtener esa información por parte de la policía, no existe violación del derecho del acusado a elegir si quiere o no declarar ante la Policía.* ***Si el detenido habla, es su propia opción y se debe suponer que ha aceptado el riesgo de que quien reciba esa información pueda informar a la policía o de que su conversación está siendo grabada****. En el caso presente, se advierten similitudes en los casos del TEDH, Khan contra Reino Unido de 12.5.2000 y P.G y J.H. contra Reino Unido de 25.9.2001, la fijación de los aparatos de escucha y grabación de las conversaciones no fueron ilegales en el sentido de ser contrarias a la Ley penal interna,* ***y no existe indicio alguno de que el detenido, en su conversación con otro detenido por los mismos hechos y conocido suyo, hubiera sido coaccionado para hacerlas o de que fuera una trampa o una inducción****. En estas condiciones no debe entenderse que la información obtenida de las grabaciones -con las especiales garantías que se señalaban en el auto habilitante para preservar el derecho de defensa y comunicación con un letrado-, haya sido obtenida en contra de la voluntad del detenido y su utilización en juicio fuera en contra de su derecho a permanecer en silencio y a no autoincriminarse".*

El TEDH viene manteniendo que no cabe medida de intervención para la cual no existe una previsión legal: previsibilidad sobre su posibilidad legal y sobre las consecuencias para el afectado, en la medida que afecte a un espacio donde es de esperar una expectativa de privacidad. Si bien, es cierto que una audición por tercero, puede suponer defraudar esa expectativa de confidencialidad del otro interlocutor, es cierto que dicha frustración encuentra su origen, no en una intromisión de tercero, sea público o privado, en el secreto de la comunicación, sino en la voluntad de uno de los interlocutores de defraudar esa confianza del otro interlocutor. Debemos tener en cuenta que no existe injerencia en aquella intromisión, o grabación realizada por uno de los interlocutores. Ese fraude es fruto de la voluntad de uno de los interlocutores, y no de la voluntad de un tercero ajeno a la comunicación. De la misma manera que uno de los interlocutores podría grabar la conversación, sujeta al secreto de las comunicaciones, sin violentar el derecho fundamental al secreto de las comunicaciones, dando posteriormente a conocer el contenido de dicha grabación a terceros (en cuyo caso, el posible lesionado sería el derecho a la intimidad, o en su caso, otros derechos como el derecho a la propia imagen), la misma conclusión cabría aplicar al consentimiento a que un tercero acceda al conocimiento del contenido de la conversación mientras que la misma está activa, sin necesidad de utilizar ningún medio artificial o extraordinario. La citada Sentencia reconoce que no puede hablarse de <delito provocado>. En el caso de que la medida hubiere sido incentivada o propuesta por el agente o autoridad pública podrán considerase lesionados otros derechos constitucionales, como el derecho a la defensa legal efectiva y a no declarar contra uno mismo.

Pero también se ha suscitado la posible lesión de derechos fundamentales en aquellos supuestos donde el agente policial actúa como uno de los interlocutores sin revelar su identidad. No estaríamos ante una violación del secreto de las comunicaciones, sino de otros derechos fundamentales, como el de la intimidad o la tutela judicial efectiva.

El TEDH en la sentencia 15 de junio de 1992 (caso Lüdi c. Suiza) enjuicia, a la luz del artículo 8 CEDH, la prueba obtenida por la grabación de una llamada realizada por un agente policial encubierto, haciéndose pasar por un comprador de droga:

"40. Por otra parte, el Tribunal está de acuerdo con el Gobierno que en el presente caso el uso de un agente encubierto, ya sea solo o en combinación con la interceptación telefónica, no afectó a la vida privada en el sentido del artículo 8 (art. 8).

Las acciones de Toni se llevaron a cabo en el marco de un acuerdo relativo a 5 kg de cocaína. Las autoridades del cantón, que habían sido advertidos por la policía alemana, seleccionaron un oficial jurado para infiltrarse en lo que pensaban que era una gran red de traficantes que tengan la intención de disponer de esa cantidad de droga en Suiza. El objetivo de la operación era arrestar a los distribuidores cuando las drogas fueron entregadas. Toni, acto seguido, contacto con el solicitante, quien dijo que estaba dispuesto a venderlo 2 kg de cocaína, con un valor de 200.000 francos suizos (véanse los párrafos 9 y 13 supra). Por lo tanto, el Sr. Lüdi debe haber sido consciente a partir de entonces él estaba involucrado en un delito penado por el artículo 19 de la Ley de Drogas y que por lo tanto él corría el riesgo de encontrarse con un policía encubierto cuya tarea sería de hecho exponerlo.

41. En resumen, no hubo violación del artículo 8 (art. 8)".

Entiende el TEDH que, en el momento en que el acusado estaba incurriendo en un delito, no podía esperar una protección frente a la intervención de un agente encubierto.

Sin embargo, en este mismo supuesto de actuación de un agente encubierto que graba la conversación telefónica con otro interlocutor, sin revelar su propia identidad, el TS Sala 2ª en sentencia 2081/2001, de 9 de noviembre, reconoce que no puede hablarse de lesión del secreto de las comunicaciones, si bien considera que sí puede existir lesión de otros derechos y garantías constitucionales. Dice el F.D. 9º: *"el secreto de las comunicaciones se vulnera cuando un tercero no autorizado interfiere y llega a conocer el contenido de las que mantienen otras personas, no cuando uno de los comunicantes se limita a perpetuar, mediante grabación mecánica, el mensaje emitido por el otro. Aunque esta perpetuación se haya hecho de forma subrepticia y no autorizada por el emisor del mensaje y aunque éste haya sido producido en la creencia de que el receptor oculta su verdadera finalidad, no puede ser considerado el mensaje secreto e inconstitucionalmente interferido: no es secreto porque ha sido publicado por quien lo emite y no ha sido interferido, en contra de la garantía establecida en el art. 18.3 CE, porque lo ha recibido la persona a la que materialmente ha sido dirigido y no por un tercero que se haya interpuesto...Un problema diverso del que acabamos de considerar es en sentencia el que plantea la posibilidad de que, grabando subrepticiamente unas manifestaciones que implican, con mayor o menor claridad, la confesión de una actividad delictiva, se vulneren los derechos, igualmente fundamentales, a no declarar contra sí mismo y a no confesarse culpable que reconoce el art. 24.2 CE. El riesgo evidentemente existe y es probable que, en el caso que estamos considerando, se concretase el riesgo en una lesión real de los citados derechos. Por esta razón, si en los autos de la instancia no hubiese mas prueba contra este recurrente que las declaraciones de signo autoinculpatorio, contenidas en la cinta en que se registró su conversación con los Agentes encubiertos, acaso nos encontraríamos ante una ausencia de prueba, por la prohibición "ex" art. 11.1 LOPJ de valorar pruebas obtenidas con violación de los derechos fundamentales, en cuyo caso la declaración de su culpabilidad hubiese infringido, como en este motivo se postula, su derecho a la presunción de inocencia"*. Aun cuando esta misma sentencia sí admite –como prueba– el hecho de la detención del sujeto al tiempo de realizar la venta de la droga, argumentando: *"Cualesquiera que fuesen los términos exactos en que el recurrente se expresó ante los Agentes encubiertos, la posterior actuación de éstos, poniendo de manifiesto que el recurrente tenía una importante cantidad de hachís con el propósito de venderla, no estuvo determinada por una confesión realizada sin previa instrucción de sus derechos al confesante sino por la posterior decisión de éste de llevar a cabo la venta de la droga que tenía en su poder".* Es decir, el TS consideró que, si bien la grabación no hubiere bastado por sí sola para imputar el delito al interlocutor por aplicación del art. 11 LOPJ, sin embargo, sí constituye prueba de cargo el hecho de haber sorprendido a dos personas en el momento de vender la droga, que racionalmente actuaban por cuenta del inculpado.

Incluso va más allá el propio TS en su STS Sala 2ª 421/2014, de 16 de mayo de 2014 (Roj 2017/2014) en la cual se recoge un supuesto donde la grabación es realizada por uno de los interlocutores, dándose la circunstancia de que dicho interlocutor no es autoridad pública ni agente encubierto. La sentencia reconoce que no puede hablarse de vulneración del secreto de la comunicación, si bien analiza la posible lesión del derecho a la intimidad (que excluye porque "*para ello sería preciso que la conversación tuviera un contenido que afectara al núcleo esencial del derecho a la intimidad, ya sea en su ámbito personal o en el familiar. Sin embargo, nada de ello sucede en este caso, pues los dos empresarios denunciantes quedaron con los acusados para conversar en el despacho profesional de uno de estos sobre el dinero que les habían pedido a aquellos a cambio del otorgamiento de la concesión de la explotación de la Escuela de Hostelería, que había sido subvencionada por la Consejería de Empleo de la Junta de Andalucía*") y el derecho a la tutela judicial efectiva y a no declarar contra sí mismo. En relación a este último, repasa la doctrina jurisprudencial en la materia, analizando las sentencias del TS de 178/1996, de 1 de marzo, 2081/2001, de 9 de noviembre, sentencia 1066/2009, de 4 de noviembre, y sentencia 45/2014 , de 7 de febrero, para concluir: "*se está ante un supuesto en que la conversación grabada fue planificada y materializada a iniciativa de los dos denunciantes, quienes convencieron a los acusados Donato Patricio y Justiniano Teodosio para que estos accedieran a seguir hablando del pago del dinero que les exigían, al efecto de que los denunciantes pudieran grabar las conversaciones y disponer así de una prueba que avalara sus afirmaciones, prueba que les había sugerido el funcionario Jerónimo Segismundo. Por consiguiente, de una parte, todo denota que se trató de una grabación preparada mediante cierto ardid para que los acusados volvieran a incidir en las declaraciones relacionadas con la petición de un dinero integrante de un soborno, teniendo como objetivo específico conseguir una confesión documentada de la conducta delictiva de los acusados, sin que esa declaración autoincriminatoria estuviera precedida, obviamente, de las garantías que prevé la Ley Procesal Penal para prestar una declaración un imputado ante una atribución delictiva. De modo que podría haberse vulnerado el derecho fundamental a no prestar declaración y a no confesarse culpable*". (F.D. 2º). Aunque el interlocutor que graba es un empresario –particular y no agente encubierto–, se concede relevancia al hecho de que la conversación haya sido premeditada y preparada con el fin de provocar una declaración autoinculpatorio del otro interlocutor, entendiendo lesionado el derecho del art. 24.2 CE.

Ricardo Martín Morales recuerda que, conforme al artículo 282 bis.3 LECRim, "*cuando las actuaciones de investigación del agente encubierto puedan afectar a los derechos fundamentales, éste <deberá solicitar del órgano judicial competente las autorizaciones que, al respecto, establezca la Constitución y la Ley...*", y por ello, concluye: "*Para los seguimientos físicos directos que realice el agente encubierto hay que entender, por tanto, que no necesitará una autorización específica, puesto que dicha autorización ya va implícita en el propio alcance de la autorización judicial inicialmente concedida. Cuestión distinta sería la grabación practicada por el agente encubierto, en el curso de un seguimiento físico y mediante dispositivos electrónicos, de las conversaciones orales que*

los sujetos vigilados mantuviesen con sus cómplices o terceros"[24]. Si el agente encubierto no es un tercero ajeno a dicha comunicación, sino que es uno de los interlocutores de dicha comunicación, no habrá lesión del derecho al secreto de las comunicaciones, si bien pueden resultar vulnerados otros derechos fundamentales, como hemos relacionado.

La STS Sala 2ª 277/2016, de 6 de abril de 2016 (Roj 1546/2016) trata de un supuesto de actuación de un agente encubierto que contacta con miembro de organización de tráfico de estupefacientes. En un primer encuentro, el agente encubierto y dicho miembro de la organización, conciertan *"...la vía de comunicación ulterior: la creación de una cuenta de correo electrónico en gmail, decidiendo ambos tanto la cuenta (DIRECCION000) como la contraseña (DIRECCION001); y que la comunicación se haría introduciendo el mensaje en el borrador de la cuenta de correo, sin enviarlo, de tal forma que se puede acceder al contenido de la carpeta borradores de los mensajes desde cualquier dispositivo electrónico y desde cualquier lugar del mundo con la sola introducción de la cuenta y de la contraseña"*. Posteriormente, se autoriza judicialmente la actuación del agente encubierto y la interceptación de comunicaciones de voz y datos (UMTS y GPRS), así como de los datos asociados a las mismas de ciertos números de teléfono. En el F.D. 1º, plantea el Tribunal Supremo *"El primer motivo, articulado a través del art. 852 LECrim por conculcación de los derechos a la tutela judicial efectiva y a la presunción de inocencia (art. 24 CE), argumenta que la actuación del agente encubierto no estuvo desde su inicio amparada por la correspondiente autorización judicial. La habilitación jurisdiccional no llegó hasta la resolución de 10 de septiembre de 2013, siendo así que el agente ya había contactado con la organización mediante acercamientos que culminaron con la creación conjunta de una dirección de correo electrónico. El 4 de septiembre, en efecto, el agente policial se había ofrecido a colaborar en la extracción de maletas conteniendo estupefacientes desde el aeropuerto. El acierto en la respuesta a esta cuestión necesita un presupuesto teórico:* ***determinar qué labores de un agente deben inexorablemente quedar cubiertas por la autorización judicial; es decir, en qué momento se torna imprescindible esa habilitación en las labores policiales de investigación****. Eso obliga a preguntarse el*

[24] MARTÍN MORALES, RICARDO "El régimen constitucional del seguimiento directo de personas", Editorial Comares, Granada, 2015, págs. 50-51.

porqué de esa autorización judicial. Pues bien, las razones radican tanto en las posibles injerencias en derechos fundamentales amparadas en un engaño o simulación (derecho a no declararse culpable o a no declarar contra sí mismo; inviolabilidad del domicilio); en la afectación de un derecho de nueva generación como es la autodeterminación informativa (recht auf informationelle selbstbestimmung); así como también en la necesidad de dotar al agente encubierto de inmunidad –en sentido figurado– respecto de actuaciones que objetivamente podrían ser típicas y, por tanto, susceptibles de persecución penal...Las exigencias del derecho a la autodeterminación informativa, concernido de manera determinante, no son tan intensas en cuanto a la necesidad de intervención judicial. Ese es el primero de los derechos que puede verse afectado. Pero no toda incidencia en ese derecho reclama inexorablemente habilitación judicial como demuestran las simulaciones policiales investigadoras de corta duración (v.gr., requerimiento de droga por un agente que oculta su identidad a quien parece estar vendiéndola en una vía pública) que, según entiende generalizadamente la doctrina y unánimemente la jurisprudencia, no precisan de ese previo plácet judicial". Concluye el TS: "*En el momento ahora analizado ninguna actuación de las precisadas de habilitación judicial fue realizada antes de que llegase tal autorización. El acercamiento, contacto y diálogo para ganarse la confianza hasta la pactada creación de consuno de una cuenta de correo electrónico no son gestiones que precisasen de esa autorización judicial que se hizo ya insoslayable a la hora de reclamar la intervención de unas comunicaciones y, sobre todo, ante la inminencia de una operación concreta delictiva. No se había traspasado el umbral de la investigación previa admisible*".

La Circular 1/2013 de la Fiscalía General del Estado, de 11 de enero de 2013, aunque duda si las conversaciones orales quedan protegidas por el artículo 18.1 CE o artículo 18.3 CE, sin embargo, sí reconocía esta matización, cuando en su apartado 5.2 dispone: "*Debe no obstante obrarse con cautela en este tipo de supuestos. El TEDH en algunos casos (SSTEDH de 23 de noviembre de 1993 A. contra Francia y 8 de abril de 2003 M.M. contra Holanda) ha equiparado los requisitos exigibles a las grabaciones de conversaciones consentidas por uno de los interlocutores a las interceptaciones telefónicas propiamente dichas cuando la Policía realiza una contribución esencial en la ejecución del plan (crucial contribution to the execution of the scheme). Por ello, si no concurren razones de urgencia y los agentes de Policía se han involucrado en el plan para obtener la grabación, será aconsejable solicitar la correspondiente autorización judicial".*

La Ley 5/2014, de 4 de abril, de Seguridad Privada, en relación a las "servicios de investigación privada", dispone: *"En ningún caso se podrá investigar la vida íntima de las personas que transcurra en sus domicilios u otros lugares reservados, ni podrán utilizarse en este tipo de servicios medios personales, materiales o técnicos de tal forma que atenten contra el derecho al honor, a la intimidad personal o familiar o a la propia imagen o al secreto de las comunicaciones o a la protección de datos".*

3. SECRETO DE LAS COMUNICACIONES EN EL ÁMBITO DE LAS NUEVAS TECNOLOGÍAS

En el mundo de las comunicaciones informáticas, electrónicas o telemáticas, y en general en el uso de dispositivos electrónicos e informáticos, concurre, o suelen concurrir, varias garantías constitucionales, como son el derecho a la intimidad, a la protección de los datos de carácter personal, y el secreto de las comunicaciones. De ahí que la doctrina suele hablar del <derecho al entorno digital>. Así puedo "colgar" mis ideas, historias, mi vida e imágenes en un perfil de una red social, pero ello no significa que esté constituyendo una comunicación con posibles destinatarios, por mucho que el interesado haya reducido o limitado el acceso a su perfil. Estos son los medios de comunicación social o redes sociales, los cuales utilizan o pueden utilizar los mismos medios técnicos, o canales, que las comunicaciones privadas, pero no quedan incluidas en el concepto de comunicación objeto de la garantía constitucional.

Cada uno de esos derechos implicados en el uso de las nuevas tecnologías presenta un régimen de protección diferenciado, si bien varios de dichos derechos fundamentales pueden superponerse ante una misma realidad[25].

---

[25] La STS Sala 2ª 429/2015, de 9 de julio de 2015 (Roj 3255/2015), F.D. 2º:

"c) No toda medida que afecte o pueda afectar a un derecho fundamental (ni siquiera de los comprendidos en la Sección Primera del capítulo II del Título I CE) ha de ser siempre acordada por un Juez. Por más que en ocasiones se puedan oír poco meditadas aseveraciones en ese sentido, hay casos en que la Policía Judicial de propia autoridad. En muchos supuestos –no todos– si concurre un consentimiento libre (por ejemplo, una exploración radiológica);

en otros, incluso coactivamente (cacheos externos). No puede proclamarse precipitadamente el monopolio jurisdiccional como requisito indispensable de toda afectación de un derecho fundamental: la legitimidad constitucional de la detención policial es prueba clara de lo que se afirma. Ni siquiera sería totalmente exacto afirmar que ese es el principio general, solo excepcionado cuando la ley autorice a la policía expresamente. Actuaciones como la obligación a expulsar unas bolsas de la boca (STS de 25 de enero de 1993) o la toma de huellas dactilares (STS de 12 de abril de 1992) o la inspección del maletero de un vehículo pueden resultar admisibles sin necesidad de una previa validación judicial ni de una ley específica habilitante. Será necesaria la previa intervención judicial cuando la Constitución o las Leyes así lo exijan (registros domiciliarios, interceptación de comunicaciones). La afectación de un derecho fundamental por sí sola no es argumento siempre suficiente para postular como presupuesto imprescindible la previa autorización judicial salvo explícita habilitación legal (vid SSTC 206/2007, de 29 de septiembre, o 142/2012, de 2 de junio, así como STS 777/2013, de 7 de octubre). Que una actuación pueda menoscabar la intimidad –registro de una maleta o unos papeles– no significa a priori y como afirmación axiomática que no pueda ser acordada por autoridades diferentes de la jurisdiccional. Es más, por definición toda investigación penal tiende a desvelar aspectos que por lo general el autor del delito pretende ocultar y mantener en secreto (intimidad). La jurisdiccionalidad es exigible en algunos casos; en otros, no. Por eso la exploración de zonas exteriores, registros de almacenes particulares que no constituyen domicilio, inspección de establecimientos públicos aunque puedan afectar en algunos casos a una privacidad –intimidad– desligada del ámbito domiciliario, no exigen necesariamente autorización judicial. Posible afectación de la intimidad no comporta automáticamente previa habilitación judicial inexcusable. Como no necesita autorización judicial el interrogatorio de un testigo por la policía a fin de averiguar datos precisos para una investigación, aunque haya afectación de la privacidad propia o de otras personas (preguntar sobre alguna de sus actividades, si el interrogado estuvo con determinada persona, tipo de relaciones mantenidas con ella...). No es dudoso que pueda recibirse declaración a un testigo por la policía como medio de averiguación del delito, sin necesidad de previa autorización judicial motivada, ni de ningún otro requisito especial. Ni siquiera cuando ese interrogatorio, por exigencias de la investigación, conduce a adentrarse en reductos más sensibles de la privacidad. No es legal ni constitucionalmente correcta la ecuación afectación de la intimidad-necesidad inexcusable de previa habilitación judicial. La incidencia en la privacidad –que es más que cuestionable cuando lo que se está haciendo es registrar una finca abierta, accesible para cualquiera– no solo no llevaría a la ineludible exigencia de autorización judicial, aunque comporte rastreos, sino que de ningún modo puede equipararse a un registro domiciliario donde la Constitución sí exige mandamiento judicial. La Ley regula minuciosamente esa diligencia precisamente por esa relevancia. No hay identidad de razón para aplicar por analogía la detallada regulación de la LECrim sobre esa el registro domiciliario al rastreo o incluso excavaciones efectuadas en una parcela accesible y abierta. d) Aunque conviniésemos que es necesaria –aconsejable sí lo es, cuando no concurren razones de urgencia: es la autoridad judicial quien está al frente de la investigación– la habilitación judicial, desde luego la calidad de ésta no ha de medirse con los estrictos y exigentes estándares que rigen en materia de inviolabilidad del domicilio o secreto de las comunicaciones como pretende el escrito de recurso. Sencillamente porque el principio de proporcionalidad impone que concurran muchas y robustas razones para inmisiones en derechos tan sensibles como la inviolabilidad del domicilio o el secreto de las comunicaciones (art. 18 CE), y menos fuerza –basta la conveniencia a efectos de la investigación– cuando lo que se sacrifica es la propiedad privada. Todo el discurso del recurrente parte en consecuencia de premisas erróneas".

La STS Sala 2ª 877/2014, de 22 de diciembre, F.D. 2º:

"Como señalan sentencias de esta Sala 248/2012 de 12.4, 446/2012 de 5.6, 492/2012 de 14.6, 635/2012 de 17.7, 644/2012 de 18.7, 301/2013 de 18.4, 849/2013 de 12.11, 513/2014 de 11.6, 689/2014 de 21.10, entre otras muchas, la doctrina jurisprudencial parte del principio de que el secreto de las comunicaciones telefónicas constituye un derecho fundamental que está garantizado en el art. 18.3 CE .

La declaración Universal de los Derechos Humanos en su art. 12°, el Pacto Internacional de Derechos Civiles y Políticos en su art. 17°, el Convenio Europeo para la Protección de los Derechos Humanos y de las Libertades Fundamentales en su art. 8º y la Carta de Derechos Fundamentales de la Unión Europea, en su art 7º, que constituyen parámetros para la interpretación de los derechos fundamentales y libertades reconocidos en nuestra Constitución conforme a lo dispuesto en su art. 10 2º, garantizan de modo expreso el derecho a no ser objeto de injerencias en la vida privada y en la correspondencia, nociones que incluyen el secreto de las comunicaciones telefónicas, según una reiterada doctrina jurisprudencial del Tribunal Europeo de Derechos Humanos.

El derecho al secreto de las comunicaciones puede considerarse una plasmación singular de la dignidad de la persona y del libre desarrollo de su personalidad, que constituyen el fundamento del orden político y de la paz social (STC núm. 281/2006, de 9 de octubre y STS núm. 766/2008, de 27 de noviembre), por lo que trasciende de mera garantía de la libertad individual, para constituirse en medio necesario para ejercer otros derechos fundamentales. Por ello la protección constitucional del secreto de las comunicaciones abarca todos los medios de comunicación conocidos en el momento de aprobarse la norma fundamental, y también los que han ido apareciendo o puedan aparecer en el futuro, no teniendo limitaciones derivadas de los diferentes sistemas técnicos que puedan emplearse (SSTS núm. 367/2001, de 22 de marzo y núm. 1377/1999, de 8 de febrero).

El derecho al secreto es independiente del contenido de la comunicación, debiendo respetarse aunque lo comunicado no se integre en el ámbito de la privacidad (SSTC núm. 70/2002, de 3 de Abril y núm. 114/1984, de 29 de noviembre).

Pero, sin embargo, éste derecho no es absoluto, ya que en toda sociedad democrática existen determinados valores que pueden justificar, con las debidas garantías, su limitación (art. 8º del Convenio Europeo). Entre estos valores se encuentra la prevención del delito, que constituye un interés constitucionalmente legítimo y que incluye la investigación y el castigo de los hechos delictivos cometidos, orientándose su punición por fines de prevención general y especial. El propio art 18.3 CE prevé la limitación del derecho al secreto de las comunicaciones mediante resolución judicial (STS núm. 246/1995, de 20 de febrero , entre otras muchas). (F. J. 3º)

En nuestro ordenamiento la principal garantía para la validez constitucional de una intervención telefónica es, por disposición constitucional expresa, la exclusividad jurisdiccional de su autorización, lo que acentúa el papel del Juez Instructor como Juez de garantías, ya que lejos de actuar en esta materia con criterio inquisitivo impulsando de oficio la investigación contra un determinado imputado, la Constitución le sitúa en el reforzado y trascendental papel de máxima e imparcial garantía jurisdiccional de los derechos fundamentales de los ciudadanos".

Así puede advertirse en la STS 680/2010, de 1 de julio, en cuyo F.D. 2º dice: *"La cuestión que plantea el recurrente ya ha sido objeto de estudio en diversas resoluciones de esta Sala, entre las que destaca por su rigor y solidez jurídica la STS n.º 739/2008, de 12 de noviembre y las que en ella se citan, a cuyo tenor en punto a los rastreos informáticos realizados por la policía judicial, la STS 236/2008, de 9 de mayo, ya apuntó que "visto el panorama jurisprudencial y legislativo y trasponiéndolo al caso que nos ocupa se puede concluir lo siguiente:*

a) los rastreos que realiza el equipo de delitos telemáticos de la Guardia Civil en Internet tienen por objeto desenmascarar la identidad críptica de los IPS (Internet protocols) que habían accedido a los "hush" que contenían pornografía infantil. El acceso a dicha información, calificada de ilegítima o irregular, puede efectuarla cualquier usuario. No se precisa de autorización judicial para conseguir lo que es público y el propio usuario de la red es quien lo ha introducido en la misma. La huella de la entrada queda registrada siempre y ello lo sabe el usuario.

b) entender que conforme a la legalidad antes citada (...) se hace preciso, sin embargo, acudir a la autorización del juez instructor para desvelar la identidad de la terminal, teléfono o titular del contrato de un determinado IP, en salvaguarda del derecho a la intimidad personal (habeas data).

Consecuentemente quien utiliza un programa P2P, en nuestro caso EMULE, asume que muchos de los datos se convierten en públicos para los usuarios de Internet, circunstancia que conocen o deben conocer los internautas, y tales datos conocidos por la policía, datos públicos en internet, no se hallaban protegidos por el art. 18-1.º ni por el 18-3 C.E. (de la Sentencia citada, que aquí se aplica igualmente).

En el mismo sentido, tratando de los rastreos informáticos policiales, la STS 292/2008, de 28 de mayo, ya declaró que cuando la comunicación a través de la Red se establece mediante un programa P2P, como en el EMULE o EDONKEY, al que puede acceder cualquier usuario de aquélla, el operador asume que muchos de los datos que incorpora a la red pasen a ser de público conocimiento para cualquier usuario de Internet, como, por ejemplo el I.P., es decir, la huella de la entrada al programa, que queda registrada siempre. Y fue este dato, el I.P. del acusado, el que obtuvo la Guardia Civil en su rastreo de programas de contenido pedófilo, dato que –conviene repetir y subrayar– era público al haberlo introducido en la Red el propio usuario –el acusado– al utilizar el programa P2P. Por ello, no se precisa autorización judicial para conocer lo que es público, y esos datos legítimamente obtenidos por la Guardia Civil en cumplimiento de su obligación de persecución del delito y detención de los delincuentes, no se encuentran protegidos por el art. 18.3 C.E".

Esta última sentencia no se enjuicia la posible injerencia en una comunicación, ni su carácter secreto, sino el acceso por un usuario –por medio de un equipo informático– a un programa donde se comparten contenidos. Dicha sentencia evidencia que internet puede ser usada tanto como medio de materializar comunicaciones, o como medio de participar en foros, chats o programas en los cuales puede participar un número indeterminado de usuarios. Por ello, la STS Sala 2ª 236/2008, de 9 de mayo analiza el supuesto de hecho desde el punto de vista, no de la lesión al secreto de las comunicaciones, sino desde la lesión al derecho a la intimidad. Se enjuicia el conocimiento de direcciones IP por la policía judicial en un caso de intercambio de pornografía infantil por medio de las técnicas P2P, en la cual se permite el acceso al propio terminal informático de otros internautas con el fin de poder copiar u obtener, compartir, archivos. El F.D. 2º dice:

"1.- los rastreos que realiza el equipo de delitos telemáticos de la Guardia Civil en Internet tienen por objeto desenmascarar la identidad críptica de los IPS (Internet protocols) que habían accedido a los "hash" que contenían pornografía infantil. El acceso a dicha información, calificada de ilegítima o irregular, puede efectuarla cualquier usuario. ***No se precisa de autorización judicial para conseguir lo que es público y el propio usuario de la red es quien lo ha introducido en la misma****. La huella de la entrada –como puntualiza con razón el Mº Fiscal– queda registrada siempre y ello lo sabe el usuario.*

2.- entender que conforme a la legalidad antes citada (unas normas vigentes en el momento de los hechos y otras posteriores) se hacía preciso acudir a la autorización del juez instructor para desvelar la identidad de la terminal, teléfono o titular del contrato de un determinado IP, en salvaguarda del derecho a la intimidad personal (habeas data). La policía judicial a través de un oficio de 6 de noviembre de 2005, completado por un informe de 24 de octubre del mismo año del Grupo de delitos telemáticos de la Guardia Civil interesa la preceptiva autorización que obtuvo con el libramiento de mandamiento judicial dirigido a los operadores de

Internet para identificar ciertas direcciones IP del ordenador al objeto de proseguir la investigación.

Consecuentemente quien utiliza un programa P2P, en nuestro caso EMULE, asume que muchos de los datos se convierten en públicos para los usuarios de Internet, circunstancia que conocen o deben conocer los internautas, y tales datos conocidos por la policía, datos públicos en internet, no se hallaban protegidos por el art. 18-1º ni por el 18-3C.E".

Como resalta este último inciso en estos supuestos donde se permite el conocimiento de datos propios –colgándolos de la red–, o permitiendo el acceso de otros a perfiles donde se publican ciertas informaciones o imágenes, no estamos ante una comunicación protegida por el artículo 18.3 CE, sino ante "datos (que) se convierten en públicos para los usuarios de Internet, circunstancia que conocen o deben conocer los internautas". Este último inciso vuelve a poner de manifiesto que el carácter secreto de la comunicación depende de un esquema concreto, y no de la voluntad del interesado o internauta.

La propia STS 236/2008 en su F.D. 1º plantea el tratamiento de datos relativos a las IPs cuando no se trata propiamente de una comunicación: *"A nuestro juicio, sin pretensiones ni mucho menos de sentar doctrina (obiter dicta), los datos identificativos de un titular o de una terminal deberían ser encuadrados, no dentro del derecho al secreto de las comunicaciones (art 18-3 C.E.) sino en el marco del derecho a la intimidad personal (art 18-1 C.E.) con la salvaguarda que puede dispensar la Ley de protección de Datos de Carácter Personal, L. O. 15/1999 de 13 de diciembre : art. 11.2 d. o su Reglamento, Real - Decreto 1720/2007 de 21 de diciembre, que entró en vigor el 31 de marzo de 2008, sin despreciar la Ley 32 de 3 de noviembre de 2003, General de Telecomunicaciones y su Reglamento, R.D. 424 de 15 de abril de 2005, en los que parece desprenderse que sin el consentimiento del titular de unos datos reservados, contenidos en archivos informáticos, no pueden facilitarse a nadie, salvo los casos especiales que autorizan sus propias normas, entre las que se halla la autorización judicial, que lógicamente estaría justificada en un proceso de investigación penal.*

Tampoco debe pasar por alto, aunque sólo sea con carácter dialéctico, el contenido de la Ley nº 25 de 18 de octubre de Conservación de datos relativos a las comunicaciones electrónicas y a las redes públicas de co-

municación, que al igual que el Reglamento de la Ley de protección de datos son posteriores a los hechos aquí enjuiciados y por ende no aplicables.

La ley últimamente citada que se dicta en desarrollo de la Directiva de la Unión Europea 2006-24 –C.E. del Parlamento Europeo y del Consejo de 15 de marzo del mismo año tiene por objeto imponer la obligación a los operadores de Telecomunicaciones de retener determinados datos generados o tratados por los mismos con el fin de entregarlos a los agentes facultados, en caso de que le fueran requeridos por éstos, entendiendo por tales agentes los pertenecientes a los Cuerpos policiales, al Centro Nacional de Inteligencia y a la Dirección de Vigilancia aduanera. Esta ley exige para la cesión de estos datos, con carácter general, la autorización judicial previa y entre los datos que deben conservar figura el que es objeto del proceso que nos ocupa (los datos que deben ser custodiados por los operadores de telecomunicaciones están ampliamente descritos en su art. 3º)".

La Circular 1/2013 de la Fiscalía General del Estado, de 11 de enero de 2013, expresa la complejidad del uso de los medios informáticos:

"2.- El derecho al secreto de las comunicaciones Los derechos fundamentales son derechos especialmente protegidos, por su mayor valor (STC nº 66/1985, de 23 de mayo), por ser componentes estructurales básicos del ordenamiento jurídico, y por sus notas de permanencia e imprescriptibilidad (STC nº 7/1983, de 14 de febrero). Uno de estos derechos fundamentales es el derecho al secreto de las comunicaciones,... La doctrina jurisprudencial sobre las intervenciones telefónicas se construye sobre la base de la naturaleza de derecho fundamental del secreto de las comunicaciones (SSTS nº 248/2012, de 12 de abril, 446/2012, de 5 de junio, 492/2012, de 14 de junio, 635/2012, de 17 de julio y 644/2012, de 18 de julio). Las comunicaciones comprendidas en este derecho han de ser aquellas indisolublemente unidas por naturaleza a la persona, a la propia condición humana; por tanto, la comunicación es a efectos constitucionales el proceso de transmisión de expresiones de sentido a través de cualquier conjunto de sonidos, señales o signos (STC nº 281/2006, de 9 de octubre, STS nº 766/2008, de 27 de noviembre). Los imparables avances tecnológicos ponen en manos no sólo de los poderes públicos sino incluso de los particulares enormes poderes que potencialmente son una amenaza para el secreto de las comunicaciones, lo que exige reinterpretar este derecho y afinar el sistema de garantías para proteger la privacidad

humana. Como ha declarado el TC "en una sociedad tecnológicamente avanzada como la actual, el secreto de las comunicaciones constituye no solo garantía de libertad individual, sino instrumento de desarrollo cultural, científico y tecnológico colectivo" (STC nº 123/2002, de 20 de mayo). Con los enormes avances tecnológicos de los últimos años el secreto de las comunicaciones trasciende de mera garantía de la libertad individual, para ser medio necesario para ejercer otros derechos fundamentales. La eclosión de Internet abre posibilidades inimaginables hace unos años. La evolución continúa imparable. Las posibilidades de navegación anónima y de limitar su trazabilidad han convertido en obsoletos los tradicionales sistemas de identificación de terminal e interceptación. Estos avances hacen necesario un nuevo entendimiento del concepto de comunicación y del objeto de protección del derecho fundamental al secreto de ésta que extienda la tutela a nuevos espacios, como se deriva del tenor literal del art. 18.3 CE. El Constituyente, consciente de que los sistemas de telecomunicaciones se encontraban en un proceso de evolución acelerada con las nuevas tecnologías, estableció un sistema de numerus apertus de los soportes técnicos y de las formas de llevar a cabo la comunicación. La protección constitucional abarca todos los medios de comunicación conocidos en el momento de aprobarse la norma fundamental, así como los que han ido apareciendo o puedan aparecer en el futuro, no teniendo limitaciones derivadas de los diferentes sistemas técnicos que puedan emplearse (SSTS nº 367/2001, de 22 de marzo y 1377/1999, de 8 de febrero). En principio, es necesario que exista algún medio para que entre en juego el secreto de las comunicaciones, de manera que en puridad este derecho no protege la conversación directa entre dos personas, todo ello sin perjuicio de las consideraciones que se contienen en el epígrafe 5.-8 del presente documento. El medio utilizado debe ser apto para permitir una comunicación secreta entre varias personas. Ello lleva a la exclusión en su radio protector de los medios de comunicación de masas. Pueden no obstante entenderse incluidos medios que permiten una conversación entre más de dos personas, pero "cerrada" o con disponibilidad para aceptar nuevos interlocutores (v. gr. videoconferencia). El secreto de las comunicaciones debe ser respetado por todos los terceros ajenos a la comunicación, no sólo Estado o agentes públicos, sino también los particulares. Sin embargo, el secreto no afecta a los propios partícipes de la comunicación, sin perjuicio de que en ciertos supuestos éstos podrían llegar a vulnerar el derecho a la intimidad de su comunicante. No hay secreto para aquél a quien la comunicación se dirige, ni implica contravención de lo dispuesto en el artículo 18.3 de la Constitución la retención, por cualquier medio, del contenido del mensaje...Quien entrega a otro la carta recibida o quien emplea durante su conversación telefónica un aparato amplificador de la voz que permite captar aquella conversación a otras personas presentes no está violando el secreto de las comunicaciones, sin perjuicio de que estas mismas conductas, en el caso de que lo así transmitido a otros entrase en la esfera «íntima» del interlocutor, pudiesen constituir atentados al derecho garantizado en el artículo 18.1 de la Constitución (STS nº 239/2010, de 24 de marzo, STC nº 114/1984, de 29 de noviembre). Debe tenerse especialmente presente que el derecho analizado es un derecho de carácter formal, pues no se dispensa el secreto en virtud del contenido de la comunicación ni tiene nada que ver la protección del secreto con el hecho de que lo comunicado entre o no en el ámbito de la privacidad (SSTC nº 70/2002, de 3 de abril; 114/1984, de 29 de noviembre). Por ello, la protección que la Constitución otorga a la comunicación telefónica subsiste aun cuando el objeto de la comunicación no entre en la esfera de la intimidad de la persona. El derecho fundamental consagra la libertad de las comunicaciones, implícitamente, y, de modo expreso, su secreto, estableciendo en este último sentido la interdicción de la interceptación o del conocimiento antijurídicos de las comunicaciones ajenas. El bien constitucionalmente protegido es así –a través de la imposición a todos del "secreto"– la libertad de las comunicaciones. Desde la perspectiva subjetiva, los titulares del secreto de las comunicaciones pueden ser tanto las personas físicas como las jurídicas, nacionales o extranjeras, "porque el secreto de las comunicaciones presupone la libertad, y su restricción se produce en un sentido de control y observación y no propiamente de impedimento a las comunicaciones" (vid. STS nº 246/1995, de 20 de febrero, STC nº 114/1984, de 29 de noviembre). También los menores son titulares del derecho al secreto de las comunicaciones. La Ley Orgánica 1/1996, de 15 de enero, de Protección Jurídica del Menor, les reconoce en su art. 4 este derecho y encomienda a los padres o tutores y a los poderes públicos respetarlo y protegerlo frente a ataques de terceros, todo ello sin perjuicio de las modulaciones derivadas del ejercicio legítimo de la patria potestad o de la tutela. Es un derecho público subjetivo, exigible ante los poderes públicos. Se trata también de un derecho autónomo, aunque en conexión con valores como la libertad, la dignidad de la persona y el libre desarrollo de la personalidad. Es, por último, un derecho relativo, pues en el propio art 18.3 CE se prevé su limitación mediante resolución judicial (STS nº 246/1995, de 20 de febrero)".

En su apartado 12 aborda ciertas comunicaciones en abierto, por medio de "chats", diferenciándolas de las comunicaciones "cerradas" o confidenciales: *"12.- Otras vías de comunicación a través de Internet.- Existen otros medios en Internet, como los chats o foros, que permiten comunicarse a varias personas simultánea y públicamente, en tiempo real. En estos casos,* ***cuando las conversaciones o comunicaciones son accesibles para cualquier usuario de Internet, las mismas no pueden tener la consideración de conversaciones privadas. Por ello, estas modalidades no pueden considerarse comprendidas dentro del ámbito del derecho fundamental al secreto de las comunicaciones, por lo que no precisan de autorización judicial para su grabación u observación. Distinto habrá de ser el tratamiento de los supuestos en los que se use la opción de comunicación bidireccional cerrada entre dos usuarios, pues en estos casos, conforme a la propia naturaleza del acto comunicativo, deben activarse de nuevo las garantías del art. 18.3 CE. La apertura de archivos de un disco duro o de unidades externas tampoco afecta al derecho al secreto de las comunicaciones.*** *Se considera más bien el cuerpo de los delitos informáticos.* ***Por ello no es en todo caso imprescindible la autorización judicial, a salvo, como se expuso supra, el acceso a correos electrónicos.*** *Los documentos no integrados en un proceso de comunicación y almacenados en archivos informáticos bien en teléfonos móviles, ordenadores o asimilados, tendrían la consideración de simples documentos y, por tanto, sólo resultarían, en su caso protegidos por el derecho a la intimidad (STS nº 782/2007, de 3 de octubre). Por ello los Cuerpos y Fuerzas de Seguridad del Estado pueden, sin autorización judicial, intervenir un soporte magnético o electrónico, como, por ejemplo, la lectura de un disco duro, aun cuando su contenido material pudiera afectar al derecho a la intimidad del art. 18.1 CE, si se aprecian razones de urgencia y se persigue un interés constitucionalmente legítimo con base en la habilitación legal para dicha actuación reconocida en los arts. 282 LECrim y 11.1 LO 2/1986 de 13 de marzo, de Fuerzas y Cuerpos de Seguridad, y 547 LOPJ. En este sentido, vid. STC nº 173/2011, de 7 de* *noviembre, en relación con la investigación de un delito de pornografía infantil. Esta doctrina sería también aplicable a las unidades de almacenamiento externo, PDA y asimilados".*

Esta Circular, en términos generales, la considero acertada y expone –de forma clara y detallada– los diversos supuestos de comunicaciones que podemos encontrar a través de internet, y cuando dichas comunicaciones merecen la protección prevista en el artículo 18.3 CE. No obstante, considero la misma desacertada en cuanto a la exclusión de las conversaciones orales, tal vez siguiendo lo que era la opinión doctrinal mayoritaria en dicho momento. El epígrafe 5.8 de dicha Circular ("Escucha y grabación directa de conversaciones") no se ajustaba a la doctrina del TEDH sobre la calidad de la ley habilitante de la injerencia, tanto por su accesibilidad ni previsibilidad. Así lo evidenciaron las sentencias STCo 145/2014, de 22 de septiembre, STS, Sala 2ª, 747/2015, de 19 de noviembre de 2015 ó STS Sala 2ª 423/2015, de 26 de junio de 2015.

La STS Sala 2ª 877/2014, de 22 de diciembre de 2014, trata de la interceptación de correos electrónicos por medio de la interceptación de una línea ADSL, y el hecho de que ello pueda afectar a un número indeterminado de direcciones de correo electrónico. Su F.D. 2º dice:

"Por último, interesa la parte recurrente la nulidad del auto de 8 de marzo de 2010 (folios 480 y ss), que autorizó la intervención que se pueda producir a través de la línea ADSL asociada al teléfono fijo 91.388.73.33, cuyo titular es la empresa POEXPA S.L., incluyendo datos asociados a la comunicación así como listado de titulares de esta Compañía con los que establezca comunicación o de cualquier otro dato que puedan aportar y se encuentre en su base de datos, debiendo los funcionarios de la UDYCO proceder a la grabación íntegra de los correos y demás que tengan lugar en el ADSL, en soporte informático (disco magnético-óptico). Argumenta para ello que del auto habilitante resultaba que las comunicaciones realizadas debían ser grabadas, es decir, que era necesario que se produjera algún tipo de comunicación a través de esta línea ADSL a través de un servidor POP y de unas DNS que entrega la propia compañía telefónica. El resto de las comunicaciones efectuadas al no poder ser grabadas porque no salen del servidor no podían ser intervenidas y, por tanto, ninguna garantía de su intervención a través de esa línea ADSL se puede ofrecer, puesto que a los correos electrónicos de Yahoo o de Hotmail se puede

acceder desde cualquier ordenador, de tal modo que no hay forma de asegurar que dichas comunicaciones se produjeron a través de la línea ADSL.

Asimismo aduce que la intervención de esa línea ADSL se hace precisamente para detectar algún modo de comunicación que estuviesen utilizando las personas investigadas en ese momento, pero no para intervenir un número indefinido de diferentes cuentas de correo electrónico, como ha resultado ser el caso, pues si se ha tenido acceso a un correo electrónico de una cuenta Hotmail, se ha tenido acceso a toda la cuenta y por ello a toda una serie de comunicaciones anteriores sobre las que no había autorización judicial.

Dejando de lado las cuestiones técnicas respecto del distinto servidor que tengan el remitente y destinatario del correo, es lo cierto que, a solicitud de la policía, el Juez de Instrucción dictó auto autorizando la intervención de las comunicaciones telemáticas que se pudieran producir a través de la línea ADSL asociada al número de teléfono fijo citado, incluyendo los datos asociados a la comunicación, es decir, ***las comunicaciones de voz y el envío y recepción de correos electrónicos****. La interceptación afecta, por tanto, a cualquier comunicación que tenga como origen o destino el terminal específico que se determine en el auto de intervención.*

El correo electrónico es un medio de comunicación asimilable al teléfono, de ahí que la intervención de la comunicación telemática mediante correo electrónico, en cuanto representa una limitación del derecho constitucional al secreto de las comunicaciones precisará autorización judicial *(artículo 18.3 de la Constitución Española). El artículo 39 de la Ley 9/2014, de 9 de mayo, General de Telecomunicaciones, dispone que en sus apartados 2 y 3 que los operadores están obligados a realizar las interceptaciones que se autoricen de acuerdo con lo establecido en el artículo 579 de la Ley de Enjuiciamiento Criminal, así como que la interceptación deberá facilitarse para cualquier comunicación que tenga como origen o destino el punto de terminación de red o el terminal específico que se determine a partir de la orden de interceptación legal, incluso aunque esté destinada a dispositivo de almacenamiento o procesamiento de la información.*

Teniendo en cuenta lo anterior, se comprueba que el auto de 8 de marzo de 2010 cumple suficientemente con las exigencias de motivación en cuanto expresa el hecho punible objeto de investigación y su calificación jurídica, la identidad del investigado y el medio de telecomunicación a intervenir, designando el número de teléfono asignado a toda comunicación que acceda a la red pública de telefonía, así como el plazo de duración de la medida.

Por otra parte, su denuncia de que se han intervenido un número indefinido de diferentes cuentas de correo electrónico carece de fundamento. La policía judicial procedió a intervenir los correos electrónicos de la línea ADSL a partir de la autorización concedida y, como ha declarado esta Sala Segunda, las actuaciones policiales deben presumirse lícitas y legítimas, salvo que se pruebe lo contrario, lo que no sucede en este caso.

Dentro de este apartado denuncia también que se ha producido el volcado de dichos correos electrónicos sin ningún control judicial.

En cuanto a los correos recibidos y enviados por la línea de ADSL intervenida, no era necesario ningún volcado, pues en el auto de 8 de marzo de 2010, autorizando esta intervención, se precisaba que por los funcionarios de la policía judicial se debía proceder a la grabación íntegra de los correos que tuvieran lugar a través de esta línea, habiéndose aportado copia de esos correos (Tomo VII).

***Cuestión distinta es lo referente a la apertura de otros correos, cuya interceptación no había sido autorizada previamente. Pues bien, consta en los folios 2 a 6 de la Pieza Separada denominada "Práctica de Diligencias" oficio de la UDYCO, con n° de registro 71.375/42/10, solicitando se autorice en sede judicial y en presencia de la Comisión Judicial la apertura de determinados correos con la finalidad de poder obtener y recuperar cuanta información esté disponible en los mismos**. Por ello, se procedió por el Juzgado de Instrucción a dictar auto de 25 de octubre de 2010 (folios 15 a 18), acordando prorrogar el secreto de esta Pieza Separada y señalando fecha para la diligencia de apertura a presencia judicial de los correos electrónicos:" DIRECCION001 "y " DIRECCION002 ".*

Con fecha 3 de noviembre de 2010 se procedió por la Secretario Judicial a la apertura de los citados correos, en presencia de una funcionaría de policía, comenzando por el correo " DIRECCION001 ", apareciendo 6 correos en la bandeja de entrada, un correo en la bandeja de borradores y 9 correos en la bandeja de enviados, y se procede a su impresión, dando copia a la funcionaría de policía y quedando otra copia en el Juzgado de Instrucción. A continuación se procedió a la apertura del segundo correo " DIRECCION002 ", apareciendo en la pantalla "tu cuenta ha sido bloqueada", no pudiendo, por tanto, accederse al mismo (folios 23 y 24 de la mencionada Pieza Separada).

Por tanto, en la única ocasión en que fue precisa la práctica de la diligencia de apertura de correos, se actuó correctamente, ya que se dictó auto autorizando la apertura, procediéndose por la Secretaria Judicial a su práctica"

La difícil delimitación entre lo que está protegido por el derecho al secreto de las comunicaciones y lo que está amparado por el derecho a la intimidad o la protección de datos personales, ha sido resaltada por la jurisprudencia en aquellos supuestos de intervención y acceso al contenido de los equipos informáticos. Por ello, el legislador se ha preocupado de las garantías constitucionales en el acceso a los equipos informáticos, y, no sólo el acceso a los archivos almacenados en dicho equipo, sino también en el acceso por medio de dichos equipos informáticos al perfil de una red social, en cuanto presupone el uso de una clave de acceso (contraseña), aun cuando no supone propiamente una comunicación, sino una revelación de intimidad o de datos, en cuanto se hacen accesibles a otros, revelación que puede ser más o menos amplia en cuanto al número de destinatarios, dependiendo de la plataforma o de la forma de configurar el perfil.

CRISTINA ZOCO ZABALA comenta: *"El problema estriba en que el ordenador constituye terminal que no alberga sólo comunicaciones a través de medio técnico (viodeconferencias, webconferencias, chats, o correos electrónicos); también contiene datos personales de tráfico protegidos por el artículo 18.4 CE, y documentos personales protegidos por el artículo 18.1 CE.- De lo anterior se colige que el acceso de un tercero al ordenador para la observancia de datos personales contenidos en los archivos personales precisa de consentimiento del titular, pero no de una autorización judicial por cuanto no resulta del artículo 18.1 CE; tampoco la intervención ajena de los datos de tráfico requiere autorización judicial, pues si bien el artículo 18.4 CE remite a la ley para la limitación de su contenido, nada de ello se deduce de la LO 15/1999, de 13 de diciembre, de protección de datos de carácter personal que lo configura. Sin embargo, la incautación, en todo caso policial, del ordenador para la intervención de los correos electrónicos o las comunicaciones instantáneas a través de Internet (chats, videoconferencias, comunicaciones con vídeo y voz) pre-*

via resolución judicial motivada en las sospechas de la presunta comisión de un delito grave queda protegida por el artículo 18.3 CE"[26].

La STS 811/2015 de la Sala 2ª, de 9 de diciembre de 2015 (Roj: 5213/2015) aborda el problema de la constitucionalidad del acceso de la autoridad policial a los archivos de un equipo informático, con motivo de un registro domiciliario, en el cual la policía incauta material pornográfico que consta archivado en el ordenador. En ningún caso se plantea una posible violación del secreto de las comunicaciones, sino la posible violación del derecho de intimidad de sujeto. Dice el F.D. 1º: *"no deben confundirse las estrictas exigencias de ciertas invasiones propias de la investigación en derechos fundamentales tan sensibles como lo es el secreto de las comunicaciones, cuya práctica se lleva a cabo lógicamente en una situación de absoluta ignorancia del titular del derecho y, por ello, en un estado de indefensión que sólo puede suplirse mediante la intervención judicial, autorizando y controlando su ejecución, con las demandas propias de la afectación de la intimidad domiciliaria que, aún cuando derecho fundamental también, no ostenta el nivel de protección constitucional de las intervenciones de las comunicaciones, telefónicas, telemáticas o llevadas a cabo por cualquier otro medio".* El F.D. 1º reconoce que el secreto de las comunicaciones es aplicable a cualquier comunicación, con independencia del "medio" utilizado para realizarla. Asimismo, reconoce que los derechos de intimidad o el derecho a la protección de datos de carácter personal, incluso la inviolabilidad del domicilio, no goza del mismo nivel de protección jurisdiccional que el secreto de las comunicaciones. Aunque el acceso al domicilio requiera la oportuna resolución judicial habilitante, los presupuestos de la misma difieren de los presupuestos exigibles en relación a la protección del secreto de las comunicaciones: *"Basta, en este sentido comparar el contenido del artículo 558 de la Ley procesal, hoy aún subsistente, y su exclusiva alusión a la necesidad del debido fundamento de la decisión judicial autorizante para este segundo supuesto con las previsiones, otrora jurisprudenciales y ahora legales (vid. nuevo artículo 588 bis a) y aún más en concreto el 579.1 LECr) en orden a los concretos supuestos delictivos para los que las interceptaciones de las comunicaciones pueden autorizarse, que aluden, en gran medida, a la gravedad punitiva de la infracción objeto de investi-*

[26] ZOCO ZABALA, CRISTINA "Nuevas tecnologías y control de las comunicaciones", Thomson Reuters-Aranzadi, Cizur Menor, 2015, páginas 45 y 46.

gación". Por ello concluye: *"cuando de infracciones cometidas mediante la utilización de equipos informáticos se trata, la diligencia tendente a su ocupación y al examen de sus contenidos, ha de considerarse como proporcionada, no tanto en función de la pena eventualmente aplicable sino de la propia naturaleza de los hechos investigados, de su mecánica comisiva y de las inevitables necesidades para su ulterior probanza".*

La STS 864/2015, de 10 de diciembre, de la Sala 2ª (Roj 5809/2015) examina un supuesto donde acontece el acceso policial a la red social (Facebook) de un sujeto. Por medio de dicho perfil el sujeto mantenía conversaciones mediante mensajes de textos, incluso comunicaciones audiovisuales por medio de un webcam, con sus víctimas. En el recurso se plantea la nulidad de las pruebas consistentes en mensajes tanto en Facebook (red social) como en Whatsapp. El acceso al perfil de la menor acosada se realizó en base al acceso facilitado por la madre de la menor acosada. Se plantea la posible lesión del secreto de las comunicaciones. Su F.D. 3º se excluye dicha lesión del derecho al secreto de las comunicaciones:

"se hace necesario precisar que no estamos ante una incidencia en el derecho al secreto de las comunicaciones, sino ante una cuestión de intimidad. El derecho al secreto de las comunicaciones rige mientras se desarrolla el proceso de comunicación (vid. SSTS 342/2013, de 17 de abril, 786/2015, de 4 de diciembre, ó 859/2014, de 26 de noviembre). Una vez cesado éste, llegado el mensaje al receptor, salimos del ámbito del art. 18.3 CE, sin perjuicio, en su caso, del derecho a la intimidad proclamado en el número 1 del mismo precepto, aunque en este segundo supuesto sin supeditación constitucional imperativa a la autorización judicial".

Se incide en el carácter <activo> de la comunicación, para que opere el artículo 18.3 CE, lo que a nuestro juicio es erróneo. Se centra la sentencia en la posible lesión del derecho a la intimidad, con motivo de incautar mensajes o comunicaciones archivadas en el ordenador, dentro del perfil del usuario. Realiza las siguientes consideraciones: *"Lo que es insoslayable para una intromisión inconsentida del secreto de las comunicaciones o la inviolabilidad domiciliaria (autorización judicial) puede no serlo cuando hablamos solo de intimidad o de privacidad y no de esas manifestaciones específicas...Será necesaria la previa intervención judicial cuando la Constitución o las Leyes así lo exijan (registros domiciliarios, interceptación de comunicaciones). La afectación de un derecho fundamental por sí sola no es argumento siempre suficiente para postular como presupuesto imprescindible la previa autorización judicial salvo explícita habilitación legal (vid SSTC 206/2007, de 29 de septiembre, ó 142/2012, de 2 de junio ...)".*

El F.D. 4º cita a su vez la STS 786/2015, de 4 de diciembre: "*...abordó un asunto con problemas de acceso a mensajes de correos electrónicos ya recepcionados y guardados en el correspondiente archivo informático. Algunas consideraciones contenidas en la STC 173/2011, 7 de noviembre le servían de referencia. Es útil recoger ahora algunos "posibilidad de un sacrificio legítimo del derecho a la intimidad –a diferencia de lo que ocurre en otros supuestos, como respecto de los derechos reconocidos en los arts. 18.2 y 3 CE –, su ámbito de protección puede ceder en aquellos casos en los que se constata la existencia de un interés constitucionalmente prevalente al interés de la persona en mantener la privacidad de determinada información" (STS 786/2015)".*

"El ordenador y, con carácter general, los dispositivos de almacenamiento masivo, son algo más que una pieza de convicción que, una vez aprehendida, queda expuesta en su integridad al control de los investigadores. El contenido de esta clase de dispositivos no puede degradarse a la simple condición de instrumento recipiendario de una serie de datos con mayor o menor relación con el derecho a la intimidad de su usuario. ***En el ordenador coexisten, es cierto, datos técnicos y datos personales susceptibles de protección constitucional en el ámbito del derecho a la intimidad y la protección de datos (art. 18.4 de la CE). Pero su contenido también puede albergar –de hecho, normalmente albergará– información íntimamente ligada al derecho a la inviolabilidad de las comunicaciones. El correo electrónico y los programas de gestión de mensajería instantánea no son sino instrumentos tecnológicos para hacer realidad, en formato telemático, el derecho a la libre comunicación entre dos o más personas. Es opinión generalizada que los mensajes de correo electrónico, una vez descargados desde el servidor, leídos por su destinatario y almacenados en alguna de las bandejas del programa de gestión, dejan de integrarse en el ámbito que sería propio de la inviolabilidad de las comunicaciones. La comunicación ha visto ya culminado su ciclo y la información contenida en el mensaje es, a partir de entonces, susceptible de protección por su relación con el ámbito reservado al derecho a la***

intimidad, cuya protección constitucional es evidente, aunque de una intensidad distinta a la reservada para el derecho a la inviolabilidad de las comunicaciones".

"...Y no existe en la causa dato alguno que permita albergar la sospecha de que el consentimiento de Celsa fue utilizado por los agentes para adentrarse en contenidos amparados por el derecho a la inviolabilidad de las comunicaciones y, como tales, no franqueables mediante la simple anuencia de la afectada (art. 18.3 CE[27]). Ningún proceso de comunicación fue interceptado. ***No existe constancia de que la Policía llegara a apoderarse de información vinculada a procesos de comunicación en marcha. Ni siquiera llegó a disponer de contenidos procedentes de comunicaciones ya concluidas, pero todavía desconocidas por alguno de sus destinatarios.*** *Por el contrario, todas las imágenes voluntariamente ofrecidas por Celsa, así como los diálogos mantenidos en fechas pasadas con el ahora recurrente, eran accesibles consintiendo la afectada la intromisión en su espacio virtual".*

F.D. 5º: *"...Lo mismo que no hay prueba ilícita cuando un interlocutor revela lo que bajo compromiso expreso o tácito de confidencia o secreto, le comunica otro (aunque sean contenidos del ámbito de privacidad) o cuando el receptor violando obviamente el deber natural –expreso o tácito– de confidencialidad que, le liga con el remitente entrega una carta privada que desvela la comisión de un delito a los agentes policiales; o incluso cuando esa misma carta es entregada por el conviviente quien la recibió, tampoco en la hipótesis propuesta como más verosímil (comunicación a través de la hermana) se puede hablar aquí de prueba inutilizable. Si la afectación a la intimidad proviene de un particular que está autorizado para acceder a ese ámbito de privacidad, que desvela, aunque abuse de la confianza concedida, no se activa la garantía reforzada del rt. 11.1 LOPJ".* Dicho F.D.5ª concluye: *"d) Una cosa es el acceso y otra desvelar el contenido. Que estaba autorizada a acceder lo demuestra la posesión de la contraseña".*

En el F.D. 6º se plantea: *"...ataca también este recurrente la intervención del teléfono móvil, del que se extrajo tanto la tarjeta Sim como la tarjeta MicroSD, que fue entregado por el padre del recurrente a la*

[27] Lo que habría que matizar en los términos que hemos analizado al tratar el problema de las escuchas por tercero de conversaciones cuando dicha escucha es facilitada por uno de los interlocutores.

policía". Afirma: "*...No consideramos por lo tanto que se haya procedido a la vulneración del derecho a la intimidad, ante el consentimiento del acusado, asistido en todo momento por su letrada, tanto a la entrada y registro en su domicilio, como a recoger el material informático o de otro tipo que en el domicilio pudiera existir, siendo incuestionable que la autorización para recoger conlleva el análisis del contenido que en dicho material informático se encuentre. Que aún así, se dio cuenta al Juzgado de Instrucción que llevaba las actuaciones y por la Juez se procedió a dictar con todos los antecedentes existentes una resolución, que si bien fue una Providencia, no obstante ello no significa que haya estado exenta la medida de control judicial, dado que el consentimiento otorgado por el acusado no exigía de una mayor argumentación...así pues, cuando da su consentimiento a la recogida de los que hemos referido, elementos informáticos, está autorizando a que se acceda a toda la información que en los mismos se encuentra y por lo tanto no consideramos que se produzca vulneración alguna a su derecho a la intimidad.* ***Cabría aquí mencionar, que también se estaba autorizando la información existente sobre los mensajes de facebook entre él mismo y la menor Estela que se pudiera encontrar en las carpetas de almacenaje****".*

Y el F.D. 7º relativo al acceso los archivos de un ordenador, sin prejuzgar la posible invasión del derecho al secreto de las comunicaciones, dice: "*Muy relevante es la STS 786/2015, de 4 de diciembre que ya se hace eco del nuevo régimen legal. "La jurisprudencia de esta Sala ha recordado la necesidad de que exista una resolución jurisdiccional habilitante para la invasión del* ***derecho al entorno digital*** *de todo investigado. Como hemos indicado supra, esa resolución ha de tener un contenido propio, explicativo de las razones por las que, además de la inviolabilidad domiciliaria, se alza la intimidad reflejada en el ordenador. Nuestro sistema no tolera el sacrificio de los derechos proclamados en los apartados 3 y 4 del art. 18 de la CE a partir de una legitimación derivada, de suerte que lo que justifica un sacrificio se ensanche hasta validar implícitamente otra restricción. Esta idea tiene ya un reflejo normativo en el art. 588 sexies a) 1º de la LECrim... Por su parte dice la STS 97/2015, de 24 de febrero: "-el acusado acudió a la policía Judicial a la entrada y registro, encontrándose detenido y sin asistencia letrada, sin oponerse al registro. –el registro comienza con el acceso a los ordenadores que se encontraban en la habitación infantil y la policía intenta acceder al Twitter que se en-*

contraba bloqueado por contraseña y se requiere al detenido que facilite la clave haciéndolo en el momento. Entiende el recurrente que la policía judicial se excedió en sus competencias en la entrada y registro puesto que se accedió a ordenadores sin tener consentimiento para ello, así como requirió al detenido para que aportara unas claves de sus redes sociales. Al estar detenido no tenia asistencia letrada, ni consta se le explicara para qué solicitaban las claves de acceso ni se le indicara que tenia derecho a no darlas". "... 1º El desarrollo argumental del motivo hace necesario destacar la doctrina del Tribunal Constitucional y de esta Sala Segunda sobre esta materia. Así ***en STC. 142/2012 de 2.7, se precisa que debe delimitarse es si el acceso a los datos del ordenador es un acto con solo incidencia en el derecho a la intimidad (art. 18.1 CE) o alcanza también al derecho al secreto de las comunicaciones (art. 18.3 CE), lo que, en última instancia, tiene relevancia por el diferente régimen constitucional de protección de ambos derechos****. A esos efectos, cabe recordar que este Tribunal ha señalado que si bien, de conformidad con el art. 18.3 CE, la intervención de las comunicaciones requiere siempre resolución judicial, no existe en el art. 18.1 CE esa misma garantía de previa resolución judicial respecto del derecho a la intimidad personal, de modo que excepcionalmente se ha admitido la legitimidad constitucional de que en determinados casos y con la suficiente y precisa habilitación legal la policía judicial realice determinadas prácticas que constituyan una injerencia leve en la intimidad de las personas, siempre que se hayan respetado las exigencias dimanantes del principio de proporcionalidad (por todas, STC 281/2006, de 9 de octubre , FJ 9).* ***Este Tribunal ha reiterado que el derecho al secreto de las comunicaciones (art. 18.3 CE) consagra la interdicción de la interceptación o del conocimiento antijurídico de las comunicaciones ajenas, por lo que dicho derecho puede resultar vulnerado tanto por la interceptación en sentido estricto –aprehensión física del soporte del mensaje, con conocimiento o no del mismo, o captación del proceso de comunicación– como por el simple conocimiento antijurídico de lo comunicado –apertura de la correspondencia ajena guardada por su destinatario o de un mensaje emitido por correo electrónico o a través de telefonía móvil, por ejemplo–.*** *Igualmente se ha destacado que el concepto de secreto de la comunicación cubre no sólo el contenido de la comunicación, sino también otros aspectos de la misma, como la identidad subjetiva de los* *interlocutores,* ***por lo que queda afectado por este derecho tanto la entrega de los listados de llamadas telefónicas por las compañías telefónicas como también el acceso al registro de llamadas entrantes y salientes grabadas en un teléfono móvil*** *(por todas, STC 230/2007, de 5 de noviembre , FJ 2, o SSTEDH de 2 de agosto de 1984, caso Malone c. Reino Unido, § 84 y, entre las últimas, de 3 de abril de 2007, caso Copland c. Reino Unido , § 43)".*

"...el consentimiento eficaz del sujeto particular permitirá la inmisión en su derecho a la intimidad, pues corresponde a cada persona acotar el ámbito de intimidad personal y familiar que reserva al conocimiento ajeno (SSTC 83/2002, de 22 de abril, FJ 5 y 196/2006, de 3 de julio, FJ 5), aunque este consentimiento puede ser revocado en cualquier momento (STC 159/2009, de 29 de junio, FJ 3)... En lo relativo a la forma de prestación del consentimiento, hemos manifestado que éste no precisa ser expreso, admitiéndose también un consentimiento tácito". Concluye en el F.D. 8º: *"...OCTAVO.-* ***Existiendo autorización del afectado otorgada en términos legal y constitucionalmente convalidables decae la trascendencia de la forma de la resolución judicial.*** *No obstante, no sobra recordar que tampoco el hecho de enfrentarnos a una providencia arrastraría las consecuencias que quiere anudarle el recurrente. Otra vez acude en nuestro auxilio la muy reciente STS 786/2015..."*

La STS Sala 2ª, 97/2015, de 24 de febrero de 2015 (Roj 823/2015) analizó un supuesto de acceso al contenido de un ordenador incautado en un registro domiciliario. El acceso a las redes sociales del detenido se realiza por la policía judicial en base a las claves de acceso facilitadas por el propio detenido. El acusado había utilizado sus redes sociales (Facebook, Twitter) y Whatsapp en su móvil, para mantener comunicaciones constitutivas de un delito de ciberacoso sexual infantil (Child Grooming). Recuerda que el equipo informático cumple diversas funciones, de ello que se hable del <derecho al entorno digital>. El F.D. 4º: *"Si no hay duda de que los datos personales relativos a una persona individualmente considerados, a que se ha hecho referencia anteriormente, están dentro del ámbito de la intimidad constitucionalmente protegido, menos aún pueda haberla de que el cúmulo de la información que se almacena por su titular en un ordenador personal, entre otros datos sobre su vida privada y profesional (en forma de documentos, carpetas, fotografías, vídeos, etc.) -por lo que sus funciones podrían equipararse a los de una agenda electrónica–, no sólo forma parte de este mismo ámbito, sino que además a través de su observación por los demás pueden descubrirse aspectos de la esfera más íntima del ser humano. Es evidente que* ***cuando su titular navega por Internet, participa en foros de conversación o redes sociales, descarga archivos o documentos, realiza operaciones de comercio electrónico, forma parte de grupos de noticias, entre otras posibilidades, está revelando datos acerca de su personalidad, que pueden afectar al núcleo más profundo de su intimidad por referirse a ideologías, creencias religiosas, aficiones personales, información sobre la salud, orientaciones sexuales, etc. ....A esto debe añadirse que el ordenador es un instrumento útil para la emisión o recepción de correos electrónicos, pudiendo quedar afectado en tal caso, no sólo el derecho al secreto de las comunicaciones del art. 18.3 CE (por cuanto es indudable que la utilización de este procedimiento supone un acto de comunicación), sino también el derecho a la intimidad personal (art. 18.1 CE), en la medida en que estos correos o email, escritos o ya leídos por su destinatario, quedan almacenados en la memoria del terminal informático utilizado****. Por ello deviene necesario establecer una serie de garantías frente a los riesgos que existen para los derechos y libertades públicas, en particular la intimidad personal, a causa del uso indebido de la informática así como de las nuevas tecnologías de la información".* Después de analizar las STJUE Gran Sala de 29 de enero de 2008 (Promusicae c. Telefónica de España), y STEDH 16 de febrero de 2000 (caso Amman c. Suiza), 3 de abril de 2007 (caso Copland c. Reino Unido) y 22 de mayo de 2008 (caso Ilya Stefanov c. Bulgaria) concluye: *"De lo expuesto,* ***parece desprenderse que cualquier injerencia en el contenido de un ordenador personal –ya sea por vía de acceso remoto a través de medios técnicos, ya, como en el presente caso, por vía manual– deberá venir legitimada en principio por el consentimiento de su titular, o bien por la concurrencia de los presupuestos habilitantes antes citados****...Por su parte esta Sala Segunda SSTS. 985/2009 de 13.12, 342/2013 de 17.4, 587/2014 de 18.7, tiene declarado que: El acceso de los poderes públicos al contenido del ordenador de un imputado, no queda legitimado a través de un acto unilateral de las fuerzas y cuerpos de seguridad del Estado. El ordenador y, con carácter general, los dispositivos de almacenamiento masivo, son algo más que una pieza de convicción que,* *una vez aprehendida, queda expuesta en su integridad al control de los investigadores...**En el ordenador coexisten, es cierto, datos técnicos y datos personales susceptibles de protección constitucional en el ámbito del derecho a la intimidad y la protección de datos (art. 18.4 de la CE). Pero su contenido también puede albergar –de hecho, normalmente albergará– información esencialmente ligada al derecho a la inviolabilidad de las comunicaciones. El correo electrónico y los programas de gestión de mensajería instantánea no son sino instrumentos tecnológicos para hacer realidad, en formato telemático, el derecho a la libre comunicación entre dos o más personas.** Es opinión generalizada que los mensajes de correo electrónico, una vez descargados desde el servidor, leídos por su destinatario y almacenados en alguna de las bandejas del programa de gestión, dejan de integrarse en el ámbito que sería propio de la inviolabilidad de las comunicaciones. La comunicación ha visto ya culminado su ciclo y la información contenida en el mensaje es, a partir de entonces, susceptible de protección por su relación con el ámbito reservado al derecho a la intimidad, cuya tutela constitucional es evidente, aunque de una intensidad distinta a la reservada para el derecho a la inviolabilidad de las comunicaciones.*

*En consecuencia, **el acceso a los contenidos de cualquier ordenador por los agentes de policía, ha de contar con el presupuesto habilitante de una autorización judicial.** Esta resolución ha de dispensar una protección al imputado frente al acto de injerencia de los poderes públicos. **Son muchos los espacios de exclusión que han de ser garantizados. No todos ellos gozan del mismo nivel de salvaguarda desde la perspectiva constitucional.** De ahí la importancia de que la garantía de aquellos derechos se haga efectiva siempre y en todo caso, con carácter anticipado, actuando como verdadero presupuesto habilitante de naturaleza formal.*

La ponderación judicial de las razones que justifican, en el marco de una investigación penal, el sacrificio de los derechos de los que es titular el usuario del ordenador, ha de hacerse sin perder de vista la multifuncionalidad de los datos que se almacenan en aquel dispositivo. Incluso su tratamiento jurídico puede llegar a ser más adecuado si los mensajes, las imágenes, los documentos y, en general, todos los datos reveladores del perfil personal, reservado o íntimo de cualquier encausado, se contemplan de forma unitaria.

Y es que, más allá del tratamiento constitucional fragmentado de todos y cada uno de los derechos que convergen en el momento del sacrificio, existe un derecho al propio entorno virtual. *En él se integraría, sin perder su genuina sustantividad como manifestación de derechos constitucionales de nomen iuris propio, toda la información en formato electrónico que, a través del uso de las nuevas tecnologías, ya sea de forma consciente o inconsciente, con voluntariedad o sin ella, va generando el usuario, hasta el punto de dejar un rastro susceptible de seguimiento por los poderes públicos. Surge entonces la necesidad de dispensar una protección jurisdiccional frente a la necesidad del Estado de invadir, en las tareas de investigación y castigo de los delitos, ese entorno digital".*

Aunque no pueda participar de la consideración de los correos abiertos y archivados como no sujetos a la garantía constitucional del secreto de las comunicaciones, esta doctrina –en líneas generales– ha sido recogida a nivel positivo a través de la modificación de la LECRim, por medio de la L.O. 13/2015.

La STS Sala 2ª, 97/2015, de 24 de febrero de 2015 (Roj 823/2015) recuerda que *"Es cierto –sigue diciendo la STS. 342/2013 antes citada, la necesidad de que toda resolución judicial llamada a legitimar un acto de injerencia en los derechos fundamentales del investigado sea interpretada conforme a su estricta literalidad, forma parte de las notas definitorias de nuestro sistema constitucional. En esta materia no caben las interpretaciones extensivas ni la elasticidad como fuente inspiradora a la hora de delimitar los exactos términos de la autorización concedida. Nuestro sistema no ampara autorizaciones implícitas, ni mandamientos de intromisión en el espacio de exclusión que definen los derechos fundamentales que no estén dibujados con la suficiencia e indispensable claridad... Carecería de todo sentido... que la autorización judicial se limitara a facultar a los agentes a la práctica de una inspección ocular que les permitiera " averiguar" la existencia de los equipos técnicos desde los que se estaba cometiendo graves delitos contra menores y que, una vez averiguada esa existencia, se obligara a los agentes a marcharse del domicilio registrado, dejando esos elementos de prueba de primer orden en poder del imputado. No cabe duda alguna de que esa averiguación sólo adquiere sentido como medio para, una vez constatada su existencia, intervenir lo que, como exponía la solicitud policial no eran sino instru-*

mentos de graves delitos para cuyo esclarecimiento se había concedido, precisamente, el mandamiento de entrada y registro. En definitiva, desde este punto de vista, es claro que para "averiguar" si los ordenadores y demás dispositivos intervenidos tenían o no relación con el delito que estaba siendo objeto de investigación, resultaba indispensable su intervención y, claro es, su ulterior examen.

Es cierto igualmente que ***el auto judicial por el que se decreta el volcado de datos informáticos contenidos en los ordenadores incautados no permite sin más el acceso a los contenidos de las redes sociales, sino que es preciso acceder a Internet e introducir una clave de usuario, por lo que apoderamiento del contenido de las redes sociales no se obtiene simplemente por el acceso al contenido del ordenador sino que requiere una acción adicional dirigida expresamente a su apertura y examen, siendo necesario el dictado de un nuevo mandamiento judicial****..."* y en cuanto al posible consentimiento prestado por el interesado a dicho acceso, facilitando las claves de acceso,*" requiere que ha de ser prestado ante un letrado que le asista y ello porque esa manifestación de carácter personal que realiza el detenido puede afectar, a la articulación de su defensa en el proceso penal, para lo que ha de estar asesorado sobre el contenido y alcance del acto de naturaleza procesal que realiza. Si la asistencia de letrado es necesaria para que éste preste declaración estando detenido, también le es necesaria para asesorarle si se encuentra en la misma situación para la prestación de dicho consentimiento, justificándose esta doctrina en que no puede considerarse plenamente libre el consentimiento así prestado en atención a lo que se ha venido denominándose "la intimidación ambiental" o "la coacción que la presencia de los agentes de la actividad representan".*

No obstante lo anterior en el caso presente la policía en ese momento no consta accediera al contenido de las conversaciones de las cuentas sociales del acusado con el menor en virtud de las claves así obtenidas, sino que puesto en libertad el acusado el 11.10.2012 (folio 130), se le solicitó por la policía el día 16 del mismo mes y año autorización para el estudio del teléfono móvil HTC SENSE, del disco duro externo marca 360 y de la Tablet marca Asus, intervenidos en la diligencia de registro domiciliario, y el acusado, ya en libertad y sin que fuera preciso, por tanto, la asistencia letrada para la validez del consentimiento, facilitó las claves de acceso a las redes sociales para su estudio sin que pusiera objeción alguna a facilitarlas, e incluso como la que había facilitado como clave de acceso a twitter presentaba problemas, en ese momento volvió a facilitarla y autorizó el estudio de los aparatos mencionados, firmando la diligencia en prueba de conformidad, siendo entonces y no antes, cuando la policía realizó el volcado de las conversaciones (ver folios 147 a 172).

Ninguna objeción puede formularse a este acceso a los contenidos. El consentimiento inequívoco del acusado actúa como verdadera fuente de legitimación".

Si atendemos a nuestro Tribunal Constitucional, la STCo 173/2011, de 7 de noviembre, resalta la multiplicidad de funciones del ordenador[28]: En los antecedentes se expone: *"Así, en la carpeta «Mis documentos/mis imágenes» el acusado conservaba 17 videos y más de 3.000 fotografías de contenido pedófilo, y en la carpeta «*eMule/Incoming*» almacenaba más de 140 vídeos y más de 150 fotografías de pornografía infantil.*

Los ficheros que representaban tales imágenes fueron obtenidos por el acusado, mediante el sistema de intercambio de archivos en Internet conocido como peer to peer, *utilizando el mencionado programa* eMule, *por el que se comparten imágenes mediante su descarga y distribución simultánea. Por este sistema, el acusado –que tenía configurado el programa* eMule *para poner a disposición de cualquier otro usuario de la red todos los archivos contenidos en el disco duro de su ordenador– distribuyó material pornográfico de menores (muchos de ellos, menores de trece años) en una cantidad equivalente a unos 96 gigabytes....Las presentes actuaciones dimanan de la denuncia formulada por el testigo [...] Según*

---

[28] La multiplicidad de funciones de un ordenador, como medio almacenar archivos, pero también como medio de acceder a Internet, y en relación a éste último crear páginas web, foros o salas de chat, donde se entremezclan espacios públicos de libre acceso a cualquier internauta, y espacios privados de acceso restringido en base a invitación o claves, donde además se desarrollan comunicaciones entre miembros de dicho chat, comunicaciones tanto públicas como privadas, es puesta de manifiesto en relación al terrorismo yihadista en la STS Sala 2ª 789/2014, de 2 de diciembre de 2014 (Roj 5204/2014), donde se hace necesario intervenir una línea ADSL como medio de conocer el conjunto de actividades desarrolladas a través del equipo informático.

La STS Sala 2ª 587/2014, de 18 de julio de 2014 (Roj 3086/2014) comenta: *"...el contenido del ordenador está íntimamente ligado al derecho fundamental al entorno digital, que a su vez se descompone en los derechos a la inviolabilidad de las comunicaciones, a la intimidad y a la protección de datos. Y en tales supuestos, por imperativo constitucional (aet.18.3 CE), resulta indispensable la autorización judicial habilitante...".*

la misma (fs. 15-16) –coincidente con su declaración en el plenario–, el acusado se personó en su establecimiento (APP Informática) entregándole su ordenador portátil con el encargo de cambiar la grabadora, que no funcionaba. Una vez efectuada la reparación y para comprobar el correcto funcionamiento de las piezas sustituidas, el testigo –como al parecer es práctica habitual– escogió al azar diversos archivos de gran tamaño (fotografías, videos o música) para grabarlos y reproducirlos en el ordenador, visualizándose entonces las imágenes pornográficas que contenía. El testigo puso entonces tal circunstancia en conocimiento de la Policía Nacional, que procedió a la intervención del portátil y al examen de su contenido, sin solicitar autorización judicial al efecto"..

En el F.J. 3º comenta: *"Si no hay duda de que los datos personales relativos a una persona individualmente considerados, a que se ha hecho referencia anteriormente, están dentro del ámbito de la intimidad constitucionalmente protegido, menos aún pueda haberla de que* ***el cúmulo de la información que se almacena por su titular en un ordenador personal, entre otros datos sobre su vida privada y profesional (en forma de documentos, carpetas, fotografías, vídeos, etc.) –por lo que sus funciones podrían equipararse a los de una agenda electrónica–****, no sólo forma parte de este mismo ámbito, sino que además a través de su observación por los demás pueden descubrirse aspectos de la esfera más íntima del ser humano. Es evidente que cuando* ***su titular navega por Internet, participa en foros de conversación o redes sociales,*** *descarga archivos o documentos, realiza operaciones de comercio electrónico, forma parte de grupos de noticias, entre otras posibilidades, está revelando datos acerca de su personalidad, que pueden afectar al núcleo más profundo de su intimidad por referirse a ideologías, creencias religiosas, aficiones personales, información sobre la salud, orientaciones sexuales, etc. Quizás, estos datos que se reflejan en un ordenador personal puedan tacharse de irrelevantes o livianos si se consideran aisladamente, pero si se analizan en su conjunto, una vez convenientemente entremezclados, no cabe duda que configuran todos ellos un perfil altamente descriptivo de la personalidad de su titular, que es preciso proteger frente a la intromisión de terceros o de los poderes públicos, por cuanto atañen, en definitiva, a la misma peculiaridad o individualidad de la persona.* ***A esto debe añadirse que el ordenador es un instrumento útil para la emisión o recepción de correos electrónicos, pudiendo quedar afectado en***

tal caso, no sólo el derecho al secreto de las comunicaciones del art. 18.3 CE (por cuanto es indudable que la utilización de este procedimiento supone un acto de comunicación), sino también el derecho a la intimidad personal (art. 18.1 CE), en la medida en que estos correos o email, escritos o ya leídos por su destinatario, quedan almacenados en la memoria del terminal informático utilizado. *Por ello deviene necesario establecer una serie de garantías frente a los riesgos que existen para los derechos y libertades públicas, en particular la intimidad personal, a causa del uso indebido de la informática así como de las nuevas tecnologías de la información".*

Este fundamento vuelve a hacer referencia al carácter <activo> de la comunicación para que quede incluida en la protección constitucional del artículo 18.3 CE.

Sigue diciendo el F.J. 4º:*"El Tribunal de Justicia de la Unión Europea ha reafirmado también la importancia del derecho a la protección de los datos personales como un elemento a tomar en consideración no sólo en el momento de transponer una directiva sino también cuando las autoridades estatales y los órganos judiciales nacionales procedan a su aplicación [entre otras, Sentencia del Tribunal de Justicia (Gran Sala) de 29 de enero de 2008, asunto C-275/06, Productores de Música de España (Promusicae) c. Telefónica de España, S.A.U., apartados 61-70]. Por su parte, el Tribunal Europeo de Derechos Humanos ha venido asumiendo una interpretación extensiva del concepto «vida privada» del art. 8 del Convenio europeo para la protección de los derechos humanos y de las libertades fundamentales. Así, su Sentencia de 16 de febrero de 2000, dictada en el caso* Amann contra Suiza, *considera que «el término "vida privada" no se debe interpretar de forma restrictiva», de forma que éste «engloba el derecho del individuo de crear y desarrollar relaciones con sus semejantes», sin que «ninguna razón de principio permita excluir las actividades profesionales o comerciales» (§ 65). De manera específica, la STEDH de 3 de abril de 2007, caso* Copland contra el Reino Unido, *considera en su § 41 que están incluidos en el ámbito de protección del art. 8 del Convenio europeo, por cuanto pueden contener datos sensibles que afecten a la intimidad, tanto «los correos electrónicos enviados desde el lugar del trabajo» como «la información derivada del seguimiento del uso personal de Internet». En este caso, precisa el Tribunal, a la demandante no se le advirtió de que podría ser objeto de un seguimiento, por lo que podía razonablemente esperar que se reconociera el carácter privado «en lo que respecta al correo electrónico y la navegación por Internet» (§ 42). Por su parte, la STEDH de 22 de mayo de 2008, caso* Iliya Stefanov contra Bulgaria, *consideró que el registro de la oficina de un Abogado, incluyendo los datos electrónicos, equivale a una injerencia en su «vida privada», lesiva por ello del art. 8 del Convenio (§ 34). No obstante* ***reconocer el Tribunal que concurría en este caso un objetivo legítimo (investigación penal por delito de extorsión) y que existía una previa autorización judicial, siendo así que «los registros del PC y las incautaciones deben, por regla general, llevarse a cabo en virtud de una orden judicial» (§ 39)****, razona que la expresada orden se había elaborado en términos excesivamente amplios, ejecutándose además de manera desproporcionada por la policía, por lo que se había afectado al secreto profesional, por cuanto «retiró todo el equipo del solicitante, incluyendo sus accesorios, así como todos los disquetes que se encontraban en su oficina», resultando que durante el tiempo que permaneció este material en su poder «ningún tipo de garantías existen para asegurar que durante el periodo intermedio el contenido completo del disco duro y los discos no fueron inspeccionados o copiados» (§ 42).* ***De lo expuesto, parece desprenderse que cualquier injerencia en el contenido de un ordenador personal –ya sea por vía de acceso remoto a través de medios técnicos, ya, como en el presente caso, por vía manual– deberá venir legitimada en principio por el consentimiento de su titular, o bien por la concurrencia de los presupuestos habilitantes antes citados"****.*

El F.J. 5º: *"...el recurrente es la concurrencia de una declaración expresiva de su voluntad de hacer entrega a dicho encargado de su portátil, poniéndolo a su disposición, para que éste procediera a su reparación (en concreto, para cambiar la grabadora que no funcionaba). Para ello le informa, incluso, como hemos visto, de que no precisa de contraseña alguna de acceso.* ***Las razones que hayan podido llevar al recurrente a adoptar esta actitud, ya sean debidas a negligencia, descuido o desconocimiento del carácter ilícito de los referidos archivos*** *(en este sentido, se observa en las actuaciones que una de las alegaciones de su línea defensiva fue invocar precisamente un supuesto error de prohibición) escapan, evidentemente, al análisis que debe realizarse en este*

Tribunal Constitucional. Así las cosas, durante el desempeño de la función encomendada, el responsable del establecimiento informático descubrió casualmente el material pedófilo, en particular cuando, una vez reparado el ordenador, procedía a comprobar su correcto funcionamiento. A tal fin, escogió al azar diversos archivos para llevar a cabo su grabación y posterior reproducción, lo que le permitiría conocer el correcto funcionamiento de las piezas sustituidas, práctica que, según se acreditó durante el juicio, ***constituye el protocolo habitual en estos casos. De lo expuesto, se deduce que dicho responsable no se extralimitó del mandato recibido estando amparado su proceder, que ha llevado al descubrimiento del material ilícito, por la propia autorización expresa del ahora demandante***".

Sigue diciendo el F.J. 6º: "*...**lo primero que cabe afirmar es que la autorización que el recurrente prestó para el acceso a su ordenador al propietario del establecimiento de informática, en la forma expuesta, no puede extenderse al posterior acceso a los archivos por parte de la policía**. Tal como hemos afirmado anteriormente, el derecho a la intimidad personal se vulnera también cuando, aun autorizada su intromisión en un primer momento, se subvierten después los términos y el alcance para el que se otorgó. Como hemos visto, en el presente caso* ***el alcance de la autorización dada se circunscribía a la manipulación por parte de dicho profesional del portátil para que procediera a la reparación del equipo informático, lo que no puede erigirse en legitimación para una intervención posterior realizada por personas distintas y motivada por otros fines****. Lo contrario significaría asignar a un acto concreto de autorización una eficacia genérica* erga omnes *y temporalmente indeterminada, argumento que, sin duda, se revela contrario a los márgenes de disponibilidad de los derechos fundamentales, basados en la voluntad de su titular y cuyo alcance sólo a él corresponde delimitar. Esta conclusión aparece, además, avalada por la circunstancia de que los funcionarios policiales no se limitaron, una vez incautado el ordenador, a acceder, tal como había efectuado el denunciante, a la carpeta «mis documentos» del usuario, sino que ampliaron su análisis supervisando en particular la carpeta «*eMule/Incoming*», como hemos dicho*". Y en F.J. 7º concluye que, a pesar de la falta de autorización judicial, concurriría un interés constitucionalmente relevante que legitimaba la injerencia en la intimidad del sujeto: *"De todo lo cual cabe concluir que, siendo la actuación policial constitucionalmente legítima, el sacrificio del derecho fundamental afectado estaba justificado por la presencia de otros intereses constitucionalmente relevantes, no pudiendo apreciarse vulneración alguna del derecho a la intimidad personal del recurrente".*

Si nos adentramos en la doctrina del TEDH podemos citar:

La STEDH de 7 de junio de 2007 (Caso Smirnov c Rusia), examina los requisitos relativos a la incautación de un equipo informático, estableciendo unas garantías mínimas. En el parágrafo 36 reconoce que ha existido una interferencia en la inviolabilidad del domicilio: "*La Corte observa que la búsqueda y captura ordenada por el investigador se refiere a un departamento, residencia del solicitante, en la que guardaba su ordenador y ciertos materiales relacionados con su trabajo. La Corte ha interpretado sistemáticamente el concepto de "casa" en el artículo 8 § 1 se refiere tanto al 'hogares de los particulares y las oficinas de los profesionales (véase Buck v Alemania, no 41604/98, § 31, ECHR 2005 - IV ; Y Niemietz v. Alemania, sentencia de 16 de diciembre de 1992, serie A, núm . 251 - B, pp . 33-34, §§ 29-31). De ello se desprende que en el presente caso ha habido una interferencia con el derecho del demandante al respeto de su casa"*[29].

Admitiendo que la medida estaba prevista legalmente y que podía considerarse como necesaria y suficiente, de acuerdo con la ley y la finalidad perseguida, sin embargo, considera –en base a las particulares circunstancias del caso– que no ha sido proporcionada a dicha finalidad:

"46. La Corte observa que el propio demandante no era acusado ni sospechoso de ningún delito o de actividades ilegales. Por otra parte, el demandante presentó documentos que demostraban que había representado, en diferentes momentos, a cuatro personas en el proceso criminal no. 7806, en relación al cual había sido ordenada la investigación. En estas circunstancias, es de particular interés para la Corte que, cuando la investigación del piso del solicitante fue ordenada, no se hizo ninguna

[29] La STEDH de 30 de septiembre de 2014 (caso Prezhdarovi c. Bulgaria) también califica la incautación de ordenadores en un despacho profesional como injerencia en la vida privada tal y como se conceptúa en el artículo 8 CEDH (parágrafo 41 con cita expresa como precedentes de "(*Funke v. France*, 25 Febrero 1993, § 48, Series A no. 256-A; *Crémieux v. France*, 25 Febrero 1993, § 31, Series A no. 256-B; and *Miailhe v. France (no. 1)*, 25 Febrero 1993, § 28, Series A no. 256-C)".).

previsión para salvaguardar aquellos materiales privilegiados protegidos por el secreto profesional". (parágrafo 46).

"Los materiales incautados no se limitaron a las que se refieren a asuntos de negocios de dos empresas privadas. Además, la policía se llevó la agenda personal del solicitante, la unidad central de su ordenador y otros materiales, incluyendo el documento de autorización de su cliente emitido en un procedimiento civil no relacionado con la investigación y un proyecto de memorándum para otro caso. Como se señaló anteriormente, no había ninguna garantía en su lugar contra la interferencia con el secreto profesional, tal como, por ejemplo, la prohibición de incautar documentos amparados por el secreto profesional de los abogados o la supervisión de la búsqueda por un observador independiente capaz de identificar, de forma independiente de la investigación del equipo, qué documentos estaban cubiertos por el secreto profesional (ver Sallinen y otros v. Finlandia, núm. 50882/99, § 89, 27 de Septiembre de 2005, y Tamosius v. el Reino Unido (dec.), núm. 62002/00, CEDH 2002-VIII). Teniendo en cuenta los materiales que fueron inspeccionados y se apoderaron, la Corte considera que la búsqueda ha incidido en el secreto profesional siendo una medida que no guardaba proporción con lo que era el fin legítimo perseguido...". (parágrafo 48).

En el caso Servulo & Asociados, Sociedad de Abogados, R.L. y otros c. Portugal (STEDH 3 de septiembre de 2015) el TEDH considera que *"la investigación en sus sistemas informáticos y la incautación de archivos informáticos y mensajes de correo electrónico, como la Corte ha dicho anteriormente (parágrafo 75), constituye una injerencia en su derecho al respeto de "correspondencia" en el sentido del artículo 8 de la Convención..."* (parágrafo 92). Y la STEDH de 2 de abril de 2015 (caso Vinci Construcciones y Servicios de Ingeniería Civil y GTM c. Francia) recuerda, con expresa alusión al art 8 CEDH, que *"...la búsqueda y captura de datos electrónicos fueron analizados como injerencia en el derecho al respeto a la "vida privada" y a la "correspondencia" en el sentido de dichas disposiciones (véase, entre otros, Sallinen y otros c. Finlandia , n o50882/99 , § 71, 27 de Septiembre de 2005, Weber y Saravia v. Alemania (desc.), n o 54934/00 , § 77, el 29 de junio de 2006, Wieser y Bicos*

Beteiligungen v. Austria , n o 74336/01 , § 43, ECHR 2007-IV, y Robathin v. Austria , n o 30457/06 , § 39, 3 de julio de 2012)"(§ 63[30]*).*[31]

Gran parte de este conjunto doctrinal y jurisprudencial, se ha visto reflejado en la L.O.13/2015, de 5 de octubre, de modificación la Ley de Enjuiciamiento Criminal para el fortalecimiento de las garantías procesales y la regulación de las medidas de investigación tecnológica.

Por tanto, el acceso al equipo informático puede tener lugar en base:

A)-Consentimiento del interesado, o de persona por él autorizada a tener acceso al mismo.

La STS 5362/2014, de 4 de diciembre de la Sala 2º, recoge un supuesto de acceso de la autoridad policial a un ordenador con el consentimiento de la acusada, que entrega las claves que permiten acceder a sus archivos. En dicho ordenador encuentran archivadas comunicaciones pasadas mantenidas por la acusada. En concreto el TS sostiene: "*...Ningún proceso de comunicación fue interceptado. No existe constancia de que la Policía llegara a apoderarse de información vinculada a procesos de comunicación en marcha. Ni siquiera llegó a disponer de contenidos procedentes de comunicaciones ya concluidas, pero todavía desconocidas por alguno de sus destinatarios. Por el contrario, todas las imágenes voluntariamente ofrecidas por Susana, así como los diálogos mantenidos en fechas pasadas con el ahora recurrente, eran accesibles consintiendo la afectada la intromisión en su espacio virtual*". Esta sentencia sigue el criterio de la "comunicación activa" como presupuesto del secreto de las comunicaciones, entendiendo que la misma sigue activa mientras que el correo no sea abierto por su destinatario. Por ello, considera que el posible derecho lesionado por el acceso a correos almacenados, no sería el art. 18.3 CE, sino otros derechos constitucionales: "*...el consentimiento para legitimar el acceso al contenido documentado de comunicaciones a las que ya se ha puesto término y que, en consecuencia, desbordan la protección constitucional que dispensa el art. 18.3 de la CE, puede ser otorgado mediante actos concluyentes. Y bien*

---

[30] La incautación de ordenadores de una oficina se considera injerencia en los derechos a la vida privada y la correspondencia en la STEDH de 12 de febrero de 2015 (caso Yuditkaya y otros c. Rusia, *)"(§ 25*).

[31] La STEDH de 26 de abril de 2016 (caso Amarandei y otros c. Rumania) analiza un supuesto de incautación de equipos y objetos personales que excede de los límites de la autorización del tribunal que se ceñía a "*la confiscación de los medios informáticos que contienen información sobre las transferencias internacionales de datos y usuarios*".

elocuente de la voluntad de Susana son los actos de identificación de las cuentas y entrega de las claves". Este consentimiento puede ser tácito o derivado de hechos concluyentes, como evidencia la anteriormente citada STS 786/2015, de 4 de diciembre: *"...el consentimiento eficaz del sujeto particular permitirá la inmisión en su derecho a la intimidad, pues corresponde a cada persona acotar el ámbito de intimidad personal y familiar que reserva al conocimiento ajeno (SSTC 83/2002, de 22 de abril, FJ 5 y 196/2006, de 3 de julio, FJ 5), aunque este consentimiento puede ser revocado en cualquier momento (STC 159/2009, de 29 de junio , FJ 3)... En lo relativo a la forma de prestación del consentimiento, hemos manifestado que éste no precisa ser expreso, admitiéndose también un consentimiento tácito"*. Y su F.D. 8º: *"...OCTAVO.-* ***Existiendo autorización del afectado otorgada en términos legal y constitucionalmente convalidables decae la trascendencia de la forma de la resolución judicial"*.**

Y la STS 864/2015, de 10 de diciembre, de la Sala 2ª (Roj 5809/2015) reconoce que dicho acceso puede ser facilitado por cualquier persona autorizada para entrar en ese ámbito de la privacidad. En el caso enjuiciado el consentimiento (las claves de acceso) habían sido facilitadas por la madre de la menor acosada. En su F.D. 5º: *"QUINTO.- Secuenciemos las razones que llevan aquí a convalidar la legitimidad de la valoración de ese material probatorio. Son variadas y confluyen todas en apoyo de esa conclusión. a) Aunque la Sala expresa que no se ha determinado cómo llegó a conocimiento de la madre la clave a través de la que accedió a la cuenta de Faceboock de la menor, es palmario que contaba con ella. Es presumible, hasta el punto de poder descartarse otra hipótesis que sería inverosímil, que si la conocía no es a través de artilugios o métodos de indagación informática que permitiesen su descubrimiento al margen de la voluntad de la titular de la cuenta. Es inferencia fundada que la contraseña pudo ser conocida a raíz de una comunicación voluntaria de la propia menor titular, bien directamente; bien a través de su hermana. Esta realidad nos sitúa en un escenario peculiar. Lo mismo que no hay prueba ilícita cuando un interlocutor revela lo que bajo compromiso expreso o tácito de confidencia o secreto, le comunica otro (aunque sean contenidos del ámbito de privacidad) o cuando el receptor violando obviamente el deber natural –expreso o tácito– de confidencialidad que, le liga con el remitente entrega una carta privada que desvela la comisión de un delito a los agentes policiales; o incluso cuando esa misma carta es entregada por el conviviente quien la recibió, tampoco en la hipótesis propuesta como más verosímil (comunicación a través de la hermana) se puede hablar aquí de prueba inutilizable.* ***Si la afectación a la intimidad proviene de un particular que está autorizado para acceder a ese ámbito de privacidad, que desvela, aunque abuse de la confianza concedida, no se activa la garantía reforzada del art. 11.1 LOPJ****. Es sabido que el art. 18 CE no garantiza el secreto de los pensamientos que una persona ha transmitido a otra, por lo que el receptor es libre de transmitir estas comunicaciones a terceros. b) Además* ***estamos hablando de la madre -y no cualquier otro particular-. Es titular de la patria potestad concebida no como poder sino como función tuitiva respecto de la menor. Es ella quien accede a esa cuenta ante signos claros de que se estaba desarrollando una actividad presuntamente criminal en la que no cabía excluir la victimización de su hija.*** *No puede el ordenamiento hacer descansar en los padres unas obligaciones de velar por sus hijos menores y al mismo tiempo desposeerles de toda capacidad de controlar en casos como el presente en que las evidencias apuntaban inequívocamente en esa dirección. La inhibición de la madre ante hechos de esa naturaleza, contrariaría los deberes que le asigna por la legislación civil. Se trataba además de actividad delictiva no agotada, sino viva: es objetivo prioritario hacerla cesar. Tienen componentes muy distintos las valoraciones y ponderación a efectuar cuando se trata de investigar una actividad delictiva ya sucedida, que cuando se trata además de impedir que se perpetúe, más en una materia tan sensible como esta en que las víctimas son menores. c) No podemos tampoco ignorar que la menor titular de la cuenta no solo no ha protestado por esa intromisión en su intimidad (lo que permite presumir un consentimiento o anuencia ex post), sino que además ha refrendado con sus declaraciones el contenido de esas comunicaciones ya producidas en lo que constituiría una prueba independiente de la anterior y no enlazada por vínculos de antijuricidad, lo que autoriza su valoración plena y autónoma aún en el supuesto -que no es el caso como hemos argumentado- de que aquélla se reputase inutilizable. Sería prueba independiente, al haberse roto toda conexión de antijuricidad. d) Una cosa es el acceso y otra desvelar el contenido.* ***Que estaba autorizada a acceder lo demuestra la posesión de la contraseña****".*

Y esa autorización para acceder a un tercero, se planteó en el caso resuelto por la STCo 173/2011, de 7 de noviembre, (F.J. 6º), cuando el tercero que accede es el técnico que se le encomendó la reparación del equipo informático, dando lugar al hallazgo del material delictivo. F.J. 5º: *"...el recurrente es la concurrencia de una declaración expresiva de su voluntad de hacer entrega a dicho encargado de su portátil, poniéndolo a su disposición, para que éste procediera a su reparación (en concreto, para cambiar la grabadora que no funcionaba). Para ello le informa, incluso, como hemos visto, de que no precisa de contraseña alguna de acceso.* ***Las razones que hayan podido llevar al recurrente a adoptar esta actitud, ya sean debidas a negligencia, descuido o desconocimiento del carácter ilícito de los referidos archivos...****escapan, evidentemente, al análisis que debe realizarse en este Tribunal Constitucional. Así las cosas, durante el desempeño de la función encomendada, el responsable del establecimiento informático descubrió casualmente el material pedófilo, en particular cuando, una vez reparado el ordenador, procedía a comprobar su correcto funcionamiento. A tal fin, escogió al azar diversos archivos para llevar a cabo su grabación y posterior reproducción, lo que le permitiría conocer el correcto funcionamiento de las piezas sustituidas, práctica que, según se acreditó durante el juicio,* ***constituye el protocolo habitual en estos casos. De lo expuesto, se deduce que dicho responsable no se extralimitó del mandato recibido estando amparado su proceder, que ha llevado al descubrimiento del material ilícito, por la propia autorización expresa del ahora demandante****".*

La STS Sala 2ª 850/2014, de 26 de noviembre de 2014 (Roj 5174/2014) plantea el acceso por los herederos del titular fallecido: *"NOVENO.- En cualquier caso, tampoco cabe estimar que los SMS aportados por los padres de la joven y obtenidos de su terminal telefónico una vez fallecida la menor, constituyan una prueba ilícita. Las copias de los mensajes recibidos y transmitidos por la menor, que pueden ser borrados del terminal una vez leídos pero fueron guardados, equivalen a la correspondencia que pueda ser conservada por la menor entre sus papeles privados. Están obviamente amparados por su derecho constitucional a la intimidad, pero una vez fallecida no son inmunes al acceso por parte de sus herederos legítimos, que conforme a lo dispuesto en el art 661 del Código Civil suceden al fallecido, por el solo hecho de su muerte, en todos sus derechos y obligaciones. Incluso en aquellos derechos personalísimos, que no se transmiten a los herederos, éstos si suceden al fallecido en el ejercicio de las acciones para su defensa (derecho moral de autor, protección civil del honor, intimidad, imagen, etc.), lo que les faculta para acceder de forma proporcionada a la documentación de sus comunicaciones (correspondencia, correos electrónicos o telemáticos, conversaciones grabadas, etc.) en la medida en que sean necesarios para la defensa de sus intereses, incluido obviamente, para ejercitar las acciones procedentes para la reparación de los daños causados al fallecido, tanto en el ámbito civil como en el penal. En consecuencia, no concurre vulneración alguna del derecho a la intimidad, tanto de la menor (ya fallecida) como del recurrente, por el hecho de que los sucesores legítimos de la joven accediesen a su documentación privada para conocer a los responsables de haberle proporcionado las drogas que acabaron ocasionando su muerte, y en su caso para promover el castigo de los responsables. Desde la perspectiva del derecho a la intimidad, no constituye una injerencia inconstitucional el acceso proporcional de los padres de la menor fallecida, en su condición de sucesores legítimos en todos sus bienes, derechos y obligaciones, a sus documentos privados. Y desde la perspectiva del derecho al secreto de las comunicaciones del recurrente, es sabido que el art 18 CE no garantiza el secreto de los pensamientos que una persona ha transmitido a otra, por lo que el receptor es libre de transmitir estas comunicaciones a terceros. Y en consecuencia, los sucesores legítimos del receptor, titulares de todos sus derechos y obligaciones, pueden asimismo acceder y hacer un uso legítimo y proporcionado de dichas comunicaciones, sin por ello vulnerar ningún precepto constitucional".*

Aunque se mantenga que los correos abiertos están sujetos a la garantía del art. 18.3 CE, no existe violación del secreto de las comunicaciones cuando uno de los interlocutores facilita su conocimiento a un tercero. Ese acceso al conocimiento podrá tener lugar: bien porque se facilite su conocimiento en cualquier tipo de soporte; o bien porque se faciliten los medios necesarios para acceder a dicho conocimiento.

B)- Sin consentimiento del interesado:

La jurisprudencia anterior a la entrada en vigor de la L.O. 13/2015, de 5 de octubre (que entró en vigor a los dos meses de su publicación -B.O.E. 06.10.2015-conforme a su D.F. 4ª), había establecido la siguiente doctrina:

a) Autorización judicial: no sujeta a la rigidez en sus presupuestos exigible en el ámbito del secreto de las comunicaciones

La STS 5362/2014, de 4 de diciembre de la Sala 2º: "*...en materia de protección de datos conviene no exacerbar el rigor formal derivado de la exigencia de una resolución motivada en materia de protección de datos, singularmente en aquellos casos en los que la petición deducida por los agentes ya es lo suficientemente explicita en la expresión de los motivos que justifican la injerencia, de suerte que el órgano jurisdiccional se limita a hacer suyos esos indicadores; o cuando el estado mismo de la investigación convierte esa resolución habilitante, de menor rango formal, en el vehículo de una decisión judicial conectada al mandato constitucional. Lo decisivo, al fin y al cabo, es que no existan razones que sugieran que la sustitución de lo que debería ser un auto por una providencia es el resultado del distanciamiento del Juez de su papel de garante del derecho fundamental que la CE proclama en su art. 18.4 El nuevo art. 588 sexies a) de la LECrim, con una regulación rupturista, persigue abandonar prácticas en las que la autorización judicial para la entrada en el domicilio del investigado amparaba cualquier otro acto de injerencia, incluso cuando desbordara el contenido material del derecho reconocido en el art. 18.2 de la CE . Lo que el legislador pretende, por tanto, es que el Juez de instrucción exteriorice de forma fiscalizable las razones que justifican la intromisión en cada uno de los distintos espacios de exclusión que el ciudadano define frente a terceros*".

Con posterioridad a la L.O. 13/2015, y con expresa cita de la mencionada sentencia del TCO 173/2011, de 7 de noviembre, la STS Sala 2ª 204/2016, de 10 de marzo de 2016 (Roj 1218/2016), analiza un supuesto de acceso por la policía, sin autorización judicial, al registro de llamadas y la agenda de contactos de un teléfono móvil del detenido. Reconoce que este registro quedaría incluido en el ámbito de aplicación de los artículos 588 sexies a) y 588 sexies b) de la LECrim. Estos artículos son aplicables a *"la aprehensión de ordenadores, instrumentos de comunicación telefónica o telemática o dispositivos de almacenamiento masivo de información digital o el acceso a repositorios telemáticos de datos,"*. Comenta el F.D. 11º: "*- Por lo que se refiere al registro de dispositivos de almacenamiento masivo de información, que incluyen los instrumentos de comunicación telefónica y, en consecuencia, los terminales de telefonía móvil, el nuevo capítulo VIII del Título octavo de la Lecrim,* *establece una regulación específica presidida por el principio de la necesidad de autorización judicial... Esta autorización será precisa tanto en los supuestos en los que los teléfonos móviles se ocupen durante un registro domiciliario, como en los incautados fuera del domicilio del investigado. Así lo establecen los nuevos artículos 588 sexies a y b, de la Lecrim, tras la reforma operada por la LO 13/2015".* Este fundamento jurídico alude a la reforma operada por la L.O. 13/2015: *"**La razón de ser de la necesidad de esta autorización con carácter generalizado es la consideración de estos instrumentos como lugar de almacenamiento de una serie compleja de datos que afectan de modo muy variado a la intimidad del investigado (comunicaciones a través de sistemas de mensajería, por ejemplo, tuteladas por el art 18 3º CE , contactos o fotografías, por ejemplo, tuteladas por el art 18 1º CE que garantiza el derecho a la intimidad, datos personales y de geolocalización, que pueden estar tutelados por el derecho a la protección de datos, art 18 4º CE).** La consideración de cada uno de estos datos de forma separada y con un régimen de protección diferenciado es insuficiente para garantizar una protección eficaz, pues resulta muy difícil asegurar que una vez permitido, por ejemplo, el acceso directo de los agentes policiales a estos instrumentos para investigar datos únicamente protegidos por el derecho a la intimidad (por ejemplo, los contactos incluidos en la agenda), no se pueda acceder o consultar también otros datos tutelados por el derecho a la inviolabilidad de las comunicaciones albergados en el mismo dispositivo. Es por ello por lo que **el Legislador otorga un tratamiento unitario a los datos contenidos en los ordenadores y teléfonos móviles, reveladores del perfil personal del investigado, configurando un derecho constitucional de nueva generación que es el derecho a la protección del propio entorno virtual**".* Esta sentencia se fundamenta en la doctrina sentada en la STS 342/2013, de 17 de abril y la STCo 173/2011, de 7 de noviembre.

b)-Por decisión de la autoridad policial si existen en juego otros intereses constitucionalmente relevantes. Así lo reconoció la STCo 173/2011, de 7 de noviembre, y actualmente lo reconoce el artículo 588 sexies c.4.: *"4. En los casos de urgencia en que se aprecie un interés constitucional legítimo que haga imprescindible la medida prevista en los apartados anteriores de este artículo, la Policía Judicial podrá llevar a cabo el examen directo de los datos contenidos en el dispositivo incau-*

tado, comunicándolo inmediatamente, y en todo caso dentro del plazo máximo de veinticuatro horas, por escrito motivado al juez competente, haciendo constar las razones que justificaron la adopción de la medida, la actuación realizada, la forma en que se ha efectuado y su resultado. El juez competente, también de forma motivada, revocará o confirmará tal actuación en un plazo máximo de 72 horas desde que fue ordenada la medida". El apartado 3 del mismo artículo también permite la ampliación de la injerencia a otros dispositivos en casos de urgencia: "*3. Cuando quienes lleven a cabo el registro o tengan acceso al sistema de información o a una parte del mismo conforme a lo dispuesto en este capítulo, tengan razones fundadas para considerar que los datos buscados están almacenados en otro sistema informático o en una parte de él, podrán ampliar el registro, siempre que los datos sean lícitamente accesibles por medio del sistema inicial o estén disponibles para este. Esta ampliación del registro deberá ser autorizada por el juez, salvo que ya lo hubiera sido en la autorización inicial. En caso de urgencia, la Policía Judicial o el fiscal podrán llevarlo a cabo, informando al juez inmediatamente, y en todo caso dentro del plazo máximo de veinticuatro horas, de la actuación realizada, la forma en que se ha efectuado y su resultado. El juez competente, también de forma motivada, revocará o confirmará tal actuación en un plazo máximo de setenta y dos horas desde que fue ordenada la interceptación*".

La STS Sala 2ª 204/2016, de 10 de marzo de 2016 (Roj 1218/2016), con referencia expresa al artículo 588 sexies c apartado 4, reconoce la posibilidad de acceso por la autoridad policial en caso de urgencia: "*DECIMOSEGUNDO.- En cualquier caso la nueva Ley también autoriza excepcionalmente el acceso directo de los agentes policiales en casos de urgencia, conforme al art 588 sexies, párrafo cuarto...DECIMOTERCERO.- En la doctrina jurisprudencial de esta Sala se distingue expresamente entre el acceso a datos de comunicación y el acceso a datos de la agenda de contactos, que se considera que afectan únicamente al derecho a la intimidad (art. 18.1 CE), conforme a la doctrina constitucional. Así por ejemplo, la STS 444/2014, de 9 de junio recuerda que "conviene hacer referencia a la STC (Pleno) 115/2013, de 9 de mayo, que se refiere al acceso por parte de los agentes de la Policía Nacional, sin consentimiento del afectado y sin autorización judicial, a la relación de números telefónicos contenidos en la agenda de contactos telefónicos de un teléfono móvil (entendiendo exclusivamente por agenda el archivo del teléfono móvil en el que consta un listado de números identificados mediante un nombre) que fue encontrado por los agentes en el lugar de comisión de un delito, y considera que esta actuación no afecta al derecho al secreto de las comunicaciones (art. 18.3 CE) del usuario de dicho aparato de telefonía, sino exclusivamente al derecho a la intimidad (art. 18.1 CE). Recuerda el Tribunal Constitucional que la intervención de las comunicaciones requiere siempre de autorización judicial, pero el art. 18.1 CE no prevé esa misma garantía respecto del derecho a la intimidad, por lo que se admite la legitimidad constitucional de que la policía realice determinadas prácticas que constituyan una injerencia leve en la intimidad de las personas sin previa autorización judicial (y sin consentimiento del afectado), siempre que exista la suficiente y precisa habilitación legal y se hayan respetado las exigencias dimanantes del principio de proporcionalidad.* ***Estima el Tribunal Constitucional que con el acceso a la agenda de contactos del teléfono móvil del recurrente los agentes de policía no obtienen dato alguno concerniente a un proceso de comunicación emitida o recibida mediante dicho aparato, sino únicamente un listado de números de teléfono introducidos voluntariamente por el usuario del terminal, equiparable a los recogidos en una agenda de teléfonos en soporte de papel, por lo que debe descartarse que el derecho al secreto de las comunicaciones quede afectado por esta actuación policial. Distinto sería el caso si se hubiese producido el acceso policial a cualquier otra función del teléfono móvil que pudiera desvelar procesos comunicativos, como por ejemplo el acceso al registro de llamadas entrantes y salientes".*** *Con carácter general señala la STS 493/2010, de 25 de abril, que " sobre el examen o la observación del listado de teléfonos de la agenda de un teléfono móvil tiene establecido la jurisprudencia de esta Sala que no se trata de una intromisión en el derecho al secreto de las comunicaciones sino en el derecho a la intimidad; por lo cual, se le aplica la doctrina que el Tribunal Constitucional tiene plasmada sobre la limitación de ese derecho fundamental con motivo de las investigaciones delictivas por los agentes policiales, principalmente las SSTC 114/1984, de 14 de febrero, 70/2002, de 3 de abril, y 120/2002, de 20 de mayo. La doctrina de esta Sala de Casación, según las reiteradas sentencias que ha dictado sobre casos similares relativos al conocimiento por los agentes policiales de los* *listados telefónicos de las agendas de teléfonos móviles (SSTS 316/2000, de 3-3; 1235/2002, de 27-6; 1086/2003, de 25-7; 1231/2003, de 25-9; 449/2006, de 17-4; y 1315/2009, de 18-12), afirma que la agenda de un teléfono móvil, entendiendo por agenda, en este caso, el archivo de dicho aparato en el que consta un listado de números identificados normalmente por un nombre, es equiparable a una agenda en soporte de papel o electrónica con el mismo contenido de direcciones y números de teléfono. Por ello su registro u observación no supone la inmisión o injerencia en el derecho al secreto de las comunicaciones sino en el derecho a la intimidad, con las importantes consecuencias que de ello se derivan.* ***Pues así como la injerencia en el primero de tales derechos requeriría, sin duda ni excepción, la previa autorización judicial, por venir así expresamente dispuesto en el artículo 18.3 de nuestra Constitución, la diligencia que afecta a la intimidad del investigado se encuentra, en cambio, legalmente autorizada a las fuerzas del orden, siempre por supuesto que la misma resulte justificada con arreglo a los criterios de urgencia y necesidad y que se cumpla el requisito de proporcionalidad al ponderar los intereses en juego en el caso concreto***". *Es decir, que si bien nuestra doctrina admite el examen directo de la agenda de un teléfono móvil por los agentes de la policía judicial, por estimar que no afecta al derecho al secreto de las comunicaciones sino al derecho a la intimidad, esta doctrina no exime de la concurrencia de los requisitos constitucionales propios de la afectación a este derecho fundamental, como son la exigencia de que la injerencia "se encuentre justificada con arreglo a los criterios de urgencia y necesidad y que se cumpla el requisito de proporcionalidad al ponderar los intereses en juego en el caso concreto", criterio muy similar al establecido en el nuevo régimen legal para los supuestos de excepción previstos en el párrafo cuarto del nuevo art 588 sexies c. En sentido similar se pronuncia la doctrina constitucional. Así la STC 70/2002, de 3 de abril, establece que " la regla general es que el ámbito de lo íntimo sigue preservado en el momento de la detención y que sólo pueden llevarse a cabo injerencias en el mismo mediante la preceptiva autorización judicial motivada conforme a criterios de proporcionalidad. De no existir ésta, los efectos intervenidos que puedan pertenecer al ámbito de lo íntimo han de ponerse a disposición judicial, para que sea el juez quien los examine. Esa regla general se excepciona en los supuestos en que existan razones de necesidad de in-*

tervención policial inmediata, para la prevención y averiguación del delito, el descubrimiento de los delincuentes y la obtención de pruebas incriminatorias. En esos casos estará justificada la intervención policial sin autorización judicial, siempre que la misma se realice también desde el respeto al principio de proporcionalidad" [FJ 10 b) 3]. Bien entendido que "la valoración de la urgencia y necesidad de la intervención policial ha de realizarse ex ante y es susceptible de control judicial ex post, al igual que el respeto al principio de proporcionalidad. La constatación ex post de la falta del presupuesto habilitante o del respeto al principio de proporcionalidad implicaría la vulneración del derecho fundamental y tendría efectos procesales en cuanto a la ilicitud de la prueba en su caso obtenida, por haberlo sido con vulneración de derechos fundamentales" [FJ 10 b) 5]. En esta línea en la STC 206/2007, de 24 de septiembre, FJ 8, afirmábamos que "la regla general es que sólo mediante una resolución judicial motivada se pueden adoptar tales medidas y que, de adoptarse sin consentimiento del afectado y sin autorización judicial, han de acreditarse razones de urgencia y necesidad que hagan imprescindible la intervención inmediata y respetarse estrictamente los principios de proporcionalidad y razonabilidad"... DECIMOCUARTO.- Aplicando esta doctrina al caso actual, es necesario examinar dos cuestiones sucesivas. En primer lugar, si la prueba de cargo relevante para la condena del recurrente Eusebio fue obtenida a través del registro de uno o más terminales de telefonía móvil, es decir del registro de dispositivos de almacenamiento masivo de información personal, realizado directamente y sin autorización judicial por los agentes de la policía judicial. Y, en segundo lugar, si la injerencia determinada por este registro policial directo con extracción de datos probatorios que afectan al derecho constitucional a la intimidad se encuentra justificada con arreglo a los criterios de urgencia y necesidad, establecidos en nuestra jurisprudencia, y si se cumple el requisito de proporcionalidad al ponderar los intereses en juego en el caso concreto. Siempre tomando en consideración que estas injerencias policiales directas deben ser examinadas con especial atención, dado que la multifuncionalidad de los datos que se albergan en estos dispositivos provoca una extrema debilidad de la tutela jurisdiccional del derecho del investigado a la reserva de su propio entorno virtual, ***pues una vez realizado el acceso al dispositivo, superando la barrera de la contraseña, todos los datos, incluidos los relacionados con el secreto de***

***las comunicaciones están al libre alcance del investigador**. Pues bien en el caso actual si se examina la sentencia impugnada puede apreciarse fácilmente que la prueba de cargo determinante de la condena del recurrente fue obtenida mediante el acceso policial directo a dos terminales móviles o dispositivos de almacenamiento masivo de información, sin autorización judicial....La prueba de cargo procedente de la injerencia policial en el derecho constitucional a la intimidad sin la concurrencia de razones de urgencia y necesidad que hiciese imprescindible la intervención inmediata es nula, y sin ella la prueba de cargo concurrente para justificar la condena del recurrente es notoriamente insuficiente".*

La LECRim, después de la reforma operada por la L.O. 13/2015 ha recogido esta doctrina. El Capítulo VIII del Título VIII del Libro II regula el "Registro de dispositivos de almacenamiento masivo de información". La LO 13/2015 ha venido a regular el acceso a estos equipos informáticos, modificando la LECRim, regulando tanto el acceso de forma directa (Capitulo VIII del Título VIII del Libro II: arts. 588 sexsies apartados a al c), como mediante acceso remoto (Capítulo IX del Título VIII del Libro II: arts 588 septies a) a 588 septies c)).

a)El acceso directo a los equipos informáticos requiere la oportuna resolución judicial: la LECrim distingue entre acceso con motivo de un registro domiciliario y fuera de un registro domiciliario. En el acceso con motivo de un registro domiciliario distingue entre acceso al contenido de los equipos informáticos previsto en dicha resolución habilitante, y supuestos de incautación del equipo sin acceso al contenido del dispositivo informático por no estar previsto en la resolución habilitante del registro.

- El acceso con motivo de un registro domiciliario está previsto en el artículo 588 sexies a) en los siguientes términos:

"Artículo 588 sexies a. Necesidad de motivación individualizada.

1. Cuando con ocasión de la práctica de un registro domiciliario sea previsible la aprehensión de ordenadores, instrumentos de comunicación telefónica o telemática o dispositivos de almacenamiento masivo de información digital o el acceso a repositorios telemáticos de datos, la resolución del juez de instrucción habrá de extender su razonamiento a la justificación, en su caso, de las razones que legitiman el acceso de los agentes facultados a la información contenida en tales dispositivos.

2. La simple incautación de cualquiera de los dispositivos a los que se refiere el apartado anterior, practicada durante el transcurso de la diligencia de registro domiciliario, no legitima el acceso a su contenido, sin perjuicio de que dicho acceso pueda ser autorizado ulteriormente por el juez competente.

- El acceso fuera de un registro domiciliario está previsto en el artículo 588 sexies b) en los siguientes términos:

Artículo 588 sexies b. Acceso a la información de dispositivos electrónicos incautados fuera del domicilio del investigado.

La exigencia prevista en el apartado 1 del artículo anterior será también aplicable a aquellos casos en los que los ordenadores, instrumentos de comunicación o dispositivos de almacenamiento masivo de datos, o el acceso a repositorios telemáticos de datos, sean aprehendidos con independencia de un registro domiciliario. En tales casos, los agentes pondrán en conocimiento del juez la incautación de tales efectos. Si éste considera indispensable el acceso a la información albergada en su contenido, otorgará la correspondiente autorización.

La autorización judicial para un registro domiciliario permite la incautación de los equipos informáticos, pero no el acceso a su contenido[32]. El acceso al contenido de los mismos debe estar <expresamente> previsto en la resolución judicial habilitante. Este criterio fue el mantenido en la STS Sala 2ª, 97/2015, de 24 de febrero de 2015, la cual además viene a reconocer que :" *Carecería de todo sentido -de hecho en la fundamentación jurídica del auto de entrada y registro nada se menciona al respecto- que la autorización judicial se limitara a facultar a los agentes a la práctica de una inspección ocular que les permitiera " averiguar" la existencia de los equipos técnicos desde los que se estaba cometiendo graves delitos contra menores y que, una vez averiguada esa existencia, se obligara a los agentes a marcharse del domicilio registrado, dejando esos elementos de prueba de primer orden en poder del imputado. No cabe duda alguna de que esa averiguación sólo adquiere sentido como medio para, una vez constatada su existencia, intervenir lo que, como exponía la solicitud policial no eran sino instrumentos de graves delitos para cuyo esclarecimiento se había concedido, precisamente, el mandamiento de entrada y registro. En definitiva, desde este punto de*

---

[32] Esta postura parece ser la mantenida por el TS Sala 2ª en su STS 362/2014, de 25 de abril d 2014 (Roj 1524/2014).

vista, es claro que para "averiguar" si los ordenadores y demás dispositivos intervenidos tenían o no relación con el delito que estaba siendo objeto de investigación, resultaba indispensable su intervención y, claro es, su ulterior examen.

Es cierto igualmente que ***el auto judicial por el que se decreta el volcado de datos informáticos contenidos en los ordenadores incautados no permite sin más el acceso a los contenidos de las redes sociales, sino que es preciso acceder a Internet e introducir una clave de usuario, por lo que apoderamiento del contenido de las redes sociales no se obtiene simplemente por el acceso al contenido del ordenador sino que requiere una acción adicional dirigida expresamente a su apertura y examen, siendo necesario el dictado de un nuevo mandamiento judicial****..."*

Esta resolución viene a reconocer que es necesaria una resolución expresa para el volcado de los archivos y contenidos almacenados en el equipo informático, pero el acceso a un perfil de una red social, que podría ser realizado no sólo desde ese equipo informático sino también desde cualquier otro equipo, por medio de las oportunas claves o contraseñas, requiere una resolución judicial específica y diferenciada.

La STS, Sala 2ª, 445/2015, de 2 de julio de 2015 (Roj 3249/2015), admite la legalidad de una prueba de registro de un móvil. Existía autorización judicial para un registro domiciliario. Pero dicho móvil no fue recogido por los agentes, sino que fue entregado por la abuela de la víctima. Posteriormente, en base a una resolución judicial, se accede al contenido del móvil, tanto registro de llamadas como fotografías. El acusado alega que no se accedió al móvil en base a ninguna resolución judicial, ni a su propio consentimiento. El TS concluye: *"En consecuencia, no se ha roto en ningún momento la cadena de custodia de las pruebas designadas por el recurrente. Careciendo de la relevancia pretendida el hecho de que los efectos fueran entregados por una tercera persona -la abuela de la víctima- y no hubieran sido recogidos por los agentes de la autoridad, máxime si se tiene en cuenta que no fue la abuela de la menor quien denunció los hechos".* (F,D, 1º F). Para el TS lo relevante es el acceso en virtud de autorización judicial, y no el medio a través del cual hayan sido obtenidos o aprehendidos los terminales objeto de investigación. En cualquier caso, la aprehensión del terminal o dispositivo dentro del domicilio del investigado sí requeriría la previa autorización judicial habilitante de la entrada en el domicilio, la cual es presupuesto de la entrada y posterior incautación. La incautación fuera de dicho domicilio no requiere la previa autorización habilitante de la incautación, si bien la simple incautación no permite acceder al contenido del equipo o dispositivo de almacenamiento masivo, salvo que concurran razones de urgencia y un interés constitucional que legitime la gravedad de la injerencia en los términos del apartado 4 del art. 588 sexies c antes visto.

Incluso la resolución habilitante debe tener en cuenta los criterios interpretativos mantenidos por el TEDH, por aplicación del artículo 10.2 CE. Ya hemos relacionado como la STEDH de 7 de junio de 2007 (Caso Smirnov c Rusia), exige la ponderación del adecuado juicio de proporcionalidad de la medida: "*Los materiales incautados no se limitaron a las que se refieren a asuntos de negocios de dos empresas privadas. Además, la policía se llevó la agenda personal del solicitante, la unidad central de su ordenador y otros materiales, incluyendo el documento de autorización de su cliente emitido en un procedimiento civil no relacionado con la investigación y un proyecto de memorando para otro caso. Como se señaló anteriormente, no había ninguna garantía en su lugar contra la interferencia con el secreto profesional, tal como, por ejemplo, la prohibición de incautar documentos cubiertos por el secreto profesional de los abogados o la supervisión de la búsqueda por un observador independiente capaz de identificar, de forma independiente de la investigación equipo, qué documentos estaban cubiertos por el secreto profesional (ver Sallinen y otros v. Finlandia, núm. 50882/99, § 89, 27 de Septiembre de 2005, y Tamosius v. el Reino Unido (dec.), núm. 62002/00, CEDH 2002-VIII). Teniendo en cuenta los materiales que fueron inspeccionados y se apoderaron, la Corte considera que la búsqueda ha incidido en el secreto profesional siendo una medida que no guardaba proporción con lo que era el fin legítimo perseguido...*". (parágrafo 48). Por ello, el artículo 588 sexies c) ha previsto las dos posibilidades: incautación del equipo, o la simple copia de los archivos. Este último supuesto procederá en aquellos supuestos en que la incautación del equipo puede perjudicar otros intereses o derechos legítimos, constitucionalmente protegidos, como podría ser la protección del secreto profesional de un letrado, paralizando su actividad no sólo respecto al investigado, sino respecto de otros asuntos que estén siendo atendidos por el mismo Letrado.

El juez debe ponderar la proporcionalidad de la medida en relación a otros derechos o intereses, y entre ellos la continuidad de la actividad profesional o empresarial del afectado por dicha medida. Por ello, el artículo 588 sexies c) parte de un principio general: la intervención no supone la incautación del equipo informático, salvo que el mismo constituya <el objeto o instrumento del delito> o <existan otras razones que lo justifiquen> (art. 588 sexies c) apartado 2), previsión que adquiere especial relevancia en cierto tipo de delitos como los informáticos.

Dispone el artículo 588 sexies c): *"Autorización judicial.*

1. La resolución del juez de instrucción mediante la que se autorice el acceso a la información contenida en los dispositivos a que se refiere la presente sección, fijará los términos y el alcance del registro y podrá autorizar la realización de copias de los datos informáticos. Fijará también las condiciones necesarias para asegurar la integridad de los datos y las garantías de su preservación para hacer posible, en su caso, la práctica de un dictamen pericial.

2. Salvo que constituyan el objeto o instrumento del delito o existan otras razones que lo justifiquen, se evitará la incautación de los soportes físicos que contengan los datos o archivos informáticos, cuando ello pueda causar un grave perjuicio a su titular o propietario y sea posible la obtención de una copia de ellos en condiciones que garanticen la autenticidad e integridad de los datos.

3. Cuando quienes lleven a cabo el registro o tengan acceso al sistema de información o a una parte del mismo conforme a lo dispuesto en este capítulo, tengan razones fundadas para considerar que los datos buscados están almacenados en otro sistema informático o en una parte de él, podrán ampliar el registro, siempre que los datos sean lícitamente accesibles por medio del sistema inicial o estén disponibles para este. Esta ampliación del registro deberá ser autorizada por el juez, salvo que ya lo hubiera sido en la autorización inicial. En caso de urgencia, la Policía Judicial o el fiscal podrán llevarlo a cabo, informando al juez inmediatamente, y en todo caso dentro del plazo máximo de veinticuatro horas, de la actuación realizada, la forma en que se ha efectuado y su resultado. El juez competente, también de forma motivada, revocará o confirmará tal actuación en un plazo máximo de setenta y dos horas desde que fue ordenada la interceptación.

4. En los casos de urgencia en que se aprecie un interés constitucional legítimo que haga imprescindible la medida prevista en los apartados anteriores de este artículo, la Policía Judicial podrá llevar a cabo el examen directo de los datos contenidos en el dispositivo incautado, comunicándolo inmediatamente, y en todo caso dentro del plazo máximo de veinticuatro horas, por escrito motivado al juez competente, haciendo constar las razones que justificaron la adopción de la medida, la actuación realizada, la forma en que se ha efectuado y su resultado. El juez competente, también de forma motivada, revocará o confirmará tal actuación en un plazo máximo de 72 horas desde que fue ordenada la medida.

5. Las autoridades y agentes encargados de la investigación podrán ordenar a cualquier persona que conozca el funcionamiento del sistema informático o las medidas aplicadas para proteger los datos informáticos contenidos en el mismo que facilite la información que resulte necesaria, siempre que de ello no derive una carga desproporcionada para el afectado, bajo apercibimiento de incurrir en delito de desobediencia.

Esta disposición no será aplicable al investigado o encausado, a las personas que están dispensadas de la obligación de declarar por razón de parentesco y a aquellas que, de conformidad con el artículo 416.2, no pueden declarar en virtud del secreto profesional.»

A pesar del tenor literal del apartado 4º de este último artículo, teniendo en cuenta la relacionada doctrina de nuestro TCO y la previsión constitucional de la necesidad de obtener una autorización judicial para intervenir en el secreto de las comunicaciones, por exigencia del artículo 18.3 CE), este supuesto excepcional del párrafo 4º del artículo 588 sexies c) debe entenderse limitada al acceso a toda información almacenada en el equipo o dispositivo, que no esté amparada por el secreto de las comunicaciones (cuestión relacionada con el acceso a los registros o carpetas de llamadas o mensajes emitidos o recibidos), sino simplemente amparada por el artículo 18.1 y 18.4 CE. Como veremos, el TEDH admite ciertos controles ex post de la medida de injerencia, pero nuestra Constitucional Española exige en su artículo 18.3 la previa autorización judicial habilitante -en todo caso- para interceptar o intervenir en las comunicaciones protegidas por dicho artículo (conforme a la jurisprudencia antes citada).

La posibilidad de acceso por la policía judicial, sin previa resolución judicial habilitante, queda condiciona a tres presupuestos:

-La concurrencia de un caso de urgencia; y

-Que concurra o esté en juego un interés constitucional legítimo que haga imprescindible dicha medida.

-Y además, aunque no lo prevea expresamente dicho artículo, por aplicación del artículo 18.3 CE, es necesario que dicha medida no afecte al secreto de las comunicaciones: podría accederse a archivos de textos, imágenes, videos, agenda de teléfonos o contactos, etc...(como veremos es más discutible el acceso a los archivos de llamadas o mensajes recibidos o emitidos).

La Ley parte de la consideración de estos datos y archivos almacenados como datos sujetos o protegidos por el derecho a la intimidad o el derecho a la protección de datos. Si dicho dato de tráfico quedase sujeto a la garantía constitucional del artículo 18.3 CE (secreto de las comunicaciones) no sería asumible, de conformidad con la doctrina del Tribunal Supremo y Tribunal Constitucional, dicha injerencia, al quedar sujeto a la necesidad de una **previa** decisión judicial habilitante (el art. 18.3 CE).

La Ley sigue sin establecer cuál es el criterio que permite diferenciar un registro de llamada enviada o recibida como dato sujeto a la garantía del art. 18.3 CE, o como sujeto a otras garantías constitucionales como los arts 18.1 y 18.4 CE, esto es, la distinción entre un archivo de una llamada consumada (que según la doctrina tradicional no quedaría sujeta al art 18.3 CE) o un dato identificador de la existencia de una llamada, considerada como llamada actual (sujeta a la garantía del art 18.3 CE).

El artículo 588 sexies c) predetermina el tipo de resolución judicial habilitante de la medida: *"1. El juez de instrucción autorizará o denegará la medida solicitada mediante **auto motivado**, oído el Ministerio Fiscal"*.. Esta exigencia ("auto") debe entenderse como requisito de "legalidad" y "constitucionalidad" en la medida que afecte al conocimiento del contenido de la comunicación. Sin embargo, el Tribunal Supremo y el Tribunal Constitucionalidad han matizado este presupuesto como requisito de "legalidad", pero no de "constitucionalidad", cuando se trata sólo de acceder al conocimiento de <datos externos> de las comunicaciones (posteriormente analizaremos esta cuestión), admitiendo que dicha resolución pueda ser una "providencia".

Estas medidas quedan sujetas a los presupuestos y principios del Capítulo IV del Título VIII del Libro II de la LECriminal. Ello frente a los presupuestos y criterios más restrictivos al que queda sujeto el acceso remoto a los equipos informáticos.

b) El acceso remoto a los equipos informáticos está regulado en el Capítulo IX del Título VIII del Libro II de la LEcrim, constituido por el artículo 588 septies a) al artículo 588 septies c). Lo primero que específica este Capítulo es que el acceso <remoto> a dichos equipos informáticos sólo puede tener lugar por razón de un determinado tipo de delitos. En cuanto medida invasiva de la privacidad –realizada sin consentimiento ni conocimiento del afectado–, queda sujeta a mayores requisitos o presupuestos para su admisión y ejecución. Establece el artículo 588 septies a): *"Artículo 588 septies a. Presupuestos.*

1. El juez competente podrá autorizar la utilización de datos de identificación y códigos, así como la instalación de un software, que permitan, de forma remota y telemática, el examen a distancia y sin conocimiento de su titular o usuario del contenido de un ordenador, dispositivo electrónico, sistema informático, instrumento de almacenamiento masivo de datos informáticos o base de datos, siempre que persiga la investigación de alguno de los siguientes delitos:

a) Delitos cometidos en el seno de organizaciones criminales.

b) Delitos de terrorismo.

c) Delitos cometidos contra menores o personas con capacidad modificada judicialmente.

d) Delitos contra la Constitución, de traición y relativos a la defensa nacional.

e) Delitos cometidos a través de instrumentos informáticos o de cualquier otra tecnología de la información o la telecomunicación o servicio de comunicación.

2. La resolución judicial que autorice el registro deberá especificar:

a) Los ordenadores, dispositivos electrónicos, sistemas informáticos o parte de los mismos, medios informáticos de almacenamiento de datos o bases de datos, datos u otros contenidos digitales objeto de la medida.

b) El alcance de la misma, la forma en la que se procederá al acceso y aprehensión de los datos o archivos informáticos relevantes para la causa y el software mediante el que se ejecutará el control de la información.

c) Los agentes autorizados para la ejecución de la medida.

d) La autorización, en su caso, para la realización y conservación de copias de los datos informáticos.

e) Las medidas precisas para la preservación de la integridad de los datos almacenados, así como para la inaccesibilidad o supresión de dichos datos del sistema informático al que se ha tenido acceso.

3. Cuando los agentes que lleven a cabo el registro remoto tengan razones para creer que los datos buscados están almacenados en otro sistema informático o en una parte del mismo, pondrán este hecho en conocimiento del juez, quien podrá autorizar una ampliación de los términos del registro".

El artículo 588 septies c) también restringe la duración temporal de la intervención: *"Artículo 588 septies c. Duración.- La medida tendrá una duración máxima de un mes, prorrogable por iguales períodos hasta un máximo de tres meses".*

4. EXTENSIÓN DEL SECRETO DE LA COMUNICACIÓN A LOS DATOS EXTERNOS: DATOS DE TRÁFICO Y DATOS DE LOCALIZACIÓN

El Considerando 27 de la Directiva 2002/58/CE, del Parlamento Europeo y del Consejo, de 12 de julio de 2002, relativa al tratamiento de los datos personales y a la protección de la intimidad en el sector de las comunicaciones electrónicas (Directiva sobre la privacidad y las comunicaciones electrónicas), dice: "(27) **El momento exacto en que finaliza la transmisión de una comunicación, tras el cual los datos de tráfico deberán eliminarse salvo a efectos de facturación, puede depender del tipo de servicio de comunicaciones electrónicas que se suministre. Por ejemplo, para una llamada de telefonía vocal la transmisión finalizará en cuanto uno de los usuarios interrumpa la conexión; para el correo electrónico la transmisión finaliza en cuanto el destinatario recoge el mensaje, en general del servidor de su proveedor de servicios**".

Determinar el momento en el cual un dato de tráfico o un mensaje archivado queda sujeto al derecho a la intimidad y cuando forma parte integrante de la comunicación, en cuanto acreditativa de la existencia de dicha comunicación, es relevante a la hora de delimitar el ámbito de protección constitucional: el secreto de las comunicaciones o los derechos a la protección de datos o a la intimidad.

El criterio tradicionalmente mantenido para delimitar cuando un correo archivado, o un registro de llamadas recibidas o enviadas, queda sujeto a la garantía del artículo 18.3 CE, u otros preceptos constitucionales, como los arts. 18.1 o 18.4 CE, ha sido el de la finalización de la comunicación[33]. Criterio que es el sostenido por el Considerando 27 de la Directiva 2002/58/CE.

Dentro de este criterio tradicional, José Luís Rodríguez Lainz comenta: "*Es difícil delimitar ese momento en que la protección del derecho al secreto pasaría del apartado tercero al apartado primero del art. 18 de la Constitución, pues siguiendo la misma línea apuntada respecto de la conversación cortada por propia decisión del sospechoso que va a ser detenido, esa posibilidad de hacer valer una decisión sobre el mantenimiento o borrado de la información sobre el tráfico de llamadas que hiciera variar el marco de protección constitucional sería de muy compleja apreciación en cada caso concreto. ¿Cuánto tiempo ha de pasar para que pueda entenderse que el interlocutor ya no tiene un interés real en preservar la confidencialidad de su tráfico de llamadas recientes, cuando las mismas se suceden en un corto espacio de tiempo?*[34]".

José Luís Rodríguez Laínz menciona la STS 465/2010, de 13 de mayo, en cuyo F.D. 1º, relativo al conocimiento de las llamadas realizadas por el acceso que tuvo el agente policial al teléfono incautado, dice: *"El Fiscal ha formulado oposición a estos motivos, concordando con el criterio de la Audiencia que acaba de expresarse, y por entender que el examen del teléfono móvil que se ha descrito no afectaría al secreto de las comunicaciones, sino a lo sumo, y sólo en cierta limitada medida, al derecho a la intimidad, dotado de menor protección frente a injerencias policiales como la del caso, justificadas además -dice- por la localización de ese aparato junto a la droga.*

Pero este criterio es francamente inaceptable, ya por la propia literalidad del precepto del art 18.3 CE que "garantiza el secreto de las comunicaciones", un enunciado éste que, en el caso de las telefónicas, no puede reducirse al solo contenido de las que estén

[33] La STS Sala 2ª 528/2014, de 16 de junio de 2014 (Roj 2844/2014), recoge este criterio tradicional: "*Lo que por otra parte, obvio es recordarlo, operará tan sólo respecto a lo que estrictamente constituye ese "secreto de las comunicaciones", es decir, con exclusión de los denominados "datos de tráfico" o incluso de la posible utilización del equipo informático para acceder a otros servicios de la red como páginas web, etc., de los mensajes que, una vez recibidos y abiertos por su destinatario, no forman ya parte de la comunicación propiamente dicha, respecto de los que rigen normas diferentes como las relativas a la protección y conservación de datos (art. 18.4 CE) o a la intimidad documental en sentido genérico y sin la exigencia absoluta de la intervención judicial (art. 18.1 CE)*". (F.D. 1º).

[34] RODRÍGUEZ LAINZ, JOSÉ LUÍS "Estudios sobre el secreto de las comunicaciones. Perspectiva doctrinal y jurisprudencial", Wolters Kluwer España, S.A., 2011, página 453.

produciéndose o en acto, sin que ello suponga limitar seriamente su alcance y redimensionar a la baja su campo semántico y su efectividad. Podrá decirse (con STC 123/2002, entre otras) que la garantía constitucional del secreto de aquéllas no se extiende con la misma intensidad a todo lo que implica el acto comunicativo. Pero, desde la conocida sentencia del Tribunal Europeo de Derechos Humanos en el caso Malone, es claro que aquél da cobertura a la identidad subjetiva de los interlocutores, que es por lo que el acceso, inconsentido por el titular del teléfono o no autorizado judicialmente, a los listados de las compañías telefónicas -es obvio que en un momento posterior al de las conversaciones mismas- supone una interferencia en el proceso comunicativo, sujeta a la disciplina del art. 8 del Convenio Europeo. Porque los números marcados son parte de las comunicaciones telefónicas y ponerlos en conocimiento de la policía se opone al derecho garantizado por ese precepto. De este modo, es claro, ex STC 123/2002, entre otras: la confidencialidad de las circunstancias o datos externos de la conexión telefónica, como su momento, duración y destino, está constitucionalmente amparada, con la consecuencia de que "la entrega de los listados de las compañías telefónicas a la policía sin consentimiento del titular del teléfono requiere resolución judicial" (en el mismo sentido STC 889/2004) ... supuso una injerencia en el ámbito de comunicaciones por medio del teléfono constitucionalmente amparadas. *Además, por las peculiaridades del caso, con comunicaciones ya producidas, es cierto, pero de carácter prácticamente actual, pues estaban inscritas -con aludida "inmediación temporal" que expresivamente señala la Audiencia- en los propios acontecimientos en curso".*

La Sentencia utiliza el criterio temporal: "producidas" pero con carácter puramente actual: "de inmediación temporal". Reconoce que las llamadas registradas quedan sujetas al secreto de las comunicaciones, pero sólo en la medida que hayan sido materializadas con cierta proximidad temporal al momento de la intervención o injerencia. Y en ese criterio de proximidad temporal reside la necesidad de recabar la oportuna autorización judicial.

Ese criterio de proximidad temporal plantea un problema de indefinición. ¿Cuál es el lapso de tiempo que debe transcurrir para que dicha llamada realizada y registrada deje de estar sujeta al secreto de las comunicaciones, ex art 18.3 CE, y pase a quedar sujeta a las garantías de los arts. 18.1 o 18.4 CE?. José Luís Rodríguez Lainz sostiene que *"cuando el destinatario de la garantía formal ha tenido la oportunidad de manifestarse por la salvaguardia de su derecho a través de la única fórmula que técnica y jurídicamente es viable: la destrucción del contenido y/o eliminación del rastro de la comunicación; de suerte que una vez que ha tenido la opción real de poder decidir su conservación o destrucción, aquello que permaneciera en poder o a disposición de su destinatario dejaría de estar bajo el amparo de la protección formal del artículo 18.3 de la CE, para pasar a la esfera más extensa de la privacidad"*[35].

Rodríguez Lainz plantea cuando se tiene por finalizada la comunicación comenta: *"...en las comunicaciones bidireccionales y simultáneas, como la conversación telefónica o conversaciones electrónicas en tiempo real, la finalización de la misma coincide con la desconexión de uno o dos de los interlocutores. Sin embargo, en las que la recepción del mensaje o contenido se difiriere o puede diferirse en el tiempo –correo postal, e/mails, mensajería multimedia...–, la situación se complica. La regla general debería ser la de considerar que el mensaje recepcionado pero no abierto no habría dado fin al proceso comunicativo, y por tanto quedaría bajo el amparo de la protección formal del art. 18.3 de la Constitución; pero pueden darse situaciones en las que la pendencia del mensaje abierto a disposición del receptor –la carta que lleva dos meses en el escritorio del destinatario, o el mensaje de correo electrónico que lleva 15 días en la bandeja de entrada sin abrir, frente a otros más recientes que ya han sido abiertos...– puede crear una fuerte presunción de desinterés en su apertura y conocimiento del contenido por el destinatario, haciendo innecesaria la protección formal, o en las que la simple apertura no garantice que la información que constituye su contenido no ha tenido acceso real al destinatario– ¿cuántas veces hemos abierto un correo pero por simple prioridad en leer otros, o no tener tiempo, lo hemos dejado para más tarde?-–.Situaciones como las descritas pueden llegar a generar auténticas dudas sobre la garantía constitucional aplicable, en una frontera permeable a las peculiaridades del caso concreto que haría conveniente optar por la protección superior que brinda el art. 18.3 de la Constitución para evitar riesgos de transgresión de derechos*

[35] RODRÍGUEZ LAINZ, JOSÉ LUÍS "Estudios sobre el secreto de las comunicaciones. Perspectiva doctrinal y jurisprudencial", Wolters Kluwer España, S.A., 2011, página 776.

fundamentales en el momento de su incautación, detención o registro".[36] *"...la preponderancia del principio de disponibilidad exige que ésta pueda tener lugar, es decir, que receptor o emisor tengan la posibilidad técnica y el tiempo suficiente como para tomar una decisión sobre la conservación o destrucción o borrado del soporte en el que se almacene el contenido o dato relacionado con la comunicación...Para poder establecer una desconexión de la comunicación con el ámbito protector del art. 18.3 de la CE deben tener los interlocutores, emisores o receptores una posibilidad real de tomar la decisión entre conservación o eliminación y obrar en consecuencia. Si optan por la primera, entrarán en juego sin duda los mecanismos de protección propios de la privacidad, que podrá verse o no reforzada por razón de la naturaleza del contenido o de las potencialidades informativas del soporte en que se conserven..."*[37].

José Luís Rodríguez Lainz ante la duda de determinar el momento en que un dato está protegido por el secreto de las comunicaciones o se configura como dato protegido por la intimidad se inclinaba por exigir, en todo caso, la autorización judicial salvo que estuvieran en juego intereses constitucionalmente relevante y concurriera una situación de urgencia[38]. Este criterio es el que parece mantener la LO 13/2015,

---

[36] RODRÍGUEZ LAINZ, JOSÉ LUÍS "Estudios sobre el secreto de las comunicaciones. Perspectiva doctrinal y jurisprudencial", Wolters Kluwer España, S.A., 2011, páginas 246-247.

[37] RODRÍGUEZ LAINZ, JOSÉ LUÍS "Estudios sobre el secreto de las comunicaciones. Perspectiva doctrinal y jurisprudencial", Wolters Kluwer España, S.A., 2011, páginas 249-250.

[38] *"La prudencia nos lleva a hacer aconsejable asumir en este punto la posición de la doctrina más reciente del Tribunal Supremo, en concreto las SSTS 1273/2009, de 17 de diciembre, 1315/2010, de 2 de marzo; siendo exigentes de la previa autorización judicial como única forma de asegurar la legitimidad constitucional de tal acceso, se asegura el terminal mediante su incautación y se solicita la autorización al Juez para acceder al contenido del tráfico de llamadas conservado en su memoria"* (RODRÍGUEZ LAINZ, JOSÉ LUÍS "Estudios sobre el secreto de las comunicaciones. Perspectiva doctrinal y jurisprudencial", Wolters Kluwer España, S.A., 2011, páginas 453-454).

Seguidamente comenta: *"...en tales supuestos la policía judicial solamente estaría facultada para desvelar lo que serán contenidos o datos amparados por un derecho a la intimidad, reforzados por la naturaleza del soporte electrónico donde se conservan, en aquellos supuestos en que se justificara cumplidamente la existencia de una situación de urgencia que prevaleciera sobre la natural reserva de autorización judicial"* (RODRÍGUEZ LAINZ, JOSÉ LUÍS "Estudios sobre el secreto de las comunicaciones. Perspectiva doctrinal y jurisprudencial", Wolters Kluwer España, S.A., 2011, páginas 459). José Luís Rodríguez Lainz está comentado la STS 465/2010, de 13 de mayo, relativa al acceso al registro de llamadas emitidas y recibidas de un terminal de teléfono incautado en un registro fuera del domicilio del investigado.

de 5 de octubre, de modificación la Ley de Enjuiciamiento Criminal para el fortalecimiento de las garantías procesales y la regulación de las medidas de investigación tecnológica, como antes hemos relatado. Sin embargo, la jurisprudencia ha reconocido que el secreto de las comunicaciones no termina por la simple apertura del correo o mensaje, o por la conclusión de la llamada, sino que abarca la conservación del contenido de la comunicación y sus datos.

La STCo 230/2007, de 5 de noviembre, "*...bajo la influencia directa ya de la STEDH de 3 de abril de 2007 (caso Copland v. Reino Unido; asunto 62617/00)...para recalcar la afirmación que en la misma se hacía sobre que el derecho se vería igualmente vulnerado <...por el simple conocimiento antijurídico de lo comunicado>.* ***Realizando un estudio comparativo del caso Copland, concluye que la protección formal va más allá de la finalización de la comunicación, perpetuándose; de suerte que cualquier acceso no consentido por emisor, destinatario o interlocutor, o que no contara con una previa autorización judicial, supondría una vulneración del art. 18.3 de la Constitución***".[39] Esta STCo 230/2007, de 5 de noviembre, añade: "*...este tribunal ha reiterado que este derecho fundamental consagra la libertad de las comunicaciones, implícitamente y, de modo expreso, su secreto, estableciendo en este último sentido la interdicción de la interceptación o del conocimiento antijurídicos de las comunicaciones ajenas. El bien constitucionalmente protegido es así –a través de la imposición a todos del "secreto"– la libertad de las comunicaciones, por lo que dicho derecho puede resultar vulnerado tanto por la interceptación en sentido estricto –que suponga aprehensión física del soporte del mensaje, con conocimiento o no del mismo, o captación, de otra forma, del proceso de comunicación– como por el simple conocimiento antijurídico de lo comunicado –apertura de la correspondencia ajena guardada por su destinatario, por ejemplo. Igualmente* ***se ha destacado que el concepto de secreto de la comunicación cubre no sólo el contenido de la comunicación, sino también la identidad subjetiva de los interlocutores, de ahí que se haya afirmado que la entrega de los listados de llamadas telefónicas por las compañías telefónicas a la policía, sin consentimiento del titular del teléfono, requiere resolución judicial, toda vez que el acceso y***

[39] RODRÍGUEZ LAINZ, JOSÉ LUÍS "Estudios sobre el secreto de las comunicaciones. Perspectiva doctrinal y jurisprudencial", Wolters Kluwer España, S.A., 2011, páginas 211-212.

***registro de los datos que figuran en dichos listados constituye una forma de afectación del objeto de protección del derecho al secreto de las comunicaciones** (por todas, SSTC 123/2002, de 20 de mayo, FJ 4, ó 56/2003, de 24 de marzo, FJ 2, y SSTEDH de 2 de agosto de 1984, caso Malone c. Reino Unido, § 84 y, entre las últimas, de 3 de abril de 2007, caso Copland c. Reino Unido § 43).- En el presente caso...**los guardias civiles que procedieron a la detención del recurrente y los otros dos coimputados intervinieron en poder de éstos sendos teléfonos móviles, accediendo, entre otros, al registro de llamadas memorizado en el terminal hallado en posesión del recurrente, sin contar con su consentimiento ni con la debida autorización judicial, confeccionando un listado de llamadas recibidas, enviadas y perdidas... debe concluirse...que se ha vulnerado al recurrente el derecho al secreto de las comunicaciones (art. 18.3 CE), en tanto que, acreditado y reconocido por las resoluciones judiciales el presupuesto fáctico del acceso policial al registro de llamadas del terminal móvil intervenido al recurrente sin su consentimiento ni autorización judicial, dicho acceso no resulta conforme a la doctrina constitucional reiteradamente expuesta sobre que la identificación de los intervinientes en la comunicación queda cubierta por el secreto de las comunicaciones garantizado por el art. 18.3 CE y, por tanto, que resulta necesario para acceder a dicha información, en defecto de consentimiento del titular del terminal telefónico móvil intervenido, que se recabe la debida autorización judicial**"..* (F.J.2º).

Esta doctrina se reitera en la STCo 145/2014, de 22 de septiembre, en cuyo F.D. 4º dice: *"4. Tampoco puede prosperar la pretendida vulneración del art. 18.3 CE constituida por **el acceso policial al listado de números telefónicos marcados en el terminal de la víctima**...Hemos destacado igualmente que **el concepto de secreto de la comunicación cubre no sólo su contenido, sino también la identidad subjetiva de los interlocutores**, de ahí que se haya afirmado que **la entrega de los listados de llamadas telefónicas por las compañías telefónicas a la policía, sin consentimiento del titular del teléfono, requiere resolución judicial, toda vez que el acceso y registro de los datos que figuran en dichos listados constituye una forma de afectación del objeto de protección del derecho al secreto de las comunicaciones...** En el presente caso, como se ha expuesto en los antecedentes y ha que-*

dado acreditado en las actuaciones, ***la policía solicitó autorización judicial para conocer el historial de llamadas del teléfono móvil de la víctima, accediendo a él sólo una vez obtenida dicha aquiescencia judicial****. Por ello, no se ha vulnerado desde este prisma el derecho al secreto de las comunicaciones (art. 18.3 CE)".*

La Circular 1/2013 de la Fiscalía General del Estado, de 11 de enero de 2013, analizó esta cuestión en su apartado 5.1, llegando a la siguiente conclusión: *"5.-1 Listado de llamadas y otros datos externos.-* ***El concepto de secreto incorporado al art. 18.3 CE, no cubre sólo el contenido de la comunicación, sino también otros aspectos de la misma.*** *La trascendencia jurídica de la comunicación telefónica no se contrae a la conversación mantenida. Debe partirse de que la digitalización genera datos almacenables que encierran información de alto interés para la investigación de hechos delictivos. Desde luego, no todos los datos digitalizados merecen la consideración de datos propios del contenido material del derecho a la inviolabilidad de las comunicaciones. Debe analizarse la funcionalidad de cada dato para ubicarlo bajo el manto protector del derecho a la intimidad (art. 18.1 CE), del derecho a la inviolabilidad de las comunicaciones (art. 18.3 CE) o del derecho a la protección de datos (art. 18.4 CE), cada uno con su propio sustrato axiológico y, correlativamente, cada uno con una protección de intensidad variable. Desde luego, el secreto ampara la identidad subjetiva de los interlocutores y el listado de llamadas. La STEDH de 2 de agosto de 1984 Malone contra Reino Unido, verdadero leading case en la materia, reconoció expresamente la posibilidad de que el art. 8 CEDH pudiera resultar violado por el empleo de un artificio técnico que permita registrar cuáles hayan sido los números telefónicos marcados sobre un determinado aparato, aunque no acceda al contenido de la comunicación misma. El TC asumió decididamente esta interpretación, de forma que se entiende que el concepto de secreto de la comunicación no sólo cubre su contenido,* ***sino que alcanza la identidad subjetiva de los interlocutores, la propia existencia de la comunicación, así como la confidencialidad de las circunstancias o datos externos de la conexión telefónica: su momento, duración y destino; y ello con independencia del carácter público o privado de la red de transmisión de la comunicación y del medio de transmisión -eléctrico, electromagnético u óptico, etc.- de la misma*** *(SSTC nº 114/1984, de 29 de noviembre y 123/2002, de 20 de* *mayo) En el mismo sentido se pronunció la Fiscalía General del Estado en su Consulta 1/1999, de 22 de enero, sobre tratamiento automatizado de datos personales en el ámbito de las telecomunicaciones, afirmando que no es posible disociar, sin merma relevante de garantías, realidades tan sustancialmente integradas como son el mensaje y su proceso de transmisión. Para la Consulta, que debe ahora ser ratificada, "inviolable no sólo es el mensaje, sino todos aquellos datos relativos a la comunicación que permitan identificar a los interlocutores o corresponsales, o constatar la existencia misma de la comunicación, su data, duración y todas las demás circunstancias concurrentes útiles para ubicar en el espacio y en el tiempo el hecho concreto de la conexión telemática producida". Actualizando tal doctrina, declara el TS que de entre todos los datos de tráfico generados en el transcurso de una comunicación telefónica, merecen la protección reforzada que se dispensa en el art. 18.3 CE, los datos indicativos del origen y del destino de la comunicación, del momento y duración de la misma y, por último, los referentes al volumen de la información transmitida y el tipo de comunicación entablada (SSTS nº 249/2008, de 20 de mayo, 776/2008, de 18 de noviembre, 688/2009, de 18 de junio). El Convenio número 185, del Consejo de Europa, sobre Ciberdelincuencia, de 23 de noviembre de 2001, recientemente ratificado por el Estado español el 20 de mayo de 2010, también define los datos de tráfico de forma amplia en su art. 1.d) como todos los datos que tienen relación con una comunicación por medio de un sistema informático, producidos por este último, en cuanto elemento de la cadena de comunicación, indicando el origen, el destino, el itinerario, tiempo, la fecha, el tamaño y la duración de la comunicación o el tipo de servicio subyacente. Esta definición se apoya en una dependencia temporal y funcional de los datos de tráfico con respecto a la comunicación. En relación con el registro de llamadas de teléfono móvil es de particular trascendencia la STC nº 230/2007, de 5 de noviembre en la que se analiza un supuesto en que los agentes actuantes intervienen en poder de unos detenidos sendos teléfonos móviles, accediendo, entre otros, al registro de llamadas memorizado en el terminal hallado en posesión de uno de ello, sin contar con su consentimiento ni con la debida autorización judicial, confeccionando un listado de llamadas recibidas, enviadas y perdidas. El TC considera que se ha vulnerado al recurrente el derecho al secreto de las comunicaciones en tanto que "dicho acceso no resulta conforme a la doctrina constitucional reiteradamente expuesta sobre que la identificación de los intervinientes en la comunicación queda cubierta por el secreto de las comunicaciones garantizado por el art. 18.3 CE y, por tanto, que resulta necesario para acceder a dicha información, en defecto de consentimiento del titular del terminal telefónico móvil intervenido, que se recabe la debida autorización judicial. Ello supone la imposibilidad de valoración de dicha prueba al tener que quedar excluida del material probatorio apto para enervar la presunción de inocencia, en tanto que obtenida con vulneración de derechos fundamentales del recurrente". Pero es claro que por orden judicial pueden reclamarse los listados de llamadas a las compañías telefónicas (STS nº 1330/2002, de 16 de julio; STC nº 123/2002, de 20 de mayo). No tendría sentido alguno que pudieran intervenirse judicialmente las conversaciones que inciden directamente sobre el derecho al secreto de las comunicaciones, y no pudiera por orden judicial solicitarse a la compañía telefónica operadora en cada caso que expidiera tales listados de llamadas, diligencia cuya afectación para el derecho protegido es de menor intensidad. Además, en tanto la injerencia consistente en la entrega de los listados de las llamadas de una persona por las compañías telefónicas debe considerarse de "menor intensidad" que las escuchas telefónicas, ha de partirse de que este dato es "especialmente significativo en orden a la ponderación de su proporcionalidad".- (STC nº 56/2003, de 24 de marzo; STS nº 23/2007, de 23 de enero). La intervención telefónica y grabación de conversaciones supone una intromisión en el derecho fundamental de los comunicantes superior a la intromisión que supone el simple recuento e identificación de las llamadas y de los números de teléfono utilizados desde el concreto teléfono objeto del recuento (STC nº 26/2006, de 30 de enero) y así se ha permitido que la resolución judicial que la autorice sea excepcionalmente una providencia, integrada por la solicitud a la que se remite (STC nº 123/2002, de 20 de mayo). Pese a esa cierta relajación en los requisitos, los Sres. Fiscales velarán porque también se acuerde por medio de auto la entrega de los listados de las llamadas, por ser lo más correcto procesalmente. Si, no obstante, la resolución reviste la forma de providencia, esta circunstancia aislada no deberá entenderse por sí como causante de nulidad. Puede pues concluirse con que tras fluctuaciones jurisprudenciales se ha asentado el criterio que establece que la relación de llamadas emitidas o recibidas por un terminal telefónico es materia que afecta al derecho que garantiza el art. 18.3 CE, siendo necesario a tales efectos, a falta de consentimiento de los sujetos comunicantes, la autorización judicial correspondiente otorgada en el curso de una investigación de carácter penal. Tal autorización será también necesaria para acceder al registro de llamadas entrantes y salientes grabadas en un teléfono móvil (por todas, SSTS 142/2012, de 2 de julio nº 707/2009, de 22 de junio y 230/2007, de 5 de noviembre; STEDH de 3 de abril de 2007, caso Copland contra Reino Unido)".*

En su apartado 5-6 dicha Circular mantenía igual criterio en el "acceso a mensajes de texto o SMS":

"Desde luego, los mensajes enviados al destinatario pero aún no leídos por éste deben entenderse protegidos por el derecho al secreto de las comunicaciones. En este sentido puede citarse la STS nº 1235/2002, de 27 de junio, en conexión con la STC nº 70/2002, de 3 de abril, que considera esencial determinar si el titular del teléfono móvil intervenido tenía o no ya conocimiento del mensaje recibido antes de que la Policía leyera el texto del mensaje, partiendo de que tales mensajes son "auténticas y genuinas comunicaciones personales, similares a las que se remiten y reciben por correo o telégrafo, pero cuyo vehículo de transmisión en este supuesto es el teléfono, por lo que, de hecho, se trata de una especie de comunicación de una misiva personal efectuada vía telefónica, que no se "oye" por su destinatario, sino que se "lee" al aparecer en la pantalla del aparato y mediante esa lectura se conoce el contenido del mensaje o de la misiva, por lo que resulta incuestionable que esta clase de comunicaciones se encuentran tuteladas por el secreto que establece el art. 18.3 CE". Existen dudas en torno a si el acceso a los mensajes acumulados en la memoria del teléfono móvil de un detenido supone o no una injerencia en el derecho al secreto de las comunicaciones, o si por el contrario en estos casos el único derecho afectado es el derecho a la intimidad de la persona investigada, interpretación esta última que permitiría actuaciones de injerencia proporcionadas a las circunstancias del hecho y de la investigación. Por razones de prudencia, y salvo que se consolidara en el futuro una jurisprudencia en sentido contrario, los Sres. Fiscales defenderán la tesis de que es necesaria autorización judicial para acceder a estos contenidos, teniendo en cuenta que conforme a la doctrina constitucional los datos externos de las comunicaciones quedan protegidos con independencia

de que estos datos se traten de averiguar una vez finalizado el proceso comunicativo (vid. STC 230/2007, de 5 de noviembre)".

La STS Sala 2ª 877/2014, de 22 de diciembre de 2014 presupone la necesidad de autorización judicial para la apertura de los correos electrónicos almacenados:

*"**Cuestión distinta es lo referente a la apertura de otros correos, cuya interceptación no había sido autorizada previamente. Pues bien, consta en los folios 2 a 6 de la Pieza Separada denominada "Práctica de Diligencias" oficio de la UDYCO, con n° de registro 71.375/42/10, solicitando se autorice en sede judicial y en presencia de la Comisión Judicial la apertura de determinados correos con la finalidad de poder obtener y recuperar cuanta información esté disponible en los mismos**. Por ello, se procedió por el Juzgado de Instrucción a dictar auto de 25 de octubre de 2010 (folios 15 a 18), acordando prorrogar el secreto de esta Pieza Separada y señalando fecha para la diligencia de apertura a presencia judicial de los correos electrónicos: "DIRECCION001" y "DIRECCION002".*

Con fecha 3 de noviembre de 2010 se procedió por la Secretario Judicial a la apertura de los citados correos, en presencia de una funcionaría de policía, comenzando por el correo "DIRECCION001", apareciendo 6 correos en la bandeja de entrada, un correo en la bandeja de borradores y 9 correos en la bandeja de enviados, y se procede a su impresión, dando copia a la funcionaría de policía y quedando otra copia en el Juzgado de Instrucción. A continuación se procedió a la apertura del segundo correo "DIRECCION002", apareciendo en la pantalla "tu cuenta ha sido bloqueada", no pudiendo, por tanto, accederse al mismo (folios 23 y 24 de la mencionada Pieza Separada).

Por tanto, en la única ocasión en que fue precisa la práctica de la diligencia de apertura de correos, se actuó correctamente, ya que se dictó auto autorizando la apertura, procediéndose por la Secretaria Judicial a su práctica"

La STS Sala 2ª, 454/2015, de 10 de julio, (Roj 3377/2015), F.D. 2º dice:

"4. ...Y en cuanto a la segunda ciertamente el auto de 31.10.2011 en su parte dispositiva no contiene autorización para que las operadoras facilitaran los datos asociados a la línea de teléfono intervenida, pero tal petición si se hace en la solicitud policial y en el oficio posterior remitido

por el Juzgado a la compañía telefónica consta que en el auto se acordó la intervención del mismo de teléfono y el tráfico de llamadas asociadas a esa línea (folio 36) por lo que la deducción de que la ausencia de esta autorización en el auto se debió a un error material, subsanado en el oficio remisorio y los posteriores autos de intervenciones telefónicas en lo que sí se autorizó la aportación de los datos asociados a la línea, sin olvidar que respecto a la obtención de listados del tráfico telefónico, llamadas efectuadas y recibidas de un teléfono, en STS 513/2010 de 2-6 y 707/2009 de 22-6 se ha recogido la doctrina del TC sobre esta modalidad de limitación del secreto de las comunicaciones y los matices que presenta con respecto a otras injerencias de mayor calado en el referido derecho fundamental. En la STC. 123/2002 de 20.5 , con motivo de cuestionarse la aportación de un listado de llamadas telefónicas que había sido autorizado mediante una mera providencia judicial sin la debida motivación, el Tribunal Constitucional comienza recordando que el TEDH en el caso Malone, reconoció que el sistema del recuento es por naturaleza distinto a la interceptación de las comunicaciones, pues puede tener una finalidad lícita como es la comprobación de la exactitud de los cargos que se exigen a los abonados, examinar sus reclamaciones o descubrir posibles abusos, mientras que la interceptación de las comunicaciones no es deseable ni lícita en una sociedad democrática y también dejó afirmado que la utilización de los datos obtenidos por el recurrente puede plantear problemas en relación con el art. 8 TEDH ya que "en los registros así efectuados se contienen informaciones –en especial, los números marcados– que son parte de las comunicaciones telefónicas. En opinión del Tribunal, ponerlos en conocimiento de la policía, sin el consentimiento del abonado, se opone también al derecho confirmado por el artículo 8". Continua argumentando la STC 123/2002 que el derecho al secreto de las comunicaciones telefónicas "garantiza a los interlocutores o comunicantes la confidencialidad de la comunicación telefónica que comprende el secreto de la existencia de la comunicación misma y el contenido de lo comunicado, así como la confidencialidad de las circunstancias o datos externos de la conexión telefónica: su momento, duración y destino; y ello con independencia del carácter público o privado de la red de transmisión de la comunicación y del medio de transmisión –eléctrico, electromagnético u óptico etc...– de la misma. Por ello –dice el Tribunal Constitucional– la vulneración del derecho al secreto de las comunicaciones telefónicas requiere la

interferencia directa en el proceso de comunicación mediante el empleo de cualquier *artificio técnico de captación, sintonización o desvío y recepción de la señal telefónica* ***como forma de acceso a los datos confidenciales de la comunicación: su existencia, contenido y las circunstancias externas del proceso de comunicación antes mencionadas. De modo que la difusión sin consentimiento de los titulares del teléfono o sin autorización judicial de los datos de esta forma captados supone la vulneración del derecho al secreto de las comunicaciones. La aplicación de la doctrina expuesta -prosigue razonando la referida sentencia- conduce a concluir que la entrega de los listados por las compañías telefónicas a la policía sin consentimiento del titular del teléfono requiere resolución judicial, pues la forma de obtención de los datos que figuran en los citados listados supone una interferencia en el proceso de comunicación que está comprendida en el derecho al secreto de las comunicaciones telefónicas del art. 18.3 CE.*** *En efecto, los listados telefónicos incorporan datos relativos al teléfono de destino, el momento en que se efectúa la comunicación y a su duración, para cuyo conocimiento y registro resulta necesario acceder de forma directa al proceso de comunicación mientras está teniendo lugar, con independencia de que estos datos se tomen en consideración una vez finalizado aquel proceso a efectos, bien de la lícita facturación del servicio prestado, bien de su ilícita difusión.* ***Dichos datos configuran el proceso de comunicación en su vertiente externa y son confidenciales, es decir, reservados del conocimiento público y general, además de pertenecientes a la propia esfera privada de los comunicantes.*** *El destino, el momento y la duración de una comunicación telefónica, o de una comunicación a la que se accede mediante las señales telefónicas, constituyen datos que configuran externamente un hecho que, además de carácter privado, puede asimismo poseer un carácter íntimo.* ***Ahora bien -matiza la sentencia del Tribunal Constitucional 26/2006 de 30.1- aunque el acceso y registro de los datos que figuran en los listados constituye una forma de afectación del objeto de protección del derecho al secreto de las comunicaciones, no puede desconocerse la menor intensidad de la injerencia en el citado derecho fundamental que esta forma de afectación representa en relación con la que materializan las "escuchas telefónicas", siendo este dato especialmente significativo en orden a la ponderación***

de su proporcionalidad. A los efectos del juicio de proporcionalidad resulta especialmente significativo el dato de la menor intensidad lesiva en el objeto de protección del derecho al secreto de las comunicaciones que el acceso a los listados comporta, de modo que este dato constituye elemento indispensable tanto de la ponderación de la necesidad de esta medida para alcanzar un fin constitucionalmente legítimo, como a los efectos de estimación de la concurrencia del presupuesto habilitante de la misma. Esa doctrina del Tribunal Constitucional ya ha sido aplicada en algunos precedentes de esta Sala de Casación, especialmente en la sentencia 889/2004, de 9 de julio, en la que después de explicar que el "recuento" consiste en el uso de un instrumento -un contador combinado con un aparato impresor- que registra los números marcados en un determinado aparato telefónico y la hora y la duración de cada llamada, ha admitido la aplicación de ese procedimiento de obtención de datos en virtud de una resolución judicial que reviste la forma de providencia, integrada a su vez en los hechos indiciarios que contiene la solicitud policial de la adopción de la medida, argumentando la Sala con base en la menor intensidad lesiva en el objeto de protección del derecho al secreto de las comunicaciones que el acceso a los listados comporta. El motivo por lo expuesto, se desestima".

Esta sentencia reconoce que el acceso a los datos externos requiere resolución judicial, si bien, en base al principio de proporcionalidad, el fin constitucionalmente legítimo que puede fundamentar dicho acceso no requiere la <gravedad> que el acceso al contenido de la comunicación; y permite que la resolución judicial revista la forma de <providencia>[40] frente a la regla general en materia de interceptación de una comunicación, que requiere una expresión razonada de tal medida, mediante <auto>. La STJUE Gran Sala de 8 de abril de 2014, como seguidamente veremos, también admite una cierta gradación entre el núcleo duro del secreto de la comunicación (contenido) en relación a los datos externos de la comunicación, pero en ambos casos considera que la injerencia en dicho datos como una <injerencia de gran magnitud y especial gravedad> (parágrafo 65), por lo cual requiere -y presupone- la delimitación de los <delitos graves> cuya prevención o

[40] En el mismo sentido STS Sala 2ª 45572014, de 10 de junio de 2014 (Roj 2432/2014) y STS Sala 2ª 444/2014, de 9 de junio de 2014 (Roj 2265/2014).

enjuiciamiento legitimen dicha injerencia (parágrafo 61), y que dicha injerencia sea autorizada por una autoridad judicial u organismo administrativo autónomo (parágrafo 62).

El artículo 5 de la Ley 43/2010, de 30 de diciembre, del Servicio Postal Universal, también reconoce que el secreto postal alcanza al conocimiento de la simple <existencia> de dicho envío o comunicación postal, cuando dispone: *"Los operadores postales deberán realizar la prestación de los servicios con plena garantía del secreto de las comunicaciones postales, de conformidad con lo dispuesto en los artículos 18.3 y 55.2 de la Constitución Española y en el artículo 579 de la Ley de Enjuiciamiento Criminal.*

Los operadores que presten servicios postales ***no facilitarán ningún dato relativo a la existencia del envío postal, a su clase, a sus circunstancias exteriores****, a la identidad del remitente y del destinatario ni a sus direcciones, sin perjuicio de lo dispuesto en el artículo 6".* Aunque, después, el artículo 7 de la Ley 15/2010 parece someter los datos sobre existencia de esta comunicación postal a la garantía del artículo 18.4 CE.

La Directiva 2006/24/CE, del Parlamento Europeo y del Consejo de 15 de marzo de 2006, sobre la conservación de datos generados o tratados en relación con la prestación de servicios de comunicaciones electrónicas de acceso público o de redes públicas de comunicaciones y por la que se modifica la Directiva 2002/58/CE, en su artículo 5 (categoría de datos que deben conservarse), enumeraba: "b) datos necesarios para identificar el destino de una comunicación:... 2) con respecto al correo electrónico por Internet y a la telefonía por Internet: i) la identificación de usuario o el número de teléfono del destinatario o de los destinatarios de una llamada telefónica por Internet, ii) los nombres y direcciones de los abonados o usuarios registrados y la identificación de usuario del destinatario de la comunicación;".. Esta Directiva fue objeto de transposición a la legislación española por medio de la Ley 25/2007, de 18 de octubre, de conservación de datos relativos a las comunicaciones electrónicas y a las redes públicas de comunicaciones, como reconoce el Preámbulo de la ley: *"cuya transposición a nuestro ordenamiento jurídico es el objetivo principal de esta Ley".*

La Directiva 2006/24/CE fue invalidada por la STJUE Gran Sala de 8 de abril de 2014. Invalidación que vino a suscitar la posible inconstitucionalidad de dicha Ley 25/2007. Cuestión que fue planteada inicialmente en la STS Sala 2ª 841/2014, de 9 de diciembre, si bien en la misma el TS negó plantear la cuestión de inconstitucionalidad, puesto que dicha Ley no había sido aplicada en el caso concreto. No obstante, en la STS Sala 2ª 470/2015, de 7 de julio, (Roj 3436/2015 aborda esta cuestión en su F.D. 1º.3:

"3.- En cuanto a la quiebra de legalidad por ser no válida la Directiva trasladada a España por la Ley 25/2007, reiteramos la sentencia que cita la recurrida y a la que en nada desautoriza la argumentación del recurso. Se trata de la STS 841/2014 de 9 de diciembre. La Ley 25/2007 tiene por objeto la regulación de la obligación de los operadores de conservar los datos generados o tratados en el marco de la prestación de servicios de comunicaciones electrónicas o de redes públicas de comunicación, así como el deber de cesión de dichos datos a los agentes facultados siempre que les sean requeridos a través de la correspondiente autorización judicial con fines de detección, investigación y enjuiciamiento de delitos graves contemplados en el Código Penal o en las leyes penales especiales. Esta Ley se aplicará a los datos de tráfico y de localización sobre personas físicas y jurídicas y a los datos relacionados necesarios para identificar al abonado o usuario registrado. Se excluye del ámbito de aplicación de esta Ley el contenido de las comunicaciones electrónicas, incluida la información consultada utilizando una red de comunicaciones electrónicas. La Directiva 2006/24/CE trataba sobre Conservación y Cesión de datos. Concernía a secreto comunicaciones, vida privada y datos de carácter personal. La comunicación culminada solamente se trata como datos de carácter personal. La STJUE Gran Sala de 8 de abril de 2014 la desautorizó porque: a) no establecía límites temporales; b) ni concretaba el concepto delito grave; c) inconcreción regulación autoridades con facultades; d) laxitud plazos, y e) medidas sobre aseguramiento integridad y confidencialidad. ***El fundamento de la STJUE es que la consciencia de ese acceso a lo secreto limita el derecho fundamental a la libertad de comunicaciones, sin precisión sobre la previsibilidad de esa intervención.*** *(Similar criterio en la STC 49/1999, sobre comunicaciones telefónicas, ratificada en la 184/2003, siquiera aquí se llega a decir que el ejercicio por este Tribunal de su tarea depuradora de normas contrarias a la Constitución culminaría, en su caso, con una declaración de inconstitucionalidad por defecto de la disposición legal –art. 579 LECrim– que agravaría el defecto mismo –la falta de certeza y seguridad jurídicas– al*

producir un vacío mayor). El derecho a la privacidad, que incluye la geolocalización, no puede desarrollarse en contexto de sensación de constante vigilancia. Remite al artículo 8 de la CDFUE. ***La doctrina ha estimado que en España, por el contrario, una adecuada interpretación de la Ley 25/2007 superaba esas objeciones. Ni puede considerarse que la transposición está subordinada como reglamento a la ley. Esa interpretación, tal como ha venido siendo impuesta por una restrictiva jurisprudencia de este Tribunal Supremo aleja la citada ley y la práctica de los Tribunales de los reproches del Tribunal de Justicia Europeo".***

La invalidación de la Directiva 2006/24/CE se fundamenta en aquellos puntos mencionados en la STS de 7 de julio de 2015. Si atenemos al "comunicado de prensa nº 54/14[41]" del Tribunal de Justicia de la Unión Europea el fundamento es: "al imponer la conservación de esos datos y al permitir el acceso a las autoridades nacionales competentes, la Directiva se inmiscuye de manera especialmente grave en los derechos fundamentales al respeto de la vida privada y a la protección de datos de carácter personal". Vuelve así a analizarse el derecho al secreto de las comunicaciones como uno de los derechos implicados en el concepto más genérico del respeto a la vida privada. Al igual que ocurre con el artículo 8 del CEDH, el artículo 7 de la Carta de los Derechos Fundamentales de la Unión Europea consagra conjuntamente que "*toda persona tiene derecho al respeto de su vida privada y familiar, de su domicilio y de sus comunicaciones*", aunque la Carta de los Derechos Fundamentales de la Unión Europea trata diferenciadamente la protección de los datos de carácter personal en su artículo 8. Se vuelve a realizar un tratamiento conjunto de la vida privada y el secreto de las comunicaciones de forma similar al art. 8 CEDH. Sin embargo, el texto de la STJUE de 9 de abril de 2014 es más revelador. En esta Sentencia el TJUE examina la validez

---

[41] Dice la Nota de Prensa: "*El Tribunal de Justicia señala, en primer lugar, que los datos que han de conservarse permiten saber con qué persona y de qué modo se ha comunicado un abonado o un usuario registrado, determinar el momento de la comunicación y el lugar desde el que ésta se ha producido y conocer la frecuencia de las comunicaciones del abonado o del usuario registrado con determinadas personas durante un período concreto. Estos datos, considerados en su conjunto, pueden proporcionar indicaciones muy precisas sobre la vida privada de las personas cuyos datos se conservan, como los hábitos de la vida cotidiana, los lugares de residencia permanentes o temporales, los desplazamientos diarios u otros, las actividades realizadas, las relaciones sociales y los medios sociales frecuentados*".

de la Directiva a instancia del Tribunal Superior de Irlanda y Tribunal Constitucional de Austria. Recordemos que la Directiva 2006/24/CE tiene por objeto modificar la Directiva 2002/58/CE que se centra en la protección de los datos personales en el ámbito específico de las comunicaciones electrónicas[42].

La citada STJUE, en su parágrafos 38 y 39, dice: "*Con arreglo al artículo 52, apartado 1, de la Carta, cualquier limitación del ejercicio de los derechos y libertades reconocidos por ésta deberá ser establecida por la ley, respetar su contenido esencial y, dentro del respeto del principio de proporcionalidad, sólo podrán introducirse limitaciones a dichos derechos y libertades cuando sean necesarias y respondan efectivamente a objetivos de interés general reconocidos por la Unión o a la necesidad de protección de los derechos y libertades de los demás.*

39.- En lo que atañe al contenido esencial del derecho fundamental al respeto de la vida privada y de los otros derechos reconocidos en el artículo 7 de la Carta, debe señalarse que, ***aunque la conservación de datos que la Directiva 2006/24 impone constituye una injerencia especialmente grave en dichos derechos, no puede vulnerar dicho contenido puesto que, como se desprende de su artículo 1, apartado 2, la Directiva no permite conocer el contenido de las comunicaciones electrónicas como tal***".

La Sentencia reconoce que la conservación de dichos datos, aunque no afecta al núcleo esencial del secreto de las comunicaciones, porque no desvela su contenido, es de por sí una "injerencia grave" en dicho derecho. El parágrafo 34 dice: "*conservar durante un determinado período datos relativos a la vida privada de una persona* ***y a sus comunicaciones****, como los que se indican en el artículo 5 de dicha Directiva, constituye en sí misma una injerencia en los derechos garantizados por el artículo 7 de la Carta*".

Siendo, por tanto, objeto de especial afectación -principalmente- la vida privada y la protección de datos, adicionalmente está presente, en todo momento, la protección de las comunicaciones, como uno más de los derechos afectados, relacionados en el artículo 7 de la Carta de Derechos Fundamentales de la Unión Europea. El parágrafo 37 añade: "*la circunstancia de que la conservación de los datos y su posterior*

[42] La regulación general de la protección de datos personales en cualquier ámbito es objeto de la Directiva 95/46/CE.

utilización se efectúen sin que el abonado o el usuario registrado hayan sido informados de ello puede generar en las personas afectadas el sentimiento de que su vida privada es objeto de una vigilancia constante, como afirmó el Abogado General en los puntos 52 y 72 de sus conclusiones".

El parágrafo 49 in fine reconoce *que "la conservación de tales datos puede considerarse adecuada para lograr el objetivo perseguido por dicha Directiva".* Pero admitiendo la injerencia en base a esa finalidad de "*lucha contra la delincuencia grave, y, en definitiva, a la seguridad pública*" (parágrafo 41), el Tribunal de Justicia advierte que dicha injerencia queda sujeta al principio de proporcionalidad: *" el principio de proporcionalidad exige que los actos de las instituciones de la Unión sean adecuados para lograr los objetivos legítimos perseguidos por la normativa de que se trate y no rebasen los límites de lo que resulta apropiado y necesario para el logro de dichos objetivos (véanse, en este sentido, las sentencias Afton Chemical, EU:C:2010:419, apartado 45; Volker und Markus Schecke y Eifert, EU:C:2010:662, apartado 74; Nelson y otros, C-581/10 y C-629/10, EU:C:2012:657, apartado 71; Sky Österreich, C-283/11, EU:C:2013:28, apartado 50, y Schaible, C-101/12, EU:C:2013:661, apartado 29)".* (parágrafo 46). El parágrafo 54: *"Por ello, la normativa de la Unión de que se trate debe establecer reglas claras y precisas que regulen el alcance y la aplicación de la medida en cuestión y establezcan unas exigencias mínimas de modo que las personas cuyos datos se hayan conservado dispongan de garantías suficientes que permitan proteger de manera eficaz sus datos de carácter personal contra los riesgos de abuso y contra cualquier acceso o utilización ilícitos respecto de tales datos (véanse, por analogía, en lo que respecta al artículo 8 del CEDH, las sentencias TEDH, Liberty y otros c. Reino Unido de 1 de julio de 2008, nº 58243/00, §§ 62 y 63; Rotaru c. Rumanía, antes citada, §§ 57 a 59, y S y Marper c. Reino Unido, antes citada, §§ 99)".*

El TSJUE resalta el carácter <indiscriminado> de esta medida de injerencia: ***"la Directiva 2006/24 afecta con carácter global a todas las personas que utilizan servicios de comunicaciones electrónicas, sin que las personas cuyos datos se conservan se encuentren, ni siquiera indirectamente, en una situación que pueda dar lugar a acciones penales. Por lo tanto, se aplica incluso a personas respecto de las que no existen indicios que sugieran que su comportamiento puede guardar relación, incluso indirecta o remota, con delitos gra-***

ves. Además, no establece ninguna excepción, por lo que se aplica también a personas cuyas comunicaciones están sujetas al secreto profesional con arreglo a las normas de la legislación nacional". (parágrafo 58), *"no se limita a un período temporal o zona geográfica determinados o aun círculo de personas concretas"* (parágrafo 59), *"...en especial, el acceso a los datos conservados por las autoridades nacionales competentes no se supedita a un control previo efectuado, bien por un órgano jurisdiccional, bien por un organismo administrativo autónomo, cuya decisión tenga por objeto limitar el acceso a los datos y su utilización a lo estrictamente necesario para alcanzar el objetivo perseguido y se produzca a raíz de una solicitud motivada de dichas autoridades presentada en el marco de procedimientos de prevención, detección o enjuiciamiento de delitos. Tampoco se ha establecido una obligación concreta de los Estados miembros de que se fijen tales limitaciones".* (parágrafo 62).

Por todo ello concluye el TJUE *"el legislador de la Unión sobrepasó los límites que exige el respeto del principio de proporcionalidad en relación con los artículos 7, 8 y 52, apartado 1, de la Carta".* (parágrafo 69).

La declaración de invalidez de la Directiva 2006/24/CE por el TJUE plantea de nuevo la cuestión de los datos externos como parte integrante del secreto de las comunicaciones, en cuanto medio de conocimiento de la existencia misma de la comunicación y sus elementos subjetivos y externos. Dado que dichos datos pueden haber sido conservados por el operador durante un lapso de tiempo, la razón de la invalidación de la Directiva -como afectante al secreto de las comunicaciones- no dependerá de la mayor o menor proximidad temporal entre el registro de dichos datos y la consumación o terminación de la comunicación a que se refieren. Esto es, no dependerá del hecho de que la comunicación esté activa, pero tampoco del tiempo transcurrido entre dicha consumación de la comunicación y el acceso a los datos archivados relativos a dicha comunicación.

Para el TEDH lo relevante no es el hecho de si la comunicación está activa, ni el tiempo transcurrido entre el almacenamiento de los datos y la consumación de la comunicación de los cuales se derivan, sino el "uso" para el cual se recaban dichos datos (finalidad del tratamiento). Si la finalidad del acceso a dichos datos es conocer la existencia de una comunicación y sus elementos externos, con la finalidad de perseguir determinados delitos ("una herramienta valiosa en la prevención, investigación, detección y enjuiciamiento de delitos, en especial contra la delincuencia organizada. Considerando 7 de la Directiva 2006/24/CE), en la medida que dichos datos forman parte del secreto de las comunicaciones, su interceptación y acceso a los mismos queda sujeto a las mismas garantías que el secreto de las comunicaciones. Este es el criterio que mantiene el TJUE, siguiendo doctrina del TEDH, de ahí que considere que la Directiva 2006/24/CE no respeta la doctrina del TEDH sobre interceptación de las comunicaciones.

Cuando el uso, acceso o tratamiento no tiene por finalidad tener conocimiento de una comunicación, sino simplemente su uso a efectos comerciales, de conducir la comunicación, de facturación, etc... su tratamiento sería el específico de la legislación en materia de protección de datos de carácter personal. El tratamiento de dichos datos, no tiene por objeto revelar la existencia de la comunicación, sino facilitarla y conducirla en la medida que requiere un medio prestado por un tercero (operador). Pero el tratamiento de dichos datos sí puede ofrecer un perfil de la persona que realiza dichas comunicaciones, en función de los destinatarios de las comunicaciones, frecuencia, tipo de teléfonos o personas con las cuales comunica, etc...Esta última perspectiva (protección de datos personales) puede concurrir simultáneamente con la perspectiva del secreto de las comunicaciones, o bien aisladamente.

Por ello, y a la vista, de estas sentencias del TEDH y TJUE no parece que pueda diferenciarse entre injerencia en la comunicación (como acceso a su contenido) y acceso a los datos externos de la comunicación, en cuanto que la injerencia en estos últimos no sería tan lesiva del derecho a las comunicaciones, y por tanto, quedarían sujeta a menores requisitos, como hace nuestro Tribunal Supremo, y nuestro Tribunal Constitucional. El simple acceso a dicha datos se considera por el TJUE como una "injerencia grave", aun cuando no afecte al núcleo esencial del secreto de las comunicaciones (su contenido: la información transmitida).

Esto, y no otra cosa, es lo que venía a reconocer la Directiva 2002/58/CE cuando en su artículo 5.3 establece:

"3. Los Estados miembros velarán por que únicamente se permita el uso de las redes de comunicaciones electrónicas con fines de almacenamiento de información o de ***obtención de acceso a la información almacenada en el equipo terminal de un abonado o usuario a con-***

***dición de que se facilite a dicho abonado o usuario información clara y completa**, en particular sobre los fines del tratamiento de los datos, con arreglo a lo dispuesto en la Directiva 95/46/CE y de que el responsable del tratamiento de los datos le ofrezca el derecho de negarse a dicho tratamiento. La presente disposición **no impedirá el posible almacenamiento o acceso de índole técnica al solo fin de efectuar o facilitar la transmisión de una comunicación** a través de una red de comunicaciones electrónicas, o en la medida de lo estrictamente necesario a fin de proporcionar a una empresa de información un servicio expresamente solicitado por el usuario o el abonado".*

Y el artículo 15 añade: "*1. Los Estados miembros podrán adoptar medidas legales para limitar el alcance de los derechos y las obligaciones que se establecen en los artículos 5 y 6, en los apartados 1 a 4 del artículo 8 y en el artículo 9 de la presente Directiva, cuando tal limitación constituya **una medida necesaria proporcionada y apropiada en una sociedad democrática para proteger la seguridad nacional (es decir, la seguridad del Estado), la defensa, la seguridad pública, o la prevención, investigación, descubrimiento y persecución de delitos o la utilización no autorizada del sistema de comunicaciones electrónicas a que se hace referencia en el apartado 1 del artículo 13 de la Directiva 95/46/ CE.** Para ello, los Estados miembros podrán adoptar, entre otras, medidas legislativas en virtud de las **cuales los datos se conserven durante un plazo limitado justificado por los motivos establecidos en el presente apartado.** Todas las medidas contempladas en el presente apartado deberán ser conformes con los principios generales del Derecho comunitario, incluidos los mencionados en los apartados 1 y 2 del artículo 6 del Tratado de la Unión Europea".*

Un <dato> puede ser objeto de protección por medio del derecho a la autodeterminación informativa, en la medida que sea <personal>, esto es, en la medida que se pueda asociar a una persona (identificada o identificable). Además, si pudiere considerarse <íntimo> quedará protegido, a su vez, en virtud del derecho a la intimidad. Un dato relativo a una comunicación puede ser objeto de protección a través del derecho a la protección de datos personales, pero en la medida que forme parte de una comunicación quedará también protegido por el derecho al secreto de las comunicaciones, en cuanto es un dato revelador una comunicación acontecida o presente. Un número de teléfono en una agenda de teléfonos no deja de ser un <dato> que podrá ser protegido por medio del derecho a la protección de datos, pero ese mismo dato en un registro de llamadas enviadas o recibidas, o el listado de correos o mensajes enviados o recibidos, constituye un elemento externo de la comunicación revelador de su existencia que quedará amparado por el derecho al secreto de las comunicaciones. Luego, habrá que examinar la finalidad para la cual se recaba el dato, para determinar su ámbito de protección: en la medida que sea revelador de la existencia de una comunicación, requiere la oportuna resolución judicial, si bien ha admitido el TS y TCo que dicha resolución pueda ser una providencia, en cuanto dicha injerencia no se configura como de gran intensidad en la lesión del derecho al secreto de las comunicaciones.

La Ley 25/2007, en su art 1, establece que dicha conservación de datos tiene por finalidad la *"detección, investigación y enjuiciamiento de delitos graves contemplados en el Código Penal o en las leyes penales especiales"*. Requiere, por tanto, la gravedad del delito que pueda fundamentar dicha injerencia, siguiendo el tenor literal del artículo 1 de la propia Directiva 2006/28/CE, si bien el TJUE ha considerado que la delimitación de esos delitos graves no puede remitirse a la legislación propia de cada Estado miembro, sino que por el contrario el parágrafo 54 exige que *"la normativa de la Unión de que se trate debe establecer reglas claras y precisas que regulen el alcance y la aplicación de la medida en cuestión y establezcan unas exigencias mínimas de modo que las personas cuyos datos se hayan conservado dispongan de garantías suficientes que permitan proteger de manera eficaz sus datos de carácter personal contra los riegos de abuso y contra cualquier acceso o utilización ilícitos respecto de tales datos"* (parágrafo 54). La invalidación de la Directiva 2006/28/CE no implica la invalidación de la ley española, en la medida que nuestra legislación cumpla esos <mínimos> establecidos por el TJUE. El TS ha considerado que esos mínimos son <suficientes> y son respetados por nuestra legislación.

Dentro del concepto <delito grave> que legitimaría el acceso a dichos datos JOSÉ LUÍS RODRÍGUEZ LAINZ, comentando la Ley 25/2007, enumera: *"...habríamos de partir de la equiparación de la gravedad del delito en términos exclusivamente penológicos con la posibilidad reconocida por el Tribunal Constitucional de establecer fines superiores capaces de superar, en términos de proporcionalidad de la medida, el sacrificio impuesto a la persona sometida al concreto acto de injerencia; como serían las ya clásicas* ***relevancia social del hecho o del bien jurídico protegido****, y con la reciente STC 104/2006, de 3 de abril, la* ***potencialidad lesiva del uso de instrumentos informáticos*** *para la comisión del delito..."*[43].

El artículo 588 ter a) LECRim (introducido por la L.O. 13/2015) establece aquellos delitos que pueden fundamentar la interceptación de las comunicaciones telefónicas y telemáticas: *"La autorización para la interceptación de las comunicaciones telefónicas y telemáticas solo podrá ser concedida cuando la investigación tenga por objeto alguno de los delitos a que se refiere el artículo 579.1 de esta ley o delitos cometidos a través de instrumentos informáticos o de cualquier otra tecnología de la información o la comunicación o servicio de comunicación".*

El artículo 579.1 LECrim enumera los siguientes delitos objeto de investigación, capaces de legitimar una intervención de las comunicaciones telefónicas y electrónicas[44]:

"1.º Delitos dolosos castigados con pena con límite máximo de, al menos, tres años de prisión.

2.º Delitos cometidos en el seno de un grupo u organización criminal.

---

[43] RODRÍGUEZ LAINZ, JOSÉ LUÍS "Estudios sobre el secreto de las comunicaciones. Perspectiva doctrinal y jurisprudencial", Wolters Kluwer España, S.A., 2011, páginas 522-523.

[44] Hasta la L.O. 13/2015 la falta de previsión normativa había sido suplida por la jurisprudencia de nuestro Tribunal Constitucional, que había sostenido: "*...la ausencia de previsión expresa en la ley de este extremo ha sido considerado por el Tribunal Europeo de Derechos Humanos y por nuestra jurisprudencia un defecto relevante de la ley que ha de regular las condiciones de legitimidad de las intervenciones telefónicas...hasta que la necesaria intervención del legislador se produzca corresponde a este Tribunal suplir las insuficiencias legales precisando los requisitos que la Constitución exige para la legitimidad de las intervenciones telefónicas....la gravedad de la <infracción punible no puede estar determinada únicamente por la calificación de la pena legalmente prevista, aunque indudablemente es un factor que debe ser considerado, sino que también deben tenerse en cuenta otros factores, como los bienes jurídicos protegidos y la relevancia social de aquella (STC 299/2000, de 11 de diciembre)...*" (STCo 104/2006, de 3 de abril, F.J. 3º). Añade en su F.D.4º delimita dentro del concepto de <trascendencia social y relevancia jurídico penal de los hechos> legitimadora de la injerencia: "*...la potencialidad lesiva del uso de instrumentos informáticos para la comisión del delito, pues no cabe duda que la tecnología informática facilita la comisión de delitos contra la propiedad intelectual...En definitiva, en el juicio de proporcionalidad de la interceptación de las comunicaciones telefónicas, además de la gravedad de la pena, del bien jurídico protegido y dela comisión del delito por organizaciones criminales, también puede ponderarse la incidencia del uso de las tecnologías de la información, pues su abuso facilita la perpetración del delito y dificulta su persecución*".

3.º Delitos de terrorismo".

A este artículo habría que añadir el artículo 1 de la L.O. 2/2002, de 6 de mayo, reguladora del control judicial previo del Centro Nacional de Inteligencia, que permite solicitar autorización judicial, en los términos previstos en dicho artículo, *"para la adopción de medidas que afecten a la inviolabilidad del domicilio y al secreto de las comunicaciones, siempre que tales medidas resulten necesarias para el cumplimiento de las funciones asignadas al Centro".*

En contraposición, el artículo 1 de la Ley 25/2007 sólo alude a *"delitos graves contemplados en el Código Penal o en las leyes penales especiales".*, esto es, además de la remisión a las leyes especiales (como sería la citada L.O. 2/2002 o la LO. 2/1989, de 13 de abril, Procesal Militar que también prevé en su art 188 la interceptación de las comunicaciones del procesado), solo recoge el criterio penológico apuntado por Rodríguez Laínz, frente al criterio más amplio derivado de los artículos 579.1 y 588 ter a) de la LECRim. Parece, por consiguiente, que el legislador ha diferenciado el ámbito de aplicación de la Ley 25/2007 respecto a la LECrim. Pero, si tenemos en cuenta que los datos serán conservados, en todo, caso por razón de la Ley 25/2007, el acceso a los mismos podrá tener lugar por razón de la persecución e investigación de los delitos previstos en la LECrim, como parte integrante del secreto de las comunicaciones, por lo cual los delitos que deben motivar dicha cesión de datos deberán ser aquellos previstos por la LECRim.

Frente al criterio sostenido por el TS hasta la L.O. 13/2015, del cual es manifestación la STS Sala 2ª 2718/2015, de 2 de junio (Roj 2718/2015, en su F.D. 10º : *"Frente a otras legislaciones que establecen un catálogo de delitos para cuya investigación está previsto este medio excepcional,* ***la legislación española guarda un silencio que ha sido interpretado por la jurisprudencia en el sentido de exigir la investigación de hechos delictivos graves, y desde luego, aquellos que revisten la forma de delincuencia organizada****"*), la actual redacción de la LECRim define claramente aquellos delitos que son susceptibles de legitimar una intervención de las comunicaciones. Ya no puede sostenerse una interpretación integradora jurisprudencial. En cumplimiento del principio de <calidad de la ley>, es la propia LECRim la que define que delitos son los que pueden motivar una intervención de las comunicaciones. Sólo en estos supuestos, y por razón de la investigación de dichos delitos, el ciudadano puede anticipar y esperar una intromisión legítima en su derecho fundamental al secreto de las comunicaciones.

La Ley 25/2007 exige autorización judicial para la cesión o conocimiento de dichos datos almacenados (arts 1, 6 y 7) lo que supone el reconocimiento implícito de que estamos ante la protección derivada del art. 18.3 CE, pues si fuese exclusivamente el art 18.4 CE no sería imprescindible esa autorización judicial (art. 11.2 L.O. 15/1999), ni por su rango normativo podría modificar ésta última L.O.

Frente al criterio que mantiene la STS Sala 2ª 470/2015, de 7 de julio, sobre la validez y subsistencia de la Ley 25/2007, pienso que el principal escollo con el cual choca la Ley 25/2007, según el criterio del TJUE en su sentencia de 8 de abril de 2014, es <su aplicación generalizada> a <cualquier dato> relativo a <cualquier comunicación>, teniendo en cuenta que el parágrafo 58 de la citada sentencia justifica como causa de invalidación que *"la Directiva 2006/24 afecta con carácter global a todas las personas que utilizan servicios de comunicaciones electrónicas, sin que las personas cuyos datos se conservan se encuentren, ni siquiera indirectamente, en una situación que pueda dar lugar a acciones penales.* ***Por lo tanto, se aplica incluso a personas respecto de las que no existen indicios que sugieran que su comportamiento puede guardar relación, incluso indirecta o remota, con delitos graves****. Además, no establece ninguna excepción, por lo que se aplica también a personas cuyas comunicaciones están sujetas al secreto profesional con arreglo a las normas de la legislación nacional".*

Esta critica había sido puesta de manifiesto por el TEDH en su STEDH de 18 de mayo de 2010 (caso Kennedy c Reino Unido). En esta sentencia el TEDH considera que la legislación británica superaba las críticas que habían motivado una resolución adversa en otros casos previos (caso Liberty and others). En su parágrafo 160 dice: *"160. La Corte observa que en virtud de RIPA, es posible que las comunicaciones de cualquier persona en el Reino Unido sean interceptadas. Sin embargo, cabe recordar que, en contraste con el caso Liberty and Others, relativo a la legislación en materia de interceptación de las comunicaciones entre el Reino Unido y cualquier otro país, el presente caso se refiere a las comunicaciones internas, es decir, las comunicaciones dentro del Reino Unido. Además,* ***la legislación debe describir las categorías de personas que, en la práctica, pueden ver interceptadas sus comunicaciones****.*

A este respecto, la Corte observa que hay una superposición claramente definida entre la categoría de personas expuestas a dicha medida y la naturaleza de los delitos que la motivan. ***Las circunstancias relevantes que pueden dar lugar a la interceptación, que se analizan en el párrafo anterior, permiten obtener una orientación sobre la categoría de personas que, en la práctica, pueden esperar una interceptación de sus comunicaciones.*** *Por último, es preciso señalar que en los casos de comunicación interna, la orden en sí debe especificar claramente, ya sea por su nombre o por descripción, una persona como sujeto de la interceptación o un solo conjunto de premisas como los locales afectados por la orden (véase los párrafos 40 a 41 supra). Nombres, direcciones, números de teléfono y otra información pertinente se deben especificar en la programación de la orden.* ***La captura indiscriminada de grandes cantidades de comunicaciones no se permite bajo las disposiciones de comunicación interna de RIPA (cf. Libertad y otros, antes citada, § 64)...***"

Y en el parágrafo 162 comenta: "*...* ***El Tribunal recuerda su conclusión en Liberty and others, antes citada, § 65, que la discrecionalidad de las autoridades para capturar y escuchar el material capturado era muy amplia.*** *Sin embargo, este caso, a diferencia del presente, involucraba comunicaciones externas, respecto de las cuales se capturaban datos indiscriminadamente. Contrariamente a la práctica bajo la Ley de 1985 de interceptación de comunicaciones, relativa a las comunicaciones externas, las órdenes de interceptación de las comunicaciones interiores de conformidad con RIPA se refieren a una persona o un conjunto de premisas solamente (cf. Liberty y otros, antes citada, § 64), lo que limita el alcance de la discrecionalidad de las autoridades para interceptar y escuchar las comunicaciones privadas. Por otra parte, si los datos capturados no son necesarios para cualquiera de los fines autorizados deben ser destruidos*".

El TEDH había considerado como contrario al artículo 8 CEDH la interceptación indiscriminada de datos de todo tipo de comunicaciones. La posible interceptación o vigilancia indiscriminada de todo tipo de comunicaciones también ha sido considerada como contraria al artículo 8 CEDH en la STEDH de 4 de diciembre de 2015 (caso Roman Zakharov c. Rusia), donde se dice: "*173. No es objeto de discusión que las comunicaciones telefónicas móviles están cubiertas por los concep-*

tos de "vida privada" y "correspondencia" en el artículo 8 § 1 (véase, por ejemplo, Liberty y otros, antes citada, § 56).

174. La Corte observa que la demandante en el presente caso, afirma que ha habido una interferencia en sus derechos como consecuencia de la mera existencia de una legislación que permite medidas secretas y el riesgo de ser sometido a tales medidas, y no por la aplicación a él de unas específicas medidas de vigilancia.

175. La Corte observa que la legislación controvertida instituye un sistema de vigilancia secreta en virtud del cual toda persona que utilice los servicios de telefonía móvil prestado por proveedores rusos puede tener sus comunicaciones telefónicas móviles interceptadas, sin haber sido notificado de la vigilancia. En esa medida, la legislación en cuestión afecta directamente a todos los usuarios de estos servicios de telefonía móvil.

176. Por otra parte, por las razones que se exponen a continuación (véanse los párrafos 286 a 300), la legislación rusa no prevé una medida de reparación efectiva para una persona que sospeche que fue sometida a vigilancia secreta.

177. En vista de la conclusión anterior, el solicitante no tiene que demostrar que, debido a su situación personal, se encuentra en riesgo de ser sometida a la vigilancia secreta.

178. Visto el carácter secreto de las medidas de vigilancia previstas por la legislación, con el amplio alcance de su aplicación, que afecta a todos los usuarios de las comunicaciones de telefonía móvil, así como la falta de remedios efectivos para impugnar a nivel interno la supuesta aplicación de medidas de vigilancia secreta, la Corte considera justificada un examen de la legislación pertinente en abstracto.

179. La Corte considera que el solicitante tiene derecho a reivindicar ser víctima de una violación de la Convención, a pesar de que no puede alegar que ha sido objeto de una medida concreta de la vigilancia en apoyo de su solicitud. Por las mismas razones, la mera existencia de la legislación impugnada constituye en sí mismo una injerencia en el ejercicio de sus derechos en virtud del artículo 8". Insiste en que no se especifica la categoría de personas que pueden quedar sujetas a dichas medidas de vigilancia (parágrafo 182), como ya antes había sido objeto de sanción la legislación rusa en el caso Bykov c. Rusia en STEDH 10 de marzo de 2009.

El simple hecho de la retención y conservación del dato, con fines (y por los plazos necesarios) que exceden de los propios de conducir la comunicación o su facturación, o su posible utilización con fines comerciales, sin obedecer a una, al menos, investigación en curso, se considera por sí suficiente para considerar la <invalidez> de la medida de injerencia[45]. Lo que parece deducirse de la sentencia del TJUE es que no cabe una retención y almacenamiento, indiscriminado y generalizado de datos externos de las comunicaciones, en base exclusivamente a una finalidad <preventiva> de un delito grave o de su eventual investigación posterior.

También ha sostenido José Luís Rodríguez Lainz la legalidad de la Ley 25/2007, de 18 de octubre en base al carácter <disociado de los

---

[45] El artículo 65 del Real Decreto 424/2005, de 15 de abril, por el que se aprueba el Reglamento sobre las condiciones para la prestación de los servicios de las comunicaciones electrónicas, el servicio universal y la protección de los usuarios, recoge estos supuestos:

"Artículo 65 Datos personales sobre el tráfico y la facturación

1. *Los operadores deberán eliminar o hacer anónimos los datos de carácter personal sobre el tráfico referidos a una comunicación y relacionados con los usuarios y los abonados que hayan sido tratados y almacenados para establecer una comunicación, en cuanto ya no sean necesarios a los efectos de su transmisión, sin perjuicio de lo dispuesto en los apartados siguientes.*

2. *Los datos de tráfico que fueran necesarios para realizar la facturación y los pagos de las interconexiones podrán ser tratados únicamente durante el plazo en que pueda impugnarse la factura o exigirse el pago, de conformidad con la legislación aplicable. Transcurrido dicho plazo, los operadores deberán eliminar o hacer anónimos los datos de carácter personal, en los términos del apartado 1.*

3. *Asimismo, los operadores podrán tratar los datos de tráfico con fines de promoción comercial de servicios de comunicaciones electrónicas o para la prestación de servicios con valor añadido, en la medida y durante el tiempo necesarios para la prestación de tales servicios o su promoción comercial, siempre y cuando el abonado haya dado su consentimiento informado...".*

Y el artículo 86 añade:*"Requisitos generales*

1.-Los sujetos obligados deberán tener sus equipos configurados de forma que puedan facilitar el acceso de los agentes facultados a todas las comunicaciones transmitidas, generadas para su transmisión o recibidas por el sujeto de una interceptación legal y los datos de tráfico asociados a dicha comunicación. Junto con las comunicaciones deberán poder facilitar la información relativa a la interceptación que se enumera en el artículo 88, aun cuando la comunicación quede en mero intento por no llegar a establecerse. La correspondencia entre una comunicación y la información relativa a dicha interceptación se hará de tal manera que se pueda establecer entre ambos una correlación inequívoca, siempre que sea técnicamente posible...".. En este último punto incide la Ley 25/2007.

Estos preceptos además deben ser interpretados conforme a las modificaciones introducidas en la LECrim por la L.O. 13/2015.

datos> almacenados[46]. Sin embargo, no creo que puede sostenerse la idea de datos disociados cuando, como reconoce el artículo 1.2 de la Ley reconoce que la *"Ley se aplicará a los datos de tráfico y de localización sobre personas físicas y jurídicas y a los datos relacionados necesarios para identificar al abonado o usuario registrado".* Si el almacenamiento de dichos datos tiene por objeto identificar al usuario, en el seno de una investigación criminal, es porque dicho usuario será identificable por medio de dichos datos, y, por tanto, estarán sujetos a la garantía de la L.O. 15/1999, de 13 de diciembre, de Protección de Datos de carácter Personal (desde el momento que el artículo 3 de la ley define el <dato de carácter personal" como *"cualquier información concerniente a personas físicas identificadas o identificables".*). El dato disociado es definido por el artículo 5.1.e del Real Decreto 1720/2007, de 21 de diciembre, por el que se aprueba el Reglamento de la L.O.15/1999, como *"aquél que no permite la identificación de un afectado o interesado".* Aunque hay que reconocer que el carácter disociado de ciertos datos, como dirección IP o dirección de correo electrónico, es discutido por la doctrina. JULIÁN VALERO TORRIJOS comenta: *"...la determinación del usuario que en cada momento se encuentre utilizando un concreto número IP sólo es factible para el prestador del servicio de acceso a Internet que los asigna, de manera que únicamente para él constituirán datos personales tanto el propio número como la información asociada al mismo que debiera retener en aplicación del deber que le corresponde según el artículo 12 de la Ley 34/2002, de 11 de julio, de Servicios de la Sociedad de la Información y de Comercio Electrónico (LSSICE)... Una valoración similar cabría realizar respecto de la dirección de correo electrónico en ciertas circunstancias. En efecto, sólo cuando el prestador de tales servicios exija una identificación fidedigna del titular de la cuenta podrá considerase como un dato de carácter personal y, además, sólo lo sería para tal proveedor, los terceros a quienes les comunique la identidad del titular o, en última instancia, para quienes tengan constancia inequí-*

---

[46] "...estos datos tienen su razón de ser en el hecho de que, aunque deban tratarse o generarse conforme la comunicación tiene lugar, se almacenan en unas bases de datos que se disocian de aquélla, para quedar al servicio de su posible ulterior utilización en el marco de un proceso penal de investigación por delito grave o al servicio de los intereses nacionales tutelados por el Centro Nacional de Inteligencia..." (RODRÍGUEZ LAINZ, JOSÉ LUÍS "Estudios sobre el secreto de las comunicaciones. Perspectiva doctrinal y jurisprudencial", Wolters Kluwer España, S.A., 2011, página 778.

voca de que pertenece realmente a quien aparece como su titular"[47]. Al menos, respecto del operador, que es quien facilita los datos en base a su retención al amparo de la Ley 25/2007, esos datos de tráfico o asociados si pueden tener el carácter de datos personales, en cuanto asignados o atribuibles a una persona identificada o identificable[48]. La STJUE, Gran Sala, de 8 de abril de 2014 en su parágrafos 26 y 27 reconoce: *"26.- A este respecto, ha de señalarse que los datos que deben conservar los proveedores de servicios de comunicaciones electrónicas de acceso público o de una red pública de comunicaciones, con arreglo a los artículos 3 y 5 de la Directiva 2006/24, son, en particular, los datos necesarios para rastrear e identificar el origen de una comunicación y su destino, para identificar la fecha, hora y duración de una comunicación, el equipo de comunicación de los usuarios y para identificar la localización del equipo de comunicación móvil, datos entre los que figuran el nombre y la dirección del abonado o usuario registrado, los números de teléfono de origen y destino y una dirección IP para los servicios de Internet. Estos datos permiten, en particular, saber con qué persona se ha comunicado un abonado o un usuario registrado y de qué modo, así como determinar el momento de la comunicación y el lugar desde la que ésta se ha producido. Además, permiten conocer la frecuencia de las comunicaciones del abonado o del usuario registrado con determinadas personas durante un período concreto. 27.- Estos datos, considerados en su conjunto, pueden permitir extraer conclusiones muy precisas sobre la vida privada de las personas cuyos datos se han conservado, como los hábitos de la vida cotidiana, los lugares de residencia permanentes o temporales, los desplazamientos diarios u otros, las actividades realizadas, sus relaciones sociales y los medios sociales que frecuentan"*.

Y llegados a este punto conviene recordar el artículo 10.2 CE y la STJUE Gran Sala de 29 de enero de 2008, dictada también en relación a la Directiva 2002/584/CE, en la cual se declara: "*...el Derecho comunitario exige que dichos Estados miembros, a la hora de adaptar su*

[47] VALERO TORRIJOS JULIÁN, "Las quiebras en Internet de la regulación legal del derecho a la protección de los datos de carácter personal: la necesaria superación de un modelo desfasado" en "La Protección de Datos Personales en Internet ante la Innovación Tecnológica", Thomson Reuters- Aranzadi, Cizur Menor, 2013, páginas 43-44.

[48] La STS 277/2016, de 6 de abril de 2016 analiza la apertura de una cuenta de correo electrónico, de común acuerdo, por un agente encubierto y el investigado, desde el punto de vista de la violación del artículo 18.4 CE.

ordenamiento jurídico interno a estas Directivas, procuren basarse en una interpretación de éstas que garantice un justo equilibrio entre los distintos derechos fundamentales protegidos por el ordenamiento jurídico comunitario. A continuación, ***en el momento de aplicar las medidas de adaptación del ordenamiento jurídico interno a dichas Directivas, corresponde a las autoridades y a los órganos jurisdiccionales de los Estados miembros no sólo interpretar su Derecho nacional de conformidad con estas mismas Directivas, sino también no basarse en una interpretación de éstas que entre en conflicto con dichos derechos fundamentales o con los demás principios generales del Derecho comunitario, como el principio de proporcionalidad****".*

La STJUE, Gran Sala, de 8 de abril de 2014 supone el reconocimiento que los datos externos forman parte del secreto de las comunicaciones, y la injerencia en los mismos debe obedecer a los principios de calidad de la ley, y de proporcionalidad, de manera que la retención y archivo de dichos datos sólo puede obedecer (fuera de la conducción de la comunicación, facturación e intereses comerciales) a una investigación de un <delito grave>, cumpliendo las garantías inherentes a la interceptación de las comunicaciones.

El TS, Sala 2ª, Sala 2ª, 187/2015, de 14 de abril (Roj 1922/2015), en su F.D. 5º, sigue manteniendo un confusionismo entre el acceso al registro de llamadas de un teléfono y la simple petición de la titularidad de una línea de teléfono o de una dirección IP. La STS de 14 de abril de 2015 omite que el TCO ha considerado que el secreto de las comunicaciones se extiende no sólo a la identidad de los interlocutores, sino a la misma <existencia> de la comunicación (STCo 123/2002). De manera que acceder al listado de llamadas implica conocer <comunicaciones>, aquellas en las cuales una persona haya intervenido como interlocutor. La sentencia confunde el acceso a un registro de llamadas, que evidencia datos externos y subjetivos de comunicaciones existentes, con la identificación de un terminal o dispositivo, que no tiene por qué obedecer a la identificación de una concreta comunicación. Mientras que **solicitar la identidad de un número de teléfono, dirección IP, número IMEI, IMSI, no implica conocer comunicaciones que han acontecido, o estén realizándose, sino el simple dato de identificar a una persona con el uso o titularidad de dicho número o dispositivo**. Desde este punto de vista revelar dicha identidad es revelar un dato personal, pero esto dato <por sí sólo> no revela la existencia de una comunicación, realizada o que se esté desarrollando. Es un <dato> que puede facilitar una investigación. Pero revelar el listado de llamadas es revelar la existencia misma de comunicaciones existentes o existidas, lo cual sí queda amparado por el secreto de las comunicaciones. Revelar el listado de llamadas es revelar la existencia de dichas llamadas. Revelar la identidad del titular de la línea es un dato que por sí sólo no revela la existencia de ninguna llamada. Por ello, si sería, a mi juicio acertada, la afirmación de la STS, Sala 2ª, 1477/2014, de 3 de marzo de 2015 (Roj 10171/2015), F.D. 9º, cuando dice: "*Frente a lo argumentado por el tribunal, en el sentido de afirmar que esa obtención se hizo sin necesidad de abrir el terminal telefónico, introduciendo un número y logrando que saliera en pantalla, sostiene que hubo de indagarse la tarjeta SIM alojada en el interior del terminal telefónico. En cuanto a la obtención de IMEI ya hemos tenido ocasión de advertir sobre la necesidad de diferenciar ese dato de otros que cumplen funciones diversas (Sentencia de 15 de Febrero del 2011). El IMEI (Identidad Internacional del Equipo Móvil), identifica con su número de serie al equipo. Se puede conocer tecleando "asterisco, almohadilla, 06, almohadilla", sin que para ello sea necesario, ni por ello implique, el acceso a ningún dato de la memoria de dicho equipo.* ***Tal dato, por sí solo, solamente permite diferenciar un equipo de todos los demás. Como la numeración de cualesquiera aparatos electrónicos o no de uso cotidiano. Con el IMEI puede obtenerse la información precisa para una posterior intervención, pero su obtención no revela datos que afectan a la intimidad y al secreto de las comunicaciones.*** *Como dijimos en la STS. 419/2011 de 10 de mayo, "en modo alguno afecta al derecho al secreto de las comunicaciones eventualmente realizadas o de futura realización a través de dicho equipo. Y ni siquiera puede decirse que la intimidad de la persona en cuyo poder es habido el equipo, cuyo IMEI se desvela, tiene más afectación que la de poner de manifiesto la posesión del aparato*"[49].

[49] La STS Sala 2º 459/2014, de 4 de junio de 2014 (Roj 2374/2014): "*Y en relación con las objeciones que se realizan en orden al conocimiento del IMEI por parte de la Policía sin autorización judicial y su posterior relación con un número de línea telefónica, sobre el que se dice que no existió autorización judicial, tenemos que expresar que, en cuanto a la primera cuestión, la STS -2ª- 249/2008, de 20 mayo y las SSTS -2ª- 79/2011, de 15 febrero; 40/2009, de 28 enero y 777/2008, de 18 noviembre, efectúan precisiones sobre el IMEI (Internacional Mobile Equipment Identy o Identidad Internacional del Equipo Mobil) y el*

IMSI (International Mobile Suscriber Identity o Identidad Internacional del Abonado a un Móvil), entre las que destacan que la policía no necesita autorización judicial para conocer el mismo durante una investigación criminal pero sí cuando además del IMEI se pretendan obtener datos de tráfico asociados al mismo mediante su cesión por las operadoras. En este caso, el IMEI se conoce porque pertenece a un móvil sustraído y sólo con autorización judicial (Autos de 28 enero 2009, oficio policial de 29-1-2009 y Auto de 2 febrero 2009, en relación, entre otros, con el IME NUM008, se cita por error en el motivo el IME NUM008, y número de teléfono de tarjeta prepago NUM012; además, en el FD 3º de la sentencia impugnada se citan los oficios obrantes en la causa en los folios 10, 23, 63, 72, 256, 269 y 275 y los correspondientes autos judiciales, obrantes a los folios 14, 26, 65, 80, 262, 271 y 280) se procede al conocimiento de la línea telefónica e interceptación de la comunicación. En concreto, para el número de tarjeta prepago NUM012, citado en el motivo, consultados los autos habilitantes obrantes a los folios 14, 26, 65, 80, 262, 271 y 280, salvo error u omisión, es cierto que ninguno de ellos se refiere a ese número de teléfono aunque aparezca ligado al IMEI NUM008, sobre el que se actuaba, lo que no obsta a la validez de su escucha, a la vista de la jurisprudencia sobre esta materia en la que se parte del principio de la imposibilidad por parte de la autoridad judicial de conocer todos los números de tarjetas prepago que se utilizan en un mismo terminal identificado por el IMEI, por lo que es suficiente intervenir dicho IMEI (cfr. STS -2ª- 745/2010, de 26 julio)". (F.D. 1º.6). Después de la L.O. 13/2015, el artículo 588 ter d) LECrim establece como requisito de la <solicitud de de autorización>, para la intervención de un comunicaciones telefónicas o telemáticas: "a) la identificación del número de abonado, del terminal o de la etiqueta técnica,...". Como vemos utiliza la disyuntiva "o", por lo que basta con identificar el terminal objeto de intervención, sin necesidad de precisar el número de teléfono de abonado.

La STS Sala 2ª 426/2014, de 28 de mayo de 2014 (Roj 2244/2014), en su F.D. 1º: "*La doctrina de esta Sala, explicitada en la Sentencia 249/2008, de 20 de mayo, recuerda que el término IMSI es el acrónimo de International Mobile Subscriber Identity. Se trata de un código de identificación único para cada dispositivo de telefonía móvil, representado por una serie de algoritmos, que se integra en la tarjeta SIM y que permite su identificación a través de las redes GSM y UMTS. Proporciona una medida adicional de seguridad en la telefonía móvil y, sobre todo, facilita la prevención del fraude en la telefonía celular. A partir de esa descripción técnica, se señala en dicha sentencia, no parece existir duda alguna de que el IMSI integra uno de los diferentes datos de tráfico generados por la comunicación electrónica. La jurisprudencia se ha referido también a la obtención por la policía, mediante procedimientos mecánicos,* ***generalmente la utilización de un escáner en las proximidades del proceso de comunicación, de las claves alfanuméricas correspondientes al IMEI y al IMSI, y ha señalado que no vulneran derechos fundamentales: ni el derecho al secreto de la comunicación ni tampoco la autoprotección informativa (art. 18.3 y 4 CE).*** *Pues la información que se aporta con tales claves precisa de otros datos complementarios, que se hallan a disposición de las empresas operadoras, para que se descubran los datos relativos al titular de la línea del teléfono móvil, la cuenta bancaria en la que se carga la prestación del servicio, el domicilio del titular del teléfono y otros datos personales tutelados por los derechos fundamentales... Tampoco se trata de un supuesto de requerimiento policial efectuado a una operadora de servicios telefónicos, responsable de los ficheros automatizados en los que se tratan los datos a los que se refiere la Ley 25/2007, es decir, listas de datos generados o tratados en el marco de los servicios de comunicación que tales operadoras*

El confusionismo entre averiguación del identificador de un dispositivo, o de un número de teléfono, y lo que es un dato externo de una comunicación (realizada o en curso) también se evidencia en la STS Sala 2ª 1344/2009, de 16 de diciembre (Roj 8191/2009). Dice: "*Tiene declarado esta Sala, como es exponente la reciente Sentencia 921/2009, de 20 de octubre, que es cierto que alguna sentencia de esta Sala se aparta de la línea mayoritaria, y considera que el derecho constitucional al secreto de las comunicaciones, consagrado en el artículo 18.3 de la Constitución, se extiende no sólo a la grabación y escucha de las conversaciones mantenidas a través del teléfono del sospechoso que ha sido intervenido, sino también a lo que la STS de 19 de febrero de 2.007 califica como la obtención de "datos externos", entre ellos el de la identificación del número del teléfono del investigado del que luego se interesa su intervención al juez, mediante la utilización de medios técnicos, declarando la mentada sentencia que la captura de esos datos "tiene la naturaleza de verdadera y propia interceptación a efectos constitucionales y legales". Sin embargo, y al margen de que este criterio no es compartido por la doctrina mayoritaria, lo cierto es que la sentencia de referencia establece la vulneración del derecho constitucional en atención a la actividad probatoria practicada en el Juicio Oral en el que los testimonios de algunos funcionarios policiales que participaron en la operación, aportan datos suficientes de que la obtención del número de teléfono luego interceptado se había producido mediante esos medios técnicos. ...En todo caso, repetimos, la doctrina mayoritaria de este Tribunal Supremo es contraria al criterio que sienta la mencionada sentencia de 19 de febrero de 2.007, y que se expone en los dos votos particulares formulados contra ésta que, por su interés, deben ser consignados. "La sentencia de la que discrepamos parte de un prejuicio sobre la obtención del número de teléfono, afirmando que el mismo es resultado de una intromisión ilegítima en el contenido de una conversación, es decir, a partir de una vulneración del derecho fundamental se obtiene el número de teléfono que posteriormente se interviene. Esa conclusión carece de base atendible, pues el funcionario policial, en la única pregunta que se le formuló sobre la obtención afirmó la existencia de medios técnicos suficientes para obtener ese conocimiento y, como*

---

prestan a sus clientes, que debería ser encuadrado en el marco de las previsiones del artículo 18.4 de la Constitución". Esta última sentencia sigue considerando los datos recabados de las operadoras como protegidos por el art. 18.4 CE, y no por el art. 18.3 CE.

hemos expuesto, conocemos que, ciertamente, esos medios técnicos existen y no son lesivos con la intimidad que queda salvaguardada.... "Pero tales exigencias son, precisamente, la más elocuente prueba de que lo trascendente del contenido digno de protección por parte del derecho al secreto de las comunicaciones ha de ser aquello que, en realidad, pueda llevar a calificar la injerencia como verdaderamente gravosa en el ámbito personal del investigado, es decir, los contenidos ideológicos de esa comunicación, los mensajes y el intercambio de ideas, opiniones, pensamientos, sentimientos, etc., que constituyen la esencia de la misma. En una palabra: la "conversación", que es susceptible de ser objeto de escucha y grabación y cuyo conocimiento permite obtener información de trascendencia probatoria. "Los números identificativos con los que operan los terminales no pueden constituir, por sí mismos, materia amparada por el secreto de las comunicaciones, pues afirmar lo contrario supondría, a nuestro juicio, confundir los medios que posibilitan la comunicación con la comunicación misma. "Sostener semejante criterio no supone contradicción alguna, en nuestra opinión, con la doctrina del Tribunal Europeo de Derechos Humanos, significativamente la contenida en la Sentencia del denominado "caso Malone", ni con la del Tribunal Constitucional ni, mucho menos aún, con la de esta misma Sala, pues esa doctrina se refiere a la extensión del ámbito protegido de la "comunicación" no tanto a los números telefónicos sino al hecho de que, a través de la averiguación de esos números, se conozcan extremos como el momento, la duración y, lo que es aún más importante, la identidad de las personas que establecen el contacto. Y eso sí que puede sostenerse que forma parte, auténticamente, de la "comunicación".

También parece reconocer dicha diferenciación la STS Sala 2ª 824/2014, de 3 de diciembre de 2014 (Roj 5229/2014), en cuyo F.D. 14ª se dice: " *...Por otra parte, la sentencia de instancia señaló con razón, citando Jurisprudencia (Cfr STS 1344/2009, de 16 de diciembre), que: "**los números identificativos con los que operan las terminales no pueden constituir, por sí mismos, materia amparada por el secreto de las comunicaciones, pues afirmar lo contrario supondría a nuestro criterio confundir los medios que posibilitan la comunicación con la comunicación misma...Sostener semejante criterio no supone contradicción alguna, con la doctrina del Tribunal Europeo de Derechos Humanos, significativamente la contenida en la Sentencia***

del denominado "caso Malone", ni con la del Tribunal Constitucional, ni, mucho menos aún, con la de esta misma Sala, pues esa doctrina se refiere a la extensión del ámbito protegido de la "comunicación", no tanto a los números telefónicos sino al hecho de que, a través de la averiguación de esos números, se conozcan extremos como el momento, la duración y, lo que es aún más importante, la identidad de las personas que establecen el contacto. *Y eso sí que puede sostenerse que forma parte, auténticamente, de la "comunicación".*

Por otro lado, tampoco la clase concreta de contrato telefónico, tarjeta "prepago" en el supuesto que nos ocupa, puede, ni debe, tener influencia en una mayor o menor tutela del dato numérico desde el punto de vista constitucional, ya que o el dato es secreto y se requiere para su conocimiento la participación de la autoridad judicial, en todo caso, o, como nosotros sostenemos, no forma parte ni de la comunicación ni de la intimidad de la persona, merecedora de protección constitucional..."

Se incluye, también, en esta línea de diferenciar entre averiguación o captación del IMEI o IMSI, como simple dato no asociado a una comunicación en concreto, y la identificación de un terminal o dispositivo como elemento externo de una concreta comunicación la STS Sala 2ª 492/2010, de 18 de mayo (Roj 2745/2010), y la STS Sala 2ª 513/2014 de 24 de junio de 2014 (Roj 2906/2014). Esta última expone: "*La STS 492/2010, de 18 de mayo, realiza un recorrido de la doctrina jurisprudencia' señalando que no existe una presunción de ilicitud en la obtención por la Policía de los números de teléfono de los que se solicita la intervención. Se expresa la sentencia en los siguientes términos: "Sobre este concreto particular, que es lo único que se cuestiona en el presente motivo, tiene declarado esta Sala, como es exponente la Sentencia 1344/2009, de 16 de diciembre*[50]*, que los números identificativos con los que operan los terminales no pueden constituir, por sí mismos, materia amparada por el secreto de las comunicaciones, pues afirmar lo contrario supondría, a nuestro juicio, confundir los medios que posibilitan la comunicación con*

[50] Como hemos relacionado esta STS Sala 2ª 1344/2009, de 16 de diciembre (Roj 8191/2009) sigue considerando que los datos externos de la comunicación no quedan protegidos por el secreto de las comunicaciones, sino sólo el contenido de la comunicación, aunque formula ciertas consideraciones que permiten la diferenciación mantenida en la STS Sala 2ª de 18 de mayo de 2010 y 24 de junio de 2014. La STS 16 de diciembre de 2009 es clara manifestación de la existencia, en ese momento, de diversas corrientes doctrinales y jurisprudenciales sobre la materia.

la comunicación misma. 'Sostener semejante criterio no supone contradicción alguna, en nuestra opinión, con la doctrina del Tribunal Europeo de Derechos Humanos, significativamente la contenida en la Sentencia del denominado "caso Malone", ni con la del Tribunal Constitucional ni, mucho menos aún, con la de esta misma Sala, pues ***esa doctrina se refiere a la extensión del ámbito protegido de la "comunicación" no tanto a los números telefónicos sino al hecho de que, a través de la averiguación de esos números, se conozcan extremos como el momento, la duración y, lo que es aún más importante, la identidad de las personas que establecen el contacto. Y eso sí que puede sostenerse que forma parte, auténticamente, de la "comunicación.*** *"Por otro lado, tampoco la clase concreta de contrato telefónico, tarjeta "prepago" en el supuesto que nos ocupa, puede, ni debe, tener influencia en una mayor o menor tutela del dato numérico desde el punto de vista constitucional, ya que o el dato es secreto y se requiere para su conocimiento la participación de la autoridad judicial, en todo caso,* ***o, como nosotros sostenemos, no forma parte ni de la comunicación ni de la intimidad de la persona, merecedora de protección constitucional.*** *Con similar criterio se expresa la Sentencia 356/2009, de 7 de abril en la que se declara que cuando se trata de la obtención de números de teléfono de terceros que no aparecen en las listas de las compañías telefónicas es preciso admitir que las posibilidades son variadas y no necesariamente suponen, siempre y en todo caso, la ejecución de un acto que suponga una injerencia injustificada en el ámbito protegido por el derecho fundamental"..* (F.J. 10º)[51].

En realidad habría que diferenciar entre la obtención de un dato como es el número de teléfono sobre la base de interceptación de una comunicación existente, que quedaría amparado por el secreto de las comunicaciones, lo mismo que la obtención de un registro de llamadas de un terminal, de aquellos supuestos donde se emplean medios técnicos para, por medio de rastreos, obtener un dato aislado como es

[51] La STS Sala 2ª 492/2010, de 18 de mayo (Roj 2745/2010) se comenta: *"Y en la Sentencia 35/2003, de 20 de enero, se expresa que la forma con que se facilita al órgano judicial el número de teléfono que se solicita ser intervenido no es un dato que esté amparado por el artículo 18.3 de la Constitución española, salvo naturalmente que se acredite su obtención por medios ilícitos. La policía en su actividad de investigación criminal puede obtener tales números por medios lícitos, que lo constituyen no solamente las guías y registros públicos, así como las informaciones administrativas, sino por informaciones testificales de referencia".*

el IMEI o el IMSI, como medio de identificar un terminal y su posible titularidad, a fin de, posteriormente, solicitar la debida autorización judicial para intervenir una comunicación. La obtención, a través de algún medio técnico, y mediante rastreos, de un número IMEI o IMSI no tiene por finalidad desvelar la existencia, interlocutores o contenido de una comunicación (efectuada o en curso), sino sólo la obtención de un dato aislado como es el número IMEI o IMSI (la identificación de un dispositivo y, en consecuencia, averiguar su titularidad). Es un medio de obtener dicho dato, como puede ser cualquier otro medio, como listado de las compañías operadoras, información de confidentes, etc... Puede ser que el dato sea obtenido porque el terminal está activado, pero esa injerencia no tiene por objeto revelar una comunicación que se está desarrollando o algún elemento externo relacionado con la misma[52]. Sin embargo, si ese dato sirve para acreditar la existencia de una comunicación o sus interlocutores, duración de la comunicación o llamada, localización geográfica de alguno de los terminales de una comunicación realizada, a los fines de una investigación criminal, y, por consiguiente, poder utilizar como prueba o indicio dicha comunicación en contra de alguno de sus sujetos activos, sí se configuraría como un dato externo de la propia comunicación, protegido por el artículo 18.3 CE. De la misma manera, solicitar la titularidad de una línea de teléfono o dirección IP de un operador se configura como la cesión de un simple dato personal; mientras que la obtención del listado o registro de llamadas realizadas a través de dicho operador sí incidiría en el secreto de las comunicaciones. La titularidad o identificación de una línea de teléfono, una dirección de correo electrónico o un dispositivo permite identificar un medio "potencial" de generar una <comunicación>, pero mientras que no se constituya o genere dicha comunicación no puede

[52] La STCo 25/2011, de 14 de marzo de 2011 (B.O.E. 11.04.2011), en su F.D.5,ª comenta: "*...la queja referida a la vulneración del derecho a la intimidad (art. 18.1 CE), en que habría incurrido la Policía al obtener la titularidad y número del teléfono móvil de la recurrente Nora Patricia Gil con anterioridad a la solicitud policial de interceptación de las comunicaciones. Más allá de que puede suscribirse la tesis del Ministerio Fiscal, para el que nos hallaríamos ante una injerencia en la intimidad de carácter leve que, con arreglo a nuestro canon constitucional, podría considerarse proporcionada al constituir un medio idóneo para un fin legítimo, lo cierto es que la queja está sostenida sobre una mera sospecha, al no constar el medio por el que dicha información ha sido obtenida ni efectuar la demanda ninguna concreción a ese respecto*".

hablarse de <dato externo> identificador de una <comunicación>, presente o pasada.

Este criterio es el mantenido, correctamente, en la STS Sala 2ª 247/2010, de 18 de marzo de 2010 (Roj 1550/2010), FF.DD. 3º y 4º:

"La Ley 25/2007, tiene muy en cuenta el campo aplicativo de la Ley Orgánica nº 15 de 1999 de Protección de Datos de carácter personal y le reconoce su mayor rango, aunque en el ámbito de vigencia de la Ley de Conservación de datos relativos a las comunicaciones electrónicas y a las redes públicas de comunicación, se erigía como preferente esta Ley, por la materia específica a la que se refería, esto es, a las comunicaciones, su contenido y todos los datos externos o de tráfico que de modo exhaustivo enumera la ley. Prueba del respeto que muestra la Ley 25/2007 a las previsiones normativas de la Ley de Protección de Datos, es que la menciona en multitud de ocasiones, incluida la exposición de motivos. A título de ejemplo el art. 8 la cita hasta cuatro veces, estableciendo, entre otras cosas, que "las obligaciones relativas a las medidas para garantizar la calidad de los datos y la confidencialidad y seguridad en el tratamiento de los mismos serán las establecidas en la Ley Orgánica 15/1999 de 13 de diciembre y su normativa de desarrollo". Y a continuación declara el mismo art. 8 que "El nivel de protección de los datos almacenados se determinará de conformidad con lo previsto en la Ley Orgánica 15/1999 de 13 de diciembre y en su normativa de desarrollo". 2. Pero independientemente de que ambas leyes operen en ámbitos diferentes[53]*, no excluye la posibilidad de producirse ciertas coincidencias o colisiones, sobre todo cuando se relacionan con el derecho fundamental al secreto de las comunicaciones regulado en el art. 18-3 C.E. La Sala General no jurisdiccional aprobó el 23 de febrero de 2010 el siguiente acuerdo: "Es necesaria la autorización judicial para que los operadores que prestan servicios de comunicaciones electrónicas o de redes públicas de comunicación cedan los datos generados o tratados con tal motivo.* ***Por lo cual, el Mº Fiscal precisará de tal autorización para obtener de los operadores los datos conservados que se especifican en el art. 3 de la Ley 25/2007 de 18 de***

[53] En realidad las leyes no operan en ámbitos diferentes, sino que se superponen en una misma realidad: el dato es <dato personal> per se, pero en la medida que permite identificar una comunicación, presente o pasada, es un dato de tráfico o externo de dicha comunicación concreta. Es esa superposición sobre una misma realidad lo que genera esa <colisión>, o más bien <coincidencia>, sobre el hecho cierto de una <comunicación>.

octubre".** De conformidad al tenor del acuerdo es patente que no resulta de aplicación al caso que nos concierne por haber ocurrido los hechos en 2006, esto es, antes de su vigencia*[54]*. 3. Acudiendo a las normas en vigor que garantizan la reserva de las claves encubridoras de la identidad de usuarios de la Red (I.P.), se hace preciso de nuevo recordar la doctrina del Tribunal de Derechos Humanos europeo (caso Malone), contenido en la sentencia de 2 de agosto de 1982, que viene a establecer que la protección del derecho al secreto de las comunicaciones alcanza "a cualquier forma de interceptación en el proceso de comunicación, mientras el mismo esté teniendo lugar, siempre que sea apta para desvelar la existencia misma de la comunicación, el contenido de lo comunicado o los datos o elementos externos del proceso de comunicación". **La correcta interpretación de esta doctrina nos debe llevar a la distinción de cuándo unos datos personales pueden afectar al secreto a las comunicaciones y cuándo conservados y tratados por las Operadoras, no se están refiriendo a comunicación alguna, es decir, datos estáticamente almacenados, conservados y tratados por operadores que se hallan obligados a la reserva frente a terceros. Distinguimos pues dos conceptos: a) datos personales externos o de tráfico que hacen referencia a una comunicación concreta y contribuyen a desvelar todo o parte del secreto que protege el art. 18-3 C.E: b) datos o circunstancias personales referentes a la intimidad de una persona (art. 18-1º C.E.), pero autónomos o desconectados de cualquier comunicación, que caerán dentro del derecho a la protección de datos informáticos o habeas data del art. 18-4 C.E. que no pueden comprometer un proceso de comunicación.** Desde esta perspectiva dicotómica la absoluta equiparación de todo tipo de datos de tráfico o externos o la inclusión de todos ellos dentro del derecho al secreto de las comunicaciones comportaría un auténtico desenfoque del problema, pues incorporaría en el ámbito de la protección constitucional del art. 18-3, circunstancias cuyo tratamiento jurídico no debería separarse del que se dispensa a la protección de datos o al derecho a la autodeterminación informática del art. 18-4 C.E. (véase por todas S.T.S. nº 249 de 20-5-2008). 4. **En el caso concernido es patente que los datos cuyo obtención se pretende por el Fiscal no tienen relación ni afectan ni interceptan ni descubren

[54] En realidad, no es cuestión de entrada en vigor de la Ley 25/2007, puesto que el artículo 18.3 CE y la doctrina del TEDH estaba plenamente vigente.

ni tratan de descubrir una comunicación concreta, sino que por ser preciso para la acción investigadora el conocimiento del domicilio, número de teléfono o identidad del titular del terminal informático que opera en la Red (I.P.), la solicita a la operadora*, al objeto de pedir del juez un mandamiento de entrada y registro con fines indagatorios o de investigación de un posible delito, acerca del que se conocen datos indiciarios. El Mº Fiscal se hallaba en el ejercicio de sus funciones, entre otras, promover la acción de la justicia (art. 126 C.E. y art. 3 de su Estatuto Orgánico) y también investigando los hechos delictivos, dentro del marco de unas diligencias preprocesales de naturaleza criminal (art. 773-2 L.E.Cr.). CUARTO.- Tal proceder del Mº Fiscal no afecta al secreto de las comunicaciones sino que se desenvuelve en el marco del derecho a la intimidad, más concretamente dada la escasa intensidad en que es efectuada, la cuestión se proyectaría sobre la obligación que establece la Ley Orgánica de Protección de Datos de no publicar los datos personales de los usuarios que un servidor de Internet posee, los cuales no pueden cederse sin el consentimiento del titular, pero la ley establece diversas excepciones. Así el art. 11.2 d) de la Ley Orgánica 15/1999 de 13 de diciembre nos dice que el consentimiento del interesado a que se refiere el párrafo anterior no será necesario.... d) "Cuando la comunicación que deba efectuarse tenga por destinatario el Defensor del Pueblo, el Ministerio Fiscal, los Jueces o Tribunales o el Tribunal de Cuentas en el ejercicio de las funciones que tienen atribuídas". Por su parte la Ley 32/2003 de 3 de noviembre, General de Telecomunicaciones, cuyo articulado se remite al art. 12 de la Ley 34/2002 de 11 de julio de Servicios de la Sociedad de la Información y de Comercio Electrónico (ahora derogada por la Ley 25/2007) se establece el deber de retención de datos de tráfico relativos a las comunicaciones electrónicas en cuyo nº 3 nos dice que los "datos se conservarán para su utilización en el marco de una investigación criminal o para la salvaguarda de la seguridad pública y la defensa nacional, poniéndola a disposición de los jueces o tribunales o del Ministerio Fiscal que así lo requieran" . Finalmente la propia Agencia de Protección de Datos, órgano público de carácter autónomo que conforme al art. 37.1. a) de la L.O. 15/1999, tiene por misión "velar por el cumplimiento de la legislación sobre protección de datos y controlar su aplicación, en especial en lo relativo a los derechos de información, acceso, rectificación, oposición y cancelación de datos, ha dicho en sus informes 135/2003 y 297/2005* *que en los supuestos a que se refiere el art. 11.2 la cesión de datos personales no está sujeta a reserva jurisdiccional". Por todo ello entendemos que el Fiscal tiene facultades de investigación paralelas a las del juez de instrucción en el Procedimiento Abreviado (art. 773-2 L.E.Cr.) y salvo los actos injerenciales en los derechos fundamentales y la adopción de medidas cautelares posee las mismas atribuciones y responsabilidades que un juez. Si el juez instructor no hubiera estimado pertinente la adopción de la medida de entrada y registro los datos se archivarían, sin haber salido del ámbito de disponibilidad y reserva de la autoridad encargada de la investigación criminal (bien se trate del Fiscal o del Juez)".*

Y también la STS Sala 2ª 311/2015, de 27 de mayo de 2015, plantea el acceso policial a los datos obtenidos de un terminal intervenido (agenda de teléfonos, registro de llamadas e imágenes archivas en el terminal). El acceso de los agentes a dicho terminal estaba amparado en una autorización judicial, donde se autorizaba el acceso al registro de llamadas entrante y saliente, pero se alegaba que no estaba prevista en la autorización el acceso a la agenda de teléfonos ni al archivo de imágenes. En su F.D. 1º.2 sostiene: *"2. Tal como precisa la STS nº 1148/2010, de 12 de diciembre, "sobre el examen o la observación del listado de teléfonos de la agenda de un teléfono móvil tiene establecido la jurisprudencia de esta Sala que no se trata de una intromisión en el derecho al secreto de las comunicaciones sino en el derecho a la intimidad; por lo cual, se le aplica la doctrina que el Tribunal Constitucional tiene plasmada sobre la limitación de ese derecho fundamental con motivo de las investigaciones delictivas por los agentes policiales, principalmente las SSTC 114/1984, de 14 de febrero, 70/2002, de 3 de abril, y 120/2002, de 20 de mayo. La doctrina de esta Sala de Casación, según las reiteradas sentencias que ha dictado sobre casos similares relativos al conocimiento por los agentes policiales de los listados telefónicos de las agendas de teléfonos móviles (SSTS 316/2000, de 3-3; 1235/2002, de 27-6; 1086/2003, de 25-7; 1231/2003, de 25-9; 449/2006, de 17-4; y 1315/2009, de 18-12), afirma que la agenda de un teléfono móvil, entendiendo por agenda, en este caso, el archivo de dicho aparato en el que consta un listado de números identificados normalmente por un nombre, es equiparable a una agenda en soporte de papel o electrónica con el mismo contenido de direcciones y números de teléfono. Por ello su registro u observación no supone la inmisión o injerencia en el derecho al secreto de las comunicaciones sino en el derecho a la intimidad, con las importantes consecuencias que de ello se derivan. Pues así como la injerencia en el primero de tales derechos requeriría, sin duda ni excepción, la previa autorización judicial, por venir así expresamente dispuesto en el artículo 18.3 de nuestra Constitución, la diligencia que afecta a la intimidad del investigado se encuentra, en cambio, legalmente autorizada a las fuerzas del orden, siempre por supuesto que la misma resulte justificada con arreglo a los criterios de urgencia y necesidad y que se cumpla el requisito de proporcionalidad al ponderar los intereses en juego en el caso concreto…"*

"4. En nuestro caso, la traslación de los criterios jurisprudenciales precedentes al supuesto específico que ahora se enjuicia impide que prospere la tesis del recurrente. En efecto, de la prueba practicada se colige que ***lo observado por los agentes fue el listado de los teléfonos de la agenda del teléfono móvil. Ello quiere decir que los datos averiguados son los extraídos de la agenda del teléfono que la jurisprudencia de esta Sala equipara a una agenda personal de índole convencional, por lo que el derecho fundamental afectado es el derecho a la intimidad del art. 18.1 de la Constitución y no el derecho al secreto de las comunicaciones contemplado en el apartado 3 del mismo precepto****. Siendo así, hay que insistir en que no resulta imperativa la autorización judicial para examinar el contenido de la agenda, puesto que la jurisprudencia citada admite la posibilidad de que el derecho a la intimidad pueda ceder ante el interés público en la prevención y la investigación del delito, el descubrimiento de los delincuentes y la recogida de los instrumentos, efectos y pruebas del mismo, lo que constituye un fin constitucionalmente legítimo. Ahora bien, para ello es preciso ponderar las circunstancias que se dan en el caso concreto, de modo que sólo cuando se den ciertas condiciones singulares o excepcionales relacionadas con la investigación de un delito, especialmente por razones de urgencia y necesidad, que deberán ponderarse con arreglo al principio de proporcionalidad, podrá sacrificarse el derecho a la intimidad del detenido y acceder la policía a la fuente de prueba sin acudir a la autorización judicial previa …"*

Un número de teléfono, de IMEI, IMSI, una agenda de teléfonos es un simple dato personal, pero los <datos personales> pueden ser íntimos o no íntimos. En la medida que se consideren íntimos pueden afectar al derecho a la intimidad. Y aunque no sean íntimos en combinación con otros datos personales pueden ofrecer un perfil de la persona afectada por dichos datos. En la misma medida, un número de teléfono es un simple dato personal, pero si ese número de teléfono figura en un registro de llamadas emitidas o recibidas pasa de ser un simple dato personal a un dato de tráfico de una comunicación, realizada o en curso, y como tal sujeto a la protección del secreto de las comunicaciones. Por ello, depende de dónde figure dicho dato, y de la finalidad (tratamiento) para la cual se recabe y archive, para delimitar su ámbito de protección: el de protección de datos personales, el derecho a la intimidad o la protección del secreto de las comunicaciones. Este criterio fue el mantenido por la Circular 1/2013 de la Fiscalía General del Estado, de 11 de enero de 2013, y parece ser el acogido por el legislador en la L.O. 13/2015.

La STCo 115/2013 de 9 de mayo (B.O.E. 04.06.2013), reconoce expresamente la diferencia entre acceso a la agenda de contactos y acceso al registro de llamadas de un teléfono móvil. Conforme a los FF.DD. 3º y 4º: "*3. Entrando ya en el examen de los motivos de amparo alegados, el objeto del presente recurso de amparo se concreta en determinar si el acceso por parte de los agentes de la Policía Nacional, sin consentimiento del afectado y sin autorización judicial, a la relación de números telefónicos contenidos en la agenda de contactos telefónicos de un teléfono móvil que fue encontrado por dichos agentes en el lugar de comisión de un delito, vulnera los derechos a la intimidad (art. 18.1 CE) y al secreto de las comunicaciones (art. 18.3 CE) del usuario de dicho aparato de telefonía.*

Debemos analizar, por tanto, la eventual vulneración de dos derechos fundamentales autónomos y que cuentan con un diferente régimen constitucional de protección. A esos efectos, cabe recordar que este Tribunal ha señalado que si bien, de conformidad con el art. 18.3 CE, la intervención de las comunicaciones (telefónicas, telegráficas, postales o de cualquier otro tipo) requiere siempre de autorización judicial (a menos que medie el consentimiento previo del afectado), el art. 18.1 CE no prevé esa misma garantía respecto del derecho a la intimidad, de modo que se ha admitido la legitimidad constitucional de que en algunos casos y con la suficiente y precisa habilitación legal, la policía realice determinadas prácticas que constituyan una injerencia leve en la intimidad de las personas sin previa autorización judicial (y sin consentimiento del afectado), siempre que se hayan respetado las exigencias dimanantes del principio de proporcionalidad (por todas, SSTC 70/2002, de 3 de abril, FJ 10; 123/2002, de 20 de mayo, FJ 4; 56/2003, de 24 de marzo, FJ 2; 281/2006, de 9 de octubre, FJ 4; y 142/2012, de 2 de julio, FJ 2).

Pues bien, y en atención a las alegaciones presentadas, nuestro análisis debe comenzar por la denuncia de la vulneración del derecho al secreto de la comunicaciones (art. 18.3 CE), toda vez que el recurrente sostiene que el acceso policial a la agenda del teléfono móvil cuyo uso se le atribuye se produjo una vez observadas las llamadas efectuadas y recibidas en el móvil intervenido, es decir, tras el acceso por los agentes de la policía, sin previa autorización judicial, a datos derivados de un proceso de comunicación.

En este sentido, debemos recordar que este Tribunal ha reiterado (entre otras, SSTC 281/2006, de 9 de octubre, FJ 4; 230/2007, de 5 de noviembre, FJ 2; 142/2012, de 2 de julio, FJ 3 y 241/2012, de 17 de diciembre, FJ 4) que el derecho al secreto de las comunicaciones (art. 18.3 CE) consagra tanto la interdicción de la interceptación como el conocimiento antijurídico de las comunicaciones ajenas, por lo que dicho derecho puede resultar vulnerado no sólo por la interceptación en sentido estricto –aprehensión física del soporte del mensaje, con conocimiento o no del mismo, o captación, de otra forma, del proceso de comunicación– sino también por el conocimiento antijurídico de lo comunicado, como puede suceder, sin ánimo de exhaustividad, en los casos de apertura de la correspondencia ajena guardada por su destinatario o de un mensaje emitido por correo electrónico o a través de telefonía móvil. Igualmente se ha destacado que el derecho al secreto de las comunicaciones protege no sólo el contenido de la comunicación, sino también otros aspectos de la misma, como la identidad subjetiva de los interlocutores, por lo que queda afectado por este derecho tanto la entrega de los listados de llamadas telefónicas por las compañías telefónicas como el acceso al registro de llamadas entrantes y salientes grabadas en un teléfono móvil (por todas, SSTC 123/2002, FJ 6; 56/2003, FJ 3; 230/2007, FJ 2; 142/2012, FJ 3; y 241/2012, FJ 4; así como las Sentencias del Tribunal Europeo de Derechos Humanos de 2 de agosto de 1984, caso Malone c. Reino Unido, § 84 y, de 3 de abril de 2007, caso Copland c. Reino Unido, § 43).

Pues bien, en el caso que nos ocupa, y teniendo en cuenta que en el proceso constitucional de amparo debe partirse de la acotación de hechos llevada a cabo por los órganos judiciales (STC 25/2011, de 14 de marzo, FJ 5), acerca de los que en ningún caso entrará a conocer este Tribunal [art. 44.1 b) LOTC], debe destacarse que, atendiendo estrictamente a los hechos declarados probados en las Sentencias impugnadas, resulta que los agentes de policía accedieron a la agenda de direcciones del teléfono móvil que encontraron encendido en el invernadero del que salieron huyendo varias personas tras ser sorprendidas por la irrupción policial, pudiendo comprobar los agentes que dicha agenda telefónica contenía un nombre registrado como "mamá", correspondiente a un número de teléfono fijo de Cádiz perteneciente a la madre del recurrente en amparo.

No estamos, por tanto, ante un supuesto de acceso policial a funciones de un teléfono móvil que pudiesen desvelar procesos comunicativos, lo que requeriría, para garantizar el derecho al secreto de las comunicaciones (art. 18.3 CE), el consentimiento del afectado o la autorización judicial, conforme a la doctrina constitucional antes citada. El acceso policial al teléfono móvil del recurrente se limitó exclusivamente a los datos recogidos en la agenda de contactos telefónicos del terminal –entendiendo por agenda el archivo del teléfono móvil en el que consta un listado de números identificados habitualmente mediante un nombre–, por lo que debe concluirse que dichos datos "no forman parte de una comunicación actual o consumada, ni proporcionan información sobre actos concretos de comunicación pretéritos o futuros" (STC 142/2012, FJ 3), de suerte que no cabe considerar que en el presente caso la actuación de los agentes de la Policía Nacional en el ejercicio de sus funciones de investigación supusiera una injerencia en el ámbito de protección del art. 18.3 CE.

En efecto, con el acceso a la agenda de contactos del teléfono móvil del recurrente los agentes de policía no obtuvieron dato alguno concerniente a un proceso de comunicación emitida o recibida mediante dicho aparato, sino únicamente a un listado de números de teléfono introducidos voluntariamente por el usuario del terminal, equiparable a los recogidos en una agenda de teléfonos en soporte de papel (STC 70/2002, FJ 9)...4. Así pues, ha de concluirse que el derecho fundamental afectado por el acceso policial a una agenda de contactos de un teléfono móvil, en los términos ya expuestos, es el derecho a la intimidad personal (art. 18.1 CE) y no el derecho al secreto de las comunicaciones ex art. 18.3 CE (STC 142/2012, FJ 4), por no haberse accedido por los agentes de la Policía

Nacional intervinientes a datos de una eventual comunicación telefónica que pudiera haber mediado entre el recurrente y otras personas.

Distinto sería el caso si, como antes hemos señalado, el acceso policial lo hubiera sido a cualquier otra función del teléfono móvil que pudiera desvelar procesos comunicativos, supuesto en el que tal acceso solo resultaría constitucionalmente legítimo si media consentimiento del propio titular del terminal o autorización judicial, *dada la circunstancia indubitada de que un teléfono móvil es un instrumento cuyo fin esencial es la participación en un proceso comunicativo protegido por el derecho al secreto de las comunicaciones ex art. 18.3 CE, como también advertimos en la citada STC 142/2012, FJ 3. Ahora bien, en las concretas circunstancias concurrentes en el presente caso (como resulta del relato de hechos probados que ha quedado reflejado en los antecedentes de esta resolución) queda descartado que los agentes de policía accedieran a ningún proceso de comunicación, lo que excluye la alegada vulneración del derecho garantizado por el art. 18.3 CE"*[55].

Ya antes la STCo 142/2012, de 2 de julio de 2012 (B.O.E. 30.07.2012), en su F.D. 3º había comentado: *"en lo que se refiere al derecho a la intimidad (art. 18.1 CE), este Tribunal ya ha reiterado que la apertura de una agenda y la lectura de los papeles que se encontraban en ella inciden en el derecho a la intimidad (STC 70/2002, de 3 de abril, FJ 9). Igualmente, se ha puesto de manifiesto que, a pesar de las múltiples funciones tanto de recopilación y almacenamiento de datos como de comunicación con terceros a través de internet que posee un ordenador personal, el acceso a su contenido podrá afectar bien al derecho a la intimidad personal (art. 18.1 CE), bien al derecho al secreto de las comunicaciones (art. 18.3 CE) en función de si lo que resulta desvelado a terceros son, respectivamente, datos personales o datos relativos a la comunicación (STC 173/2011, de 7 de noviembre, FJ 3)...* ***A pesar de lo anterior no puede dejar de destacarse, como ya se hiciera en la citada STC 173/2011, FJ 3, respecto de un ordenador personal, la circunstancia indubitada de que un teléfono móvil, al menos en este caso, es un instrumento cuyo fin esencial es la participación en un proceso comunicativo protegido por el art. 18.3 CE y, por tanto, que en el mismo quedan almacenados datos relevantes que afectan al secreto de las comunicaciones. De***

---

[55] Esta sentencia y su doctrina está expresamente citada y aplicada por el TS Sala 2ª en su STS 444/2014, de 9 de junio de 2014 (Roj 2265/2014), F.D. 8º.

ese modo, la potencial afectación que el acceso a un teléfono móvil puede tener en el derecho al secreto de las comunicaciones implica que el parámetro de control a proyectar sobre la conducta de acceso a dicho instrumento deba ser especialmente riguroso, tanto desde la perspectiva de la existencia de norma legal habilitante, incluyendo la necesaria calidad de la ley, como desde la perspectiva de si la concreta actuación desarrollada al amparo de dicha ley se ha ejecutado respetando escrupulosamente el principio de proporcionalidad".

Esta última sentencia anticipa el criterio mantenido por la L.O. 13/2015 de la necesidad de autorización judicial, como regla general, para acceder al contenido de dispositivos de almacenamiento masivo de información, en cuanto eventual afectación a una potencial comunicación que pudiera realizarse a través del mismo, dado el carácter multifuncional de dichos dispositivos.

La Circular 1/2013 de la Fiscalía General del Estado, de 11 de enero de 2013, diferencia en su apartado 5.1 entre el acceso al "listado de llamadas y otros datos externos", y apartado 5.6- "acceso a mensajes de texto y SMS", y, por otro lado, el acceso a "agendas de contactos de teléfonos móviles", estas últimas objeto de examen en el apartado 5.8 de la Circular: "*No entraña interferencia en el ámbito privado de la comunicación "la previa comprobación de la memoria del aparato, que tiene a tal efecto el simple carácter de una agenda electrónica y no la consideración de un teléfono en funciones de transmisión del pensamiento dentro de una relación privada de comunicación entre dos personas" (SSTS nº 1273/2009, de 17 de diciembre, 1397/2005, de 30 de noviembre). La utilización de los contenidos de los teléfonos para obtener los números de algunas personas no implica ilicitud porque la simple averiguación de los números telefónicos de contacto no constituye propiamente una injerencia en el secreto de las comunicaciones (STS nº 112/2007, de 16 febrero)...En efecto, "la apertura de una agenda y la lectura de los papeles que se encontraban en ella inciden en el derecho a la intimidad (STC nº 70/2002, de 3 de abril), pero no en el secreto de las comunicaciones.* ***Igualmente, se ha puesto de manifiesto que, a pesar de las múltiples funciones tanto de recopilación y almacenamiento de datos como de comunicación con terceros a través de Internet que posee un ordenador personal, el acceso a su contenido podrá afectar bien al derecho a la intimidad personal (art. 18.1 CE), bien al derecho***

al secreto de las comunicaciones (art. 18.3 CE) en función de si lo que resulta desvelado a terceros son, respectivamente, datos personales o datos relativos a la comunicación *(SSTS nº 142/2012, de 2 de julio 173/2011, de 7 de noviembre; 663/2011, de 7 de julio). A tales efectos debe distinguirse entre acceso a la libreta de direcciones y acceso al registro de llamadas. En este sentido cuando el acceso de la Policía al teléfono móvil del imputado se limita a los datos recogidos en el archivo de contactos telefónicos pero no en el registro de llamadas efectuadas y/o recibidas, debe concluirse que dichos datos no forman parte de una comunicación actual o consumada, ni proporcionan información sobre actos concretos de comunicación pretéritos o futuros. Con el acceso a la agenda de contactos telefónicos no se obtiene dato alguno concerniente a la transmisión de comunicación emitida o recibida por el teléfono móvil, sino únicamente un listado de números telefónicos introducidos voluntariamente por el usuario del terminal sobre los que no consta si han llegados a ser marcados..."*

Dicha Circular analiza la averiguación del IMEI o IMSI en los apartados 8 y 9 de dicha Circular:

"8.- Identificación de IMEI e IMSI El término IMSI (International Mobile Subscriber Identity), como el similar IMEI (International Mobile Equipement Identity) designan un código de identificación único para cada dispositivo de telefonía móvil, representado por una serie de algoritmos, que se integra en la tarjeta SIM y que permite su identificación a través de las redes GSM y UMTS, el cual está formado por el código del país concernido -que se compone de tres dígitos-, el código de la red móvil -compuesto de dos dígitos-, y un número de diez dígitos que contiene la identificación de la estación móvil, pero que no contiene el número concreto del teléfono del abonado. Tanto el IMEI como el IMSI carecen de capacidad de información sobre la identidad del usuario, teniendo valor probatorio únicamente si se asocia a otros datos en poder de las operadoras. La captación de tales números a efectos de investigación penal es posible mediante un escaneado o barrido realizado a través de instrumentos electrónicos que detectan aquellos siempre que se actúe en un determinado radio de acción en el que se encuentra el terminal telefónico. Su captación se realiza, por tanto, como consecuencia de un seguimiento dirigido específicamente frente a un individuo o individuos determinados. Con posterioridad a la captación, una vez obtenido el

correspondiente código identificativo, es necesaria la obtención del número comercial del teléfono, en posesión de la prestadora del servicio de telecomunicación. Tanto con el IMSI como con el IMEI se dispone de información suficiente como para poder solicitar la autorización judicial de identificación por el operador de los números de teléfono (o MSISDN) que corresponden a tales datos, y la correspondiente intervención de las conversaciones. Ni el IMSI, ni el IMEI por sí solos, son datos integrables en el concepto de comunicación. En cuanto a la obtención de los IMSI el TS tiene declarada la legitimidad de que sea la propia policía la que los obtenga por sí misma y por sus medios técnicos en la medida que con ellos se desconoce incluso el número telefónico concernido, y las llamadas que pudieran recibirse y efectuarse, y, por supuesto se desconoce igualmente las conversaciones (SSTS nº 1115/2011, de 17 de noviembre, 79/2011, de 15 de febrero; 249/2008, de 20 de mayo; 776/2008, de 18 de noviembre). Sin embargo, no puede la Policía solicitar tal información de las operadoras. La Ley 25/2007, de 18 de octubre, de Conservación de Datos de las Comunicaciones Electrónicas, incluye en el art. 3.1 dentro de su ámbito de aplicación los datos IMSI e IMEI para cuya cesión resulta exigible la misma regla impuesta para el resto de los datos a los que se refiere, esto es, la preceptiva autorización judicial. En estos casos habrá de solicitarse mandamiento judicial. Es precisa, pues, autorización judicial para la cesión del IMSI y del IMEI por las operadoras, no porque se integren dentro del arco protector del secreto de las comunicaciones sino porque la Ley 25/2007, de 18 de octubre así lo exige[56]. Paradigmática resulta en este sentido la STS nº 249/2008, de 20 de mayo que tras constatar que todas las conversaciones intervenidas lo fueron en virtud de autorización judicial, advierte que "no sucedió lo propio con la captación del IMSI, obtenido por los agentes de la Guardia Civil mediante la utilización de un escáner en las proximidades del usuario. Una vez lograda aquella serie alfanumérica, se instó de los respectivos operadores –ahora sí, con autorización judicial– la identificación de los números de teléfono que se correspondían con esos IMSI y su consiguiente intervención....A partir de esos datos, resulta obligado plantearse si la numeración IMSI, ajena al

[56] Lo cual tampoco es correcto, porque la Ley 25/2007 exige dicha autorización porque ese dato es un dato externo de una comunicación acontecida, y no un simple dato personal. Si fuere un simple dato personal no sería necesaria dicha autorización, ni la Ley 25/2007 podría modificar la L.O. 15/1999.

contenido de la comunicación propiamente dicho, encierra una información adicional que, pese a su carácter accesorio, se halle tan íntimamente ligada al secreto de lo comunicado que también merezca convertirse en objeto de protección constitucional...la Sala no puede aceptar que la captura del IMSI por los agentes de la Guardia Civil haya implicado, sin más...una vulneración del derecho al secreto de las comunicaciones[57]. *La información incorporada a la numeración IMSI es, sin duda alguna, un dato, en los términos de la legislación llamada a proteger la intimidad de los ciudadanos frente a la utilización de la informática (art. 18.4 de la CE)... Aceptado, pues, que nuestro régimen jurídico impone la exigencia de autorización judicial para la cesión por las operadoras del IMSI... hemos de cuestionarnos si el acceso a ese dato –no su cesión– puede obtenerse legítimamente por las Fuerzas y Cuerpos de Seguridad del Estado, sin necesidad de autorización judicial previa... la recogida de ese dato en el marco de una investigación criminal –nunca con carácter puramente exploratorio–, para el esclarecimiento de un delito de especial gravedad, puede reputarse proporcionada, necesaria y, por tanto, ajena a cualquier vulneración de relieve constitucional... En definitiva, así como la recogida o captación técnica del IMSI no necesita autorización judicial, sin embargo, la obtención de su plena funcionalidad, mediante la cesión de los datos que obran en los ficheros de la operadora, sí impondrá el control jurisdiccional de su procedencia"...*

9.- Investigación del IP: Una dirección IP es una etiqueta numérica que identifica a una interfaz (elemento de comunicación/conexión) de un dispositivo (habitualmente un ordenador) dentro de una red que utilice el protocolo IP (Internet Protocol), que corresponde al nivel de red del protocolo TCP/IP. El IP no identifica por sí al usuario. El principio básico es el de que no se precisa autorización judicial para conseguir lo que es público. El Tribunal Supremo considera que estos datos no se encuentran protegidos ni por el art. 18.1 CE, ni por el art. 18.3 CE (SSTS nº 292/2008, de 28 de mayo; y 776/2008, de 18 de noviembre). Tras la averiguación del IP, las subsiguientes actuaciones de identificación y localización de

[57] Es concretamente la circunstancia de que dicho dato no forma parte de una comunicación acontecida o presente lo que permite su solicitud sin necesidad de autorización judicial (porque no se trata de dato almacenado por razón de una conversación acontecida, sino de un dato que obra en poder del operador al margen de cualquier comunicación: puede solicitarse del operador, aunque nunca haya sido utilizado para realizar una comunicación).

quién sea la persona que tiene asignado ese IP se deben llevar a cabo bajo control judicial. Debe, no obstante, tenerse presente una matización: la jurisprudencia distingue por un lado los casos de rastreo policial del espacio público y por otro lado los supuestos en los que para acceder a una información sobre IP es necesario oficiar a una operadora. En este último supuesto, sí debe considerarse necesario obtener autorización judicial conforme a las previsiones de la Ley 25/2007[58] *(SSTS nº 292/2008, de 28 de mayo, 236/2008, de 9 de mayo, nº 680/2010, de 14 de julio). Aquí de nuevo la exigencia deriva del mandato legal contenido en la Ley 25/2007, pese a que el dato no pueda cobijarse bajo el manto protector del secreto de las comunicaciones. Los rastreos policiales para localizar direcciones IP pueden por tanto realizarse sin necesidad de autorización judicial, ya que no se trata de datos confidenciales preservados del conocimiento público".*

La LO. 15/2013 ha diferenciado en su tratamiento entre:

A)Datos personales (estén o no asociados a comunicaciones) obtenidos de dispositivos de almacenamiento masivo de información: en el cual serían aplicables los artículos 588 sexies a) a 588 sexies b) LEcrim, referidos a " *la aprehensión de ordenadores, instrumentos de comunicación telefónica o telemática o dispositivos de almacenamiento masivo de información digital o el acceso a repositorios telemáticos de datos"*, que ya hemos examinado.

Cuestión analizada extensamente por la STS Sala 2ª 204/2016, de 10 de marzo de 2016 (Roj 1218/2016), donde se enjuicia el acceso por la policía, y sin autorización judicial, al registro de llamadas y la agenda de contactos de un teléfono móvil. Dice el F.D. 9º:

"NOVENO.- El segundo motivo de recurso, por vulneración de derechos constitucionales, alega infracción del derecho constitucional a la intimidad al analizar la policía el listado de llamadas y contactos de su teléfono móvil sin autorización judicial, destacando que ésta es la prueba fundamental por la que la Audiencia vincula al recurrente con el acusado Pedro Enrique, al que se le ocupó la droga.... DÉCIMO.- Para el análisis de la valoración de la prueba derivada del registro de dispositivos masivos de información es conveniente tomar en consideración los principios

---

[58] De nuevo se hace necesario diferenciar lo que es solicitar ese dato de una operadora, como simple dato archivado por la operadora, de dicho dato asociado a una comunicación establecida (presente o futura).

rectores establecidos en el nuevo art 588 bis a de la Lecrim, atendiendo a que, como señala expresamente la exposición de motivos de la LO 13/2015, constituyen la proclamación normativa de unos principios que el Tribunal Constitucional ya había definido como determinantes de la validez de los actos de injerencia en la privacidad del investigado en un proceso penal. Estos principios rectores son los siguientes: 1º.- Durante la instrucción de las causas se podrá acordar alguna de las medidas de investigación reguladas en el presente capítulo siempre que medie autorización judicial dictada con plena sujeción a los principios de especialidad, idoneidad, excepcionalidad, necesidad y proporcionalidad de la medida. 2. El principio de especialidad exige que una medida esté relacionada con la investigación de un delito concreto. No podrán autorizarse medidas de investigación tecnológica que tengan por objeto prevenir o descubrir delitos o despejar sospechas sin base objetiva. 3. El principio de idoneidad servirá para definir el ámbito objetivo y subjetivo y la duración de la medida en virtud de su utilidad. 4. En aplicación de los principios de excepcionalidad y necesidad solo podrá acordarse la medida: a) cuando no estén a disposición de la investigación, en atención a sus características, otras medidas menos gravosas para los derechos fundamentales del investigado o encausado e igualmente útiles para el esclarecimiento del hecho, o b) cuando el descubrimiento o la comprobación del hecho investigado, la determinación de su autor o autores, la averiguación de su paradero, o la localización de los efectos del delito se vea gravemente dificultada sin el recurso a esta medida. 5. Las medidas de investigación reguladas en este capítulo solo se reputarán proporcionadas cuando, tomadas en consideración todas las circunstancias del caso, el sacrificio de los derechos e intereses afectados no sea superior al beneficio que de su adopción resulte para el interés público y de terceros. Para la ponderación de los intereses en conflicto, la valoración del interés público se basará en la gravedad del hecho, su trascendencia social o el ámbito tecnológico de producción, la intensidad de los indicios existentes y la relevancia del resultado perseguido con la restricción del derecho. UNDÉCIMO.- Por lo que se refiere al registro de dispositivos de almacenamiento masivo de información, que incluyen los instrumentos de comunicación telefónica y, en consecuencia, los terminales de telefonía móvil, el nuevo capítulo VIII del Título octavo de la Lecrim, establece una regulación específica presidida por el principio de la necesidad de autorización judicial. Como se establece en la exposición de motivos, la reforma "descarta cualquier duda acerca de que esos instrumentos de comunicación y, en su caso, almacenamiento de información son algo más que simples piezas de convicción. De ahí la exigente regulación respecto del acceso a su contenido". Esta autorización será precisa tanto en los supuestos en los que los teléfonos móviles se ocupen durante un registro domiciliario, como en los incautados fuera del domicilio del investigado. Así lo establecen los nuevos artículos 588 sexies a y b, de la Lecrim, tras la reforma operada por la LO 13/2015..."

Esta última sentencia enjuicia este registro desde la óptica de la violación del derecho a la intimidad, porque fue el derecho cuya lesión fue alegado por el recurrente, si bien hace referencia expresa a la STCo 115/2013 de 9 de mayo, en la que se diferencia entre acceso a la agenda de contactos y acceso al registro de llamadas: "***Estima el Tribunal Constitucional que con el acceso a la agenda de contactos del teléfono móvil del recurrente los agentes de policía no obtienen dato alguno concerniente a un proceso de comunicación emitida o recibida mediante dicho aparato, sino únicamente un listado de números de teléfono introducidos voluntariamente por el usuario del terminal, equiparable a los recogidos en una agenda de teléfonos en soporte de papel, por lo que debe descartarse que el derecho al secreto de las comunicaciones quede afectado por esta actuación policial. Distinto sería el caso si se hubiese producido el acceso policial a cualquier otra función del teléfono móvil que pudiera desvelar procesos comunicativos, como por ejemplo el acceso al registro de llamadas entrantes y salientes". (F.D. 13º).***

B) Datos obtenidos sin registro de instrumentos de almacenamiento masivo de información: y en este supuesto a su vez, debemos distinguir entre aquellos supuestos donde se recaban de las operadoras datos relativos a comunicaciones (en cuanto datos de tráfico relativos a comunicaciones, realizadas o en curso), y aquellos supuestos donde se trata sólo de obtener el IMEI o IMSI o la titularidad de un número de teléfono o de cualquier otro medio de comunicación (esto es, datos no asociados a una concreta comunicación). En este apartado B), la redacción de la nueva LECRim, por obra de la L.O. 13/2015, reconoce esta distinción:

a)Datos de tráfico y asociados. Datos externos de las comunicaciones.

La Sección 2ª del Capítulo V del Título VIII del Libro II titulada "Sección 2.ª Incorporación al proceso de datos electrónicos de tráfico o asociados", integrada por el Artículo 588 ter j. LECrim regula el recabo de datos correspondientes a comunicaciones realizadas:

"Datos obrantes en archivos automatizados de los prestadores de servicios.

1.Los datos electrónicos conservados por los prestadores de servicios o personas que faciliten la comunicación en cumplimiento de la legislación sobre retención de datos relativos a las comunicaciones electrónicas o por propia iniciativa por motivos comerciales o de otra índole y que se encuentren vinculados a procesos de comunicación, solo podrán ser cedidos para su incorporación al proceso con autorización judicial". Este precepto establece el criterio de la necesaria "autorización judicial" siguiendo el mismo criterio establecido en los artículos 1 y 7 de la Ley 25/2007, de 18 de octubre. Se refiere al supuesto de recabar de la operadora datos de tráfico o asociados relativos a comunicaciones ya efectuadas.

Este criterio cohonesta con la nueva redacción del artículo 588 ter b) cuando a la hora de delimitar que puede ser objeto de la intervención, en las "disposiciones generales", dispone:

"2. La intervención judicialmente acordada podrá autorizar el acceso al contenido de las comunicaciones y a ***los datos electrónicos de tráfico o asociados al proceso de comunicación****, así como a los que se produzcan con independencia del establecimiento o no de una concreta comunicación, en los que participe el sujeto investigado, ya sea como emisor o como receptor, y podrá afectar a los terminales o los medios de comunicación de los que el investigado sea titular o usuario.*

... A los efectos previstos en este artículo, ***se entenderá por datos electrónicos de tráfico o asociados todos aquellos que se generan como consecuencia de la conducción de la comunicación a través de una red de comunicaciones electrónicas****, de su puesta a disposición del usuario, así como de la prestación de un servicio de la sociedad de la información o comunicación telemática de naturaleza análoga".*

Se considera como elemento integrante del secreto de la comunicación "los datos de tráfico", y no sólo éstos, sino también "los datos asociados" a la comunicación, aunque no respondan al concepto <estricto> de dato de tráfico, como podrían ser los datos de localización.

Ello supone igualmente el reconocimiento de que dichos datos de tráfico o asociados relativos a comunicaciones realizadas quedan amparados por el secreto de las comunicaciones, puesto que si únicamente quedasen amparados por el artículo 18.4 CE podrían ser solicitados por el Ministerio Fiscal o los agentes policiales (artículo 11 LO 15/1999 y art. 10 Real Decreto 1720/2007).

El artículo 88 del Real Decreto 524/2005, de 15 de abril, por el que se aprueba el Reglamento sobre condiciones para la prestación de los servicios de comunicaciones electrónicas, dispone: "***1.*** *Los sujetos obligados deberán facilitar al agente facultado, salvo que por las características del servicio no estén a su disposición y sin perjuicio de otros datos que puedan ser establecidos mediante real decreto, los datos indicados en la orden de interceptación legal, de entre los que se relacionan a continuación:* ***a)*** *Identidad o identidades -en la acepción definida en el artículo 84.i)- del sujeto objeto de la medida de la interceptación.* ***b)*** *Identidad o identidades -en la acepción definida en el artículo 84.i)- de las otras partes involucradas en la comunicación electrónica.* ***c)*** *Servicios básicos utilizados.* ***d)*** *Servicios suplementarios utilizados.* ***e)*** *Dirección de la comunicación.* ***f)*** *Indicación de respuesta.****g)*** *Causa de finalización.* ***h)*** *Marcas temporales.* ***i)*** *Información de localización.* ***j)*** *Información intercambiada a través del canal de control o señalización.* ***2.*** *Además de la información relativa a la interceptación prevista en el apartado anterior, los sujetos obligados deberán facilitar al agente facultado, salvo que por las características del servicio no estén a su disposición y sin perjuicio de otros datos que puedan ser establecidos mediante real decreto, de cualquiera de las partes que intervengan en la comunicación que sean clientes del sujeto obligado, los siguientes datos:* ***a)*** *Identificación de la persona física o jurídica. b****)*** *Domicilio en el que el proveedor realiza las notificaciones. Y, aunque no sea abonado, si el servicio de que se trata permite disponer de alguno de los siguientes:* ***c)*** *Número de titular de servicio (tanto el número de directorio como todas las identificaciones de comunicaciones electrónicas del abonado). d****)*** *Número de identificación del terminal.* ***e)*** *Número de cuenta asignada por el proveedor de servicios Internet.* ***f)*** *Dirección de correo electrónico.****3.*** *Junto con los datos previstos en los apartados anteriores, los sujetos obligados deberán facilitar, salvo que por las características del servicio no esté a su disposición, información de la situación geográfica del terminal o punto de terminación* *de red origen de la llamada, y de la del destino de la llamada. En caso de servicios móviles, se proporcionará una posición lo más exacta posible del punto de comunicación y, en todo caso, la identificación, localización y tipo de la estación base afectada".*

Así lo ha recogido el artículo 39.5 de la Ley 9/2014, de 9 de mayo, General de Telecomunicaciones.

Estos datos habrán sido conservados en cumplimiento de los deberes impuestos en la Ley 25/2007, de 18 de octubre, de conservación de datos relativos a las comunicaciones electrónicas y a las redes públicas de comunicaciones, cuya comunicación requiere una previa autorización judicial, y a esta ley se remite el artículo 42 de la Ley 9/2014, de 9 de mayo, General de Telecomunicaciones. El artículo 588 ter j) se refiere no sólo a los conservados en cumplimiento de la Ley 25/2007, sino también a los conservados "por propia iniciativa por motivos comerciales o de otra índole y que se encuentren vinculados a procesos de comunicación". Aquí se encuadrarían todos los que Rodríguez Lainz denomina como los conservados *"a los efectos comerciales y de facturación o conservada dentro de los estrechos márgenes del principio del consentimiento del usuario o abonado"*[59].

En todos estos supuestos el acceso a estos datos de tráfico, conservados por las operadoras de servicios de comunicación, requeriría la previa autorización judicial. Así lo confirma la propia Ley 25/2007, de 18 de octubre, cuando exige resolución judicial para la cesión de aquellos datos que hubieren sido conservados en cumplimiento de los deberes impuestos en dicha Ley (artículos 1.1 y 7 de la Ley 25/2007).

Aún el hipotético caso de que fuera declarada inconstitucional la Ley 25/2007, de 18 de octubre, en base a los fundamentos de la STJUE Gran Sala de 8 de abril de 2014, dichos datos serán conservados por las operadoras a los solos efectos de la conducción y facturación de la comunicación, o por la gestión de intereses comerciales, en base al artículo 48 de la Ley 9/2014, de 9 de mayo, General de Telecomunicaciones. Establece el artículo 48, siguiendo las directrices del artículo 6 de la Directiva 2002/58/CE:

"Artículo 48. Derecho a la protección de datos personales y la privacidad en relación con las comunicaciones no solicitadas, con los datos de

[59] RODRÍGUEZ LAINZ, JOSÉ LUÍS "Estudios sobre el secreto de las comunicaciones. Perspectiva doctrinal y jurisprudencial", Wolters Kluwer España, S.A., 2011, página 505.

tráfico y de localización y con las guías de abonados. ...2. Respecto a la protección de datos personales y la privacidad en relación con los datos de tráfico y los datos de localización distintos de los datos de tráfico, los usuarios finales de los servicios de comunicaciones electrónicas tendrán los siguientes derechos:

a) A que se hagan anónimos o se cancelen sus datos de tráfico cuando ya no sean necesarios a los efectos de la transmisión de una comunicación. Los datos de tráfico necesarios a efectos de la facturación de los abonados y los pagos de las interconexiones podrán ser tratados únicamente hasta que haya expirado el plazo para la impugnación de la factura del servicio, para la devolución del cargo efectuado por el operador, para el pago de la factura o para que el operador pueda exigir su pago.

b) A que sus datos de tráfico sean utilizados para promoción comercial de servicios de comunicaciones electrónicas o para la prestación de servicios de valor añadido, en la medida y durante el tiempo necesarios para tales servicios o promoción comercial únicamente cuando hubieran prestado su consentimiento informado para ello. Los usuarios finales dispondrán del derecho de retirar su consentimiento para el tratamiento de los datos de tráfico en cualquier momento y con efecto inmediato.

c) A que sólo se proceda al tratamiento de sus datos de localización distintos a los datos de tráfico cuando se hayan hecho anónimos o previo su consentimiento informado y únicamente en la medida y por el tiempo necesarios para la prestación, en su caso, de servicios de valor añadido, con conocimiento inequívoco de los datos que vayan a ser sometidos a tratamiento, la finalidad y duración del mismo y el servicio de valor añadido que vaya a ser prestado. Los usuarios finales dispondrán del derecho de retirar su consentimiento en cualquier momento y con efecto inmediato para el tratamiento de los datos de localización distintos de tráfico.

Los usuarios finales no podrán ejercer este derecho cuando se trate de llamadas de emergencia a través del número 112 o comunicaciones efectuadas a entidades que presten servicios de llamadas de urgencia que se determinen por el Ministerio de Industria, Energía y Turismo".

b)Datos personales, cuando no tienen la consideración de datos de tráfico o datos externos o asociados a una comunicación:

La Sección 3ª del Capítulo V del Título VIII del Libro II titulada "Sección 3.ª Acceso a los datos necesarios para la identificación de usuarios, terminales y dispositivos de conectividad", integrada por los artículos 588 ter k). a m), se refiere a ciertos datos, si bien aislados de cualquier comunicación concreta (realizada o en curso). Mientras que el acceso al conocimiento de la "titularidad" de determinado número de teléfono, terminales y dispositivos de conectividad (en el cual lo único desconocido es el dato de la titularidad: art 588 ter m), o los supuestos donde se pretende identificar y localizar un equipo o dispositivo desde el cual se esté manteniendo una comunicación (art. 588 ter l), puede ser realizado por los agentes de la policía judicial, la intervención propiamente dicha de una comunicación requiere autorización judicial al igual que el acceso al registro de las comunicaciones previamente realizadas. En este aspecto se separa del criterio que fue sostenido por la Circular 1/2013 de la Fiscalía General del Estado, con fundamento en la Ley 25/2007.

"Artículo 588 ter k. Identificación mediante número IP.

Cuando en el ejercicio de las funciones de prevención y descubrimiento de los delitos cometidos en ***internet****, los* ***agentes de la Policía Judicial tuvieran acceso a una dirección IP*** *que estuviera siendo utilizada para la comisión algún delito y no constara la* ***identificación y localización del equipo o del dispositivo de conectividad correspondiente ni los datos de identificación personal del usuario, solicitarán del juez de instrucción que requiera de los agentes sujetos al deber de colaboración según el artículo 588 ter e, la cesión de los datos que permitan la identificación y localización del terminal o del dispositivo de conectividad y la identificación del sospechoso****".*

Este artículo parte de la previa obtención del número IP por los agentes de la policía, en cuanto disponible en el espacio público, para –después– sobre la base de ese dato solicitar del Juez autorización para conocer la identificación y localización del equipo o dispositivo, o identificación del usuario, como datos que pueden afectar a comunicaciones realizadas o por el simple acceso a la red, sin necesidad de que dicho acceso implique el establecimiento de una comunicación.

Artículo 588 ter l. Identificación de los terminales mediante captación de códigos de identificación del aparato o de sus componentes.

1. Siempre que en el marco de una investigación no hubiera sido posible obtener un determinado número de abonado y este resulte indispensable a los fines de la investigación, los ***agentes de Policía Judicial*** *podrán valerse de* ***artificios técnicos que permitan acceder al conocimiento***

de los códigos de identificación o etiquetas técnicas del aparato de telecomunicación o de alguno de sus componentes, tales como la numeración IMSI o IMEI y, en general, de cualquier medio técnico *que, de acuerdo con el estado de la tecnología, sea apto para identificar el equipo de comunicación utilizado o la tarjeta utilizada para acceder a la red de telecomunicaciones.*

2. ***Una vez obtenidos los códigos que permiten la identificación del aparato o de alguno de sus componentes, los agentes de la Policía Judicial podrán solicitar del juez competente la intervención de las comunicaciones en los términos establecidos en el artículo 588 ter d.*** *La solicitud habrá de poner en conocimiento del órgano jurisdiccional la utilización de los artificios a que se refiere el apartado anterior.*

El tribunal dictará resolución motivada concediendo o denegando la solicitud de intervención en el plazo establecido en el artículo 588 bis c.

Artículo 588 ter m. Identificación de titulares o terminales o dispositivos de conectividad.

Cuando, en el ejercicio de sus funciones, el ***Ministerio Fiscal o la Policía Judicial*** *necesiten conocer* ***la titularidad de un número de teléfono o de cualquier otro medio de comunicación****, o, en sentido inverso, precisen el número de teléfono o los datos identificativos de cualquier medio de comunicación,* ***podrán dirigirse directamente a los prestadores de servicios de telecomunicaciones, de acceso a una red de telecomunicaciones o de servicios de la sociedad de la información****, quienes estarán obligados a cumplir el requerimiento, bajo apercibimiento de incurrir en el delito de desobediencia.»"*

Estos artículos permiten la identificación de dispositivos, o conocer la titularidad del terminal o dispositivo, o la titularidad de un número de teléfono, a fin de proceder posteriormente a solicitar la oportuna autorización judicial que permita la injerencia en las comunicaciones que se realicen del mismo (tanto su contenido como los datos de tráfico y asociados a dichas comunicaciones). El art 86. 2 del Real Decreto 424/2005, de 15 de abril, por el que se aprueba el Reglamento sobre condiciones para la prestación de servicios de comunicaciones electrónicas, el servicio universal y la protección de los usuarios, dispone:

*"****2.*** *La interceptación a que se refiere el apartado anterior deberá facilitarse para cualquier comunicación que tenga como origen o destino el punto de terminación de red o el terminal específico que se determine a*

partir de la orden de interceptación legal, incluso aunque esté destinada a dispositivo de almacenamiento o procesamiento de la información; asimismo, la interceptación podrá realizarse sobre un terminal conocido y con unos datos de ubicación temporal para comunicaciones desde locales públicos. Cuando no exista una vinculación fija entre el sujeto de la interceptación y el terminal utilizado, este podrá ser determinado dinámicamente cuando el sujeto de la interceptación lo active para la comunicación mediante un código de identificación personal". Este precepto es reproducido por el artículo 39.3 de la Ley 9/2014, de 9 de mayo, General de Telecomunicaciones. Y dicho mismo artículo 39 en su apartado 9 dispone: "*9. Con carácter previo a la ejecución de la orden de interceptación legal, los sujetos obligados deberán facilitar al agente facultado información sobre los servicios y características del sistema de telecomunicación que utilizan los sujetos objeto de la medida de la interceptación y, si obran en su poder, los correspondientes nombres de los abonados con sus números de documento nacional de identidad, tarjeta de identidad de extranjero o pasaporte, en el caso de personas físicas, o denominación y código de identificación fiscal en el caso de personas jurídicas*".

STS Sala 2º, 10393/2014, de 29 de enero de 2015 (Roj 413/2015), F.D. 1ª: "*...tiene declarado el Tribunal Constitucional que el nombre de los titulares y de los usuarios reales de los teléfonos no resulta siempre imprescindible para que el auto (que autoriza la injerencia) pueda ser estimado conforme a derecho, ni tampoco ha de considerarse en todo caso relevante el error sobre el titular del teléfono o el usuario del mismo, cuando la línea telefónica intervenida resulta correctamente identificada (SSTC 104/2006 , 150/2006 y 220/2009). De igual modo la doctrina de esta Sala, expresada en las SSTS 746/2014 de 13 de noviembre, 885/2013 de 20 de noviembre ó 1151/2010 de 17 de diciembre, en seguimiento de esa doctrina, se declara que el nombre de los titulares y de los usuarios reales de los teléfonos no resulta siempre imprescindible para que el auto pueda ser estimado conforme a derecho, ni tampoco ha de considerarse en todo caso relevante el error sobre el titular del teléfono o el usuario del mismo cuando la línea telefónica intervenida resulta correctamente identificada. Así en la STC 220/2009, de 21 de diciembre, citada, se expresa: Como advertíamos en la STC 150/2006, de 22 de mayo, FJ 3, de nuestra jurisprudencia "no se desprende que la previa identificación de* *los titulares o usuarios de las líneas telefónicas a intervenir resulte imprescindible para entender expresado el alcance subjetivo de la medida, excluyendo la legitimidad constitucional de las intervenciones telefónicas que, recayendo sobre sospechosos, se orienten a la identificación de los mismos u otorgando relevancia constitucional a cualquier error respecto de la identidad de los titulares o usuarios de las líneas a intervenir", pues tales exigencias "resultarían desproporcionadas por innecesarias para la plena garantía del derecho y gravemente perturbadoras para la investigación de delitos graves, especialmente cuando éstos se cometen en el seno de estructuras delictivas organizadas". Lo relevante para preservar el principio de proporcionalidad es "la aportación de aquellos datos que resulten imprescindibles para poder constatar la idoneidad y estricta necesidad de la intervención y excluir las escuchas prospectivas", lo que ya hemos excluido en el presente caso. Siendo así, no puede considerarse constitucionalmente ilegítima la intervención de las conversaciones de las personas que comunican o con las que se comunican aquéllas sobre las que recaen inicialmente los indicios, en la medida en que tales conversaciones estén relacionadas con el delito investigado, correspondiendo al Juez, a través del control de la ejecución de la medida, la identificación de las conversaciones relevantes".*

La STS, Sala 2ª, 841/2014, de 9 de diciembre, F.D. 5º: "*En lo referente a como haya podido la policía conocer el número telefónico cuya intervención se solicita, basta recordar que con la doctrina del Tribunal Constitucional y de esta Sala que no es preciso acreditar la obtención del número de teléfono sospechoso. No cabe admitir una presunción de culpabilidad/ilegitimidad en la actuación policial, la alegación de ilegitimidad, debe ir acompañada, por quien la alegue de datos o indicios serios y rigurosos que apoyen tal denuncia. SSTS 504/2009; 309/2010; 85/2011; 1003/2011; 1224/2011 o 427/2013, entre otras, y del Tribunal Constitucional se puede citar la STC 25/2011*".[60]

---

[60] La STS Sala 2ª 259/2016, de 1 de abril de 2016 (Roj 1408/2016) recoge eta doctrina en su F.D.2º.15: "*Por su parte la STS núm. 250/2014, de 14 de marzo indica que los números de teléfono usados por los imputados –hemos dicho en numerosos precedentes– pueden ser obtenidos de muy distintas fuentes. Y no necesariamente ilícitas. Esta Sala ha señalado, es cierto, que cuando se acredita la injerencia de los poderes públicos en el ámbito protegido por un derecho fundamental, aquellos deben estar en condiciones de acreditar la legitimidad de su actuación, pues la regla general es la vigencia del derecho, y constituyendo su*

La STS Sala 2ª 176/2015, de 25 de marzo de 2015 (Roj 1869/2015): *"...Se ha considerado esencial la aportación de los elementos objetivos indiciarios que sirven de soporte a la investigación y que permiten establecer una conexión entre el sujeto o sujetos que van a verse afectados por la medida, en cuanto usuarios de la línea telefónica a intervenir, y el delito investigado, excluyendo de este modo las escuchas prospectivas, por cuanto éstas suponen un sacrificio desproporcionado del derecho fundamental. Y ello, porque la expresión de lo que se ha denominado presupuesto habilitante de la medida no es un requisito meramente formal, sino que constituye una exigencia del juicio de proporcionalidad (STC 49/1999, de 5 de abril, FJ 7), por lo que tan sólo resultará constitucionalmente exigible la aportación de aquellos datos que resulten imprescindibles para poder constatar la idoneidad y estricta necesidad de la intervención y excluir las escuchas prospectivas, debiendo valorarse la suficiencia o no de los datos aportados a tal efecto en atención a las circunstancias concurrentes en el momento de la adopción de la medida en cada caso concreto. Y en cuanto a otras cuestiones de interés, de ordinario suscitadas, hay que añadir que la doctrina jurisprudencial del TEDH. ha admitido la legalidad de la utilización de estas fuentes confidenciales de información*[61]*, siempre*

---

restricción una excepción, ésta debe estar debidamente justificada (cfr. STS 130/2007, 19 de febrero)".

[61] En relación al confidente anónimo como fuente de información para, posteriormente, solicitar una autorización judicial para intervenir una comunicación, cabe citar las siguientes sentencias de nuestro Tribunal Supremo:

La STS 5097/2015, Sala 2ª, 25 de noviembre de 2015: *"Es cierto lo afirmado por el recurrente que solamente con el contenido de la declaración de un confidente anónimo, si no se añade más o se documenta la diligencia, son insuficientes para acordar una intervención telefónica. Pero en nuestro caso las informaciones de Carlos Jesús sólo confirmaron lo ya conocido, a través de la intervención de su teléfono y de los hechos inconcusos de que el día 12 de diciembre era cierto que se ocupó un alijo de cocaína"* (F.D. 2º). En el mismo sentido se pronunció la STS Sala 2ª 118/2015, de 3 de marzo de 2015 (Roj 836/2015).

La STS, Sala 2ª, 95/2015, de 19 de febrero de 2015 (Roj 1935/2015), en su F.D. 1º: *"Y en cuanto a otras cuestiones de interés, de ordinario suscitadas, hay que añadir que la doctrina jurisprudencial del TEDH. ha admitido la legalidad de la utilización de estas fuentes confidenciales de información, siempre que se utilicen exclusivamente como medios de investigación y no tengan acceso al proceso como prueba de cargo (Sentencia Kostovski, de 20 de noviembre de 1989, Sentencia Windisch, de 27 de septiembre de 1990). Habría, sin embargo, que establecer una limitación adicional, como recuerda la STS 13-7-2012, nº 658/2012. En efecto no basta con excluir la utilización de la "confidencia" como prueba de cargo, para garantizar una adecuada tutela de los derechos fundamentales. Es necesario excluirla también como indicio directo y único para la adopción de medidas restrictivas de que se utilicen exclusivamente como medios de investigación y no tengan acceso al proceso como prueba de cargo (Sentencia Kostovski, de 20 de noviembre de 1989, Sentencia Windisch, de 27 de septiembre de 1990)".*

La STS Sala 2ª 168/2015, de 25 de marzo de 2015 (Roj 1977/2015), expone: *"Asimismo hay que tener en cuenta como ya acaba de decirse que el derecho a conocer las actuaciones procesales, no abarca ni integra el derecho a que la parte conozca las fuentes de investigación estrictamente policiales ni a sus bases de datos. La propia Ley de Fuerzas y Cuerpos de Seguridad del Estado vigente –Ley 2/1986 en su art. 5, apartado 5 º–,*

---

los derechos fundamentales. Ha de recordarse que la confidencia puede ocultar un ánimo de venganza, auto exculpación, beneficio personal, etc., así como el antiguo brocardo de que "quien oculta su rostro para acusar, también es capaz de ocultar la verdad en lo que acusa". Es por ello por lo que la mera referencia a informaciones "confidenciales" no puede servir de fundamento único a una solicitud de medidas limitadoras de derechos fundamentales (entradas y registros, intervenciones telefónicas, detenciones, etc.), y, en consecuencia, a decisiones judiciales que adoptan dichas medidas, salvo supuestos excepcionalísimos de estado de necesidad, (peligro inminente y grave para la vida de una persona secuestrada, por ejemplo). La supuesta información debe dar lugar a gestiones policiales para comprobar su veracidad, y sólo si se confirma por otros medios menos dudosos, pueden entonces solicitarse las referidas medidas" (Sentencia de 26 de septiembre de 1997, núm. 1149/97)". También la STS Sala 2ª 425/2014, de 28 de mayo de 2014 (Roj 3479/2014).

La STS Sala 2ª 203/2016, de 10 de marzo de 2016 (Roj 1170/2016), F.D. 1º: *"Cuando una denuncia como la de referencia tiene entrada en el juzgado, debe ser examinada, siguiendo un método de análisis que propugna el Tribunal Constitucional (entre otras en STC 299/2000, particularmente expresiva al respecto) y que, antes aún, viene demandado como la más obvia pauta del operar racional. El mismo obliga a distinguir, en el estudio de las aportaciones policiales, tres planos de discurso. Son los relativos: a) al posible delito; b) a los indicios sugestivos de que podría hallarse en curso de preparación o de ejecución por determinadas personas; y c) a la actividad investigadora que hubiera conducido a la obtención de estos datos. A partir de esta triple distinción, lo que se diga en a) resultará atendible si, y sólo si tiene razonable apoyo empírico en el contenido de b); y siempre que éste goce de cierta plausibilidad como resultado predicable de las diligencias de averiguación relacionadas en c). Es bien claro que se trata de actuaciones preliminares; y que, dado el momento, no cabe exigir pruebas (como tantas veces innecesariamente se dice). Pero también resulta inobjetable que, por la gravedad de tal clase de injerencias, lo que hay que ofrecer al juzgado es una razonable sospecha de delito con apoyo en datos bien obtenidos y dotados de cierta objetividad, esto es, intersubjetivamente comunicables y tratables, que es lo que la haría utilizable como hipótesis de trabajo".*

En cuanto a los hechos declarados por testigos protegidos: la STS Sala 2ª 424/2014, de 28 de mayo de 2014 (Roj 2268/2014), estatuye: *"Que los datos obrantes en diligencia completados por los dos testimonios de las testigos protegidas se consideran suficientes para acordar una intervención telefónica, e incluso, dado que declararon en el plenario servirían para fundar una sentencia de condena, si lo declarado merece credibilidad al Tribunal y no se desvirtúa por otras pruebas, como es el caso".*

establece que no estarán obligadas a revelar las fuentes de información y lo mismo se recoge en la STEDH –casos Kostovski y Windisch– siempre que estas fuentes confidenciales de información se utilicen exclusivamente como medios de investigación, sin que por ello tengan acceso al proceso como medio de prueba"

Se ha cuestionado, en materia de interceptación de comunicaciones, la constitucionalidad del sistema SITEL, lo que ha generado una doctrina jurisprudencial. La constitucionalidad de este sistema ha sido admitida por diversas sentencias del Tribunal Supremo. Así la STS Sala 2ª 906/2008, de 19 de diciembre de 2008 (Roj 7266/2008), la STS Sala 2ª 138/2015, de 13 de marzo de 2015 (Roj 2045/2015), la STS Sala 2ª 252/2015, de 29 de abril de 2015 (Roj 1715/2015), o la STS 314/2015, de 4 de mayo de 2015 (Roj 2446/2015) en cuyo F.D. 2º se dice:

*"**La STS 1060/2013, de 29 de septiembre, ha abordado el problema de la invasión de la intimidad por la utilización de tal rastreo de datos y ha concluido que ninguna vulneración puede predicarse de la utilización de un método que lo único que pretende es conseguir, en un radio de acción prefijado, la activación de unos mecanismos de comunicación, traducidos en números, de donde pueda inferirse la localización de unos terminales** de donde inducir la presencia de unos pocos sospechosos que respondan a la utilización más certera de un material que se ha conseguido por otros medios probatorios y que, como hemos visto, se han obtenido a través de informaciones directas, comprobables y legítimas. Esto es lo que ha sucedido en el caso sometido a nuestra revisión casacional. Y en este sentido este Tribunal Supremo, ya ha declarado que cuando «esa ubicación sólo puede concretarse con una aproximación de varios cientos de metros, que es la zona cubierta por la BTS o estación repetidora que capta la señal, en modo alguno puede considerarse afectado, al menos de forma relevante, el derecho a la intimidad del sometido a la práctica de la diligencia» (STS 906/2008, de 19 de diciembre). En este mismo sentido, la STS 706/2006, de 14 de junio".*

Esta última sentencia no se limita a enjuiciar la posible lesión del derecho a la intimidad, sino que también lo hace desde la perspectiva de la posible violación del secreto de las comunicaciones: "*las resoluciones judiciales de 13 de abril y 3 de mayo de 2012 en virtud de las cuales se ordenó aportar los listados de teléfonos activados en los repetidores próximos a la sala Stroika y al bar Cal Curro y en la fecha y horario señalado,*

no existe vulneración del secreto de las comunicaciones ni del derecho a la intimidad, pues tales resoluciones cubren las exigencias del principio de proporcionalidad y de especialidad, necesarias para la autorización judicial de la injerencia*. Tal información obtenida a través del juez era necesaria para conocer los teléfonos conectados a los repetidores más próximos al lugar de los hechos y cruzar así los datos obtenidos con la información que tenían los Mossos a fin de averiguar la ubicación de las personas investigadas".* (F.D 2) Reconoce que existe una cierta injerencia sobre las comunicaciones en la medida de que dichos datos sean recabados de las operadoras y afecten a comunicaciones realizadas, y, por ello considera necesaria la oportuna resolución judicial. Además dicha sentencia utiliza como fundamento la conservación de datos por las operadoras a los fines de la investigación de delitos al amparo de la Ley 25/2007, de 18 de octubre: *"..., esta ley modifica el art. 33 de la Ley 32/2003, de 3 de noviembre, General de Telecomunicaciones, cuando su finalidad precisamente es la de posibilitar investigaciones como la presente, utilizando datos conservados que pueden arrojar indicios relevantes para la identificación de un terminal telefónico, aun sin titularidad nominal, que permita extraer, elementos de localización o de conectividad, es decir, sin afectar al contenido de la conversación, y que ayuden a dirigir inicialmente una investigación delictiva. Como dice el Fiscal, este cruce de datos será extremadamente útil en la investigación de una serie de delitos, de importante impacto social, y que pueden verse facilitados en su esclarecimiento a través de esta nuevas técnicas en el cruce de conectividades, ya que no se trata de contenidos concretos y accesibles, ni titularidades nominales, que obviamente por ello no se ven afectados, ni han de incidir, ni en el invocado derecho constitucional a la intimidad, ni al secreto de las comunicaciones (apartados 1 y 3 del art. 18 de nuestra Carta Magna)".* Parece dar a entender que un dato de localización de un móvil conservado por una operadora (conservado, por tanto, por razón de una comunicación realizada, en cumplimiento de la Ley 25/2007), estaría sustraído a la protección del secreto de las comunicaciones. Lo que no responde al criterio mantenido por la STJUE Gran Sala de 8 de abril de 2014, que reconoce que estos de datos de tráfico y de localización quedan igualmente amparados por el secreto de las comunicaciones. Así el parágrafo 32 de esta sentencia dice: *" Al imponer la conservación de los datos que se indican en el ar-*

tículo 5, apartado 1, de la Directiva 2006/24 y al permitir el acceso de las autoridades nacionales competentes a éstos, la Directiva establece, como señaló el Abogado General en los puntos 39 y 40 de sus conclusiones, una excepción al régimen de protección del derecho al respeto de la vida privada, establecido por las Directivas 95/46 y 2002/58, con respecto al tratamiento de los datos de carácter personal en el sector de las comunicaciones electrónicas, ya que esas Directivas establecieron la confidencialidad de las comunicaciones y de los datos de tráfico, así como la obligación de borrar o hacer anónimos estos datos cuando ya no son necesarios para la transmisión de una comunicación, salvo si son necesarios para la facturación y únicamente mientras exista esa necesidad". Entre los datos que menciona el artículo 5 apartado 1 de la Directiva 2006/24 se mencionan los "datos necesarios para rastrear e identificar el origen de una comunicación" y los "datos necesarios para identificar la localización del equipo de comunicación móvil".

El sistema SITEL no se centra exclusivamente en el rastreo de datos de localización. La información que suministra es más amplia, y también ha suscitado ciertas dudas[62]. Como comenta RODRÍGUEZ LAINZ el sistema SITEL, como sistema de interceptación de las comunicaciones, suministra información sobre "*fecha, hora y duración de las llamadas, identificador de IMEI y número de móvil afectado por la intervención, distribución de llamadas por día, tipo de información contenida (SMS, carpeta de audio, etc…), repetidor activado y mapa de situación del mismo, número de teléfono que efectúa y emite la llamada o contenido de la información y contenido de las carpetas de audio (llamadas) y de los mensajes de texto (SMS)*". Pero este sistema SITEL sólo se activa en base a una orden judicial, a diferencia de las medidas de retención de datos realizadas por las operadoras al amparo de la Ley 25/2007, de 28 de octubre.

---

[62] Así lo puso de manifiesto JOSÉ LUÍS RODRÍGUEZ LAINZ en su artículo "Consideraciones jurídicas en torno a la licitud constitucional de SITEL" ("Estudios sobre el secreto de las comunicaciones. Perspectiva doctrinal y jurisprudencial", Wolters Kluwer España, S.A., 2011, páginas 687 y ss).

5. RECAPITULACIÓN: CONCEPTO ACTUAL DEL SECRETO DE LAS COMUNICACIONES. PRESUPUESTOS DE APLICACIÓN DEL ARTÍCULO 18.3 DE LA CONSTITUCIÓN ESPAÑOLA

En base a todo lo expuesto puede concluirse que el concepto de comunicación objeto de la garantía constitucional del art. 18.3 CE obedece a los siguientes presupuestos:

1.- Una comunicación, con independencia de cuál sea su contenido. *“la comunicación es a efectos constitucionales el proceso de transmisión de expresiones de sentido a través de cualquier conjunto de sonidos, señales o signos (STC nº 281/2006, de 9 de octubre, STS nº 766/2008, de 27 de noviembre)”.* (Circular 1/2013 de la Fiscalía General del Estado). Lo relevante es la transmisión de expresiones o contenidos, y no la vía o el medio elegido para efectuar dicha comunicación. Es el mismo criterio mantenido por el TEDH en su sentencia de 6 de diciembre de 2012 (caso Michaud c. Francia), cuando en su parágrafo 90 refiere: *“90. Consagrando el derecho de “toda persona” al respeto de su “Correspondencia”, el artículo 8 de la Convención protege la confidencialidad de las “comunicaciones privadas” (Frérot v. Francia, n 70204/01, § 53, 12 de junio 2007), con independencia del contenido de la correspondencia en cuestión (Frérot antes citada, § 54), y con independencia de la forma que adopte. Es por lo tanto la confidencialidad de todos los intercambios en los que los individuos pueden participar a los fines de la comunicación lo que está garantizado por Artículo 8”.*

Frente al criterio de la doctrina tradicional que focalizaba el secreto de las comunicaciones en el <medio> empleado para la comunicación, y el conocimiento de su <contenido>, tal vez por influencia del origen del secreto de las comunicaciones como secreto de la <correspondencia> o comunicaciones postales, la

doctrina jurisprudencial (tanto TCO como TEDH) parece atender a la <comunicación> en sí misma, con independencia del medio empleado. Entendida la comunicación como ese intercambio de pensamientos, ideas, imágenes, sonidos, señales o signos.

2.- Es indiferente el medio utilizado para su realización, pudiendo ser incluso el ambiental (conversaciones verbales u orales). Por tanto, no es imprescindible la intervención de un tercero que facilite el llamado <medio técnico de uso> para materializar y permitir la comunicación.

3.- Si bien, para que dicha comunicación merezca la protección dispensada por el art. 18.3 CE y art. 8 CEDH, dicha comunicación debe realizarse en unas condiciones donde exista una expectativa fundada y razonable de <confidencialidad>. Es esa expectativa de confidencialidad la que fundamenta dicha protección constitucional, como derecho fundamental, en base a proteger la libertad de comunicaciones y la paz social. De ahí que queden excluidos aquellos medios de los cuales no quepa esperar dicha confidencialidad: conversaciones orales en vía pública en voz alta, o en lugares privados en un volumen que exceda el normal; comunicaciones por ondas abiertas accesibles por cualquier persona; comunicaciones por medios de la empresa cuando se han impartido instrucciones limitando el uso de los medios de la empresa, etc...

4.- La comunicación sujeta a la garantía constitucional presupone la intervención de un número limitado o determinado, aunque sea variable, en el decurso de la misma, de los sujetos que interviene en la misma como comunicantes. Ello es consecuencia necesaria de la <confidencialidad> (o expectativa de confidencialidad) que es exigible a la comunicación para que quede amparada por la garantía del artículo 18.3 CE. No cabría esperar dicha confidencialidad, ni dicha protección constitucional, en aquellos supuestos donde se comparten ideas, pensamientos, textos, voz o imágenes, con un número indeterminado de personas, ni se tiene conocimiento de quienes pueden ser los receptores o destinatarios de dicha comunicación (como ocurre en los foros o chats abiertos).

5.- Donde sí puede ser necesario la utilización de un aparato, artificio, instrumento, por un tercero, no es con el fin de facilitar la comunicación, sino para su interceptación. Como ha reconocido nuestro Tribunal

Constitucional el derecho al secreto de las comunicaciones consagra "*la interdicción de la interceptación en sentido estricto -aprehensión física del soporte del mensaje, con conocimiento o no del mismo, o captación del proceso de comunicación- como por el simple conocimiento antijurídico de la comunicado -apertura de la correspondencia ajena guardada por su destinatario o de un mensaje emitido por correo electrónico o a través del teléfono móvil, por ejemplo-*". Dentro de ese conocimiento antijurídico quedaría incluida la utilización de medios que permitan acceder al conocimiento de conversaciones verbales, siempre que dichas conversaciones no sean audibles en condiciones normales (esto es, por los propios sentidos humanos y sin intervención de medio artificial). Dicha utilización de aparatos o artificios, se considera una interceptación o injerencia en dicha comunicación, ya se desarrolle dicha conversación en lugares públicos o en un lugar privado o cerrado, y siempre que ese medio técnico sea utilizado por un tercero, es decir, aquel que no es parte en la comunicación (comunicantes). Como dice la STCo 145/145/2014, de 22 de septiembre (B.O.E. 28.10.2014), lo que garantiza el artículo 18.3 CE es "***la impenetrabilidad por terceros ajenos a la comunicación misma***".

6.- El secreto de la comunicación alcanza no sólo su fase activa, sino que, al alcanzar a su misma existencia, incluidos sus elementos externos o de localización, en cuanto permitan conocer la existencia de una comunicación en curso o finalizada. El secreto de las comunicaciones abarcaría el conocimiento de listados o registros de comunicaciones ya consumadas o de los datos relativos a las mismas.

7.- En consecuencia, los archivos, carpetas, o listados de llamadas, correos, o comunicaciones recibidas o enviadas, inicialmente están amparados por el derecho a la intimidad y a la protección de datos de carácter personal, pero en la medida que permitan tener conocimiento de la simple existencia de una comunicación en curso o realizada, o de algunos de sus elementos externos o interlocutores también quedan amparados por el secreto de las comunicaciones.

8.- La relevancia de las nuevas tecnologías, y su carácter multifuncional, hacen nacer un nuevo concepto: el derecho a la protección del "entorno digital", entendido como nuevo derecho complejo donde se entremezclan y superponen la protección de derechos a la intimidad, secreto de las comunicaciones y protección de datos de carácter personal. Su fundamento es la dificultad de garantizar que un acceso a dicho dispositivo de almacenamiento masivo, se centre sólo en contenidos amparados por el derecho a la intimidad o la protección de datos, y no incida en informaciones relativas a comunicaciones, teniendo en cuenta su carácter de instrumento potencial de una comunicación (entre otras funciones).

6. INTERCEPTACIÓN DE LAS COMUNICACIONES Y TERCEROS AFECTADOS: LA L.O. 13/2015

El TEDH había sancionado la falta de calidad de la ley española en materia de interceptación de las comunicaciones. Las deficiencias de la ley, su falta de calidad, se evidenciaron en el caso Valenzuela Contreras c. España en STEDH de 30 de julio de 1998, y así lo reconocía la STS Sala 2º 877/2014, de 22 de diciembre. La STS 342/2015, Sala 2ª, de 2 de junio de 2015 (Roj 2718/2015) recuerda, no obstante, el Auto TEDH de 25 de septiembre de 2006 (caso Abdulkadr c España) sobre la suficiencia de la jurisprudencia de nuestro Tribunal Constitucional como integradora de las deficiencias de la legislación española, en relación al antiguo artículo 579 LECrim, entendiendo que dicha jurisprudencia era suficiente y suplía las carencias de dicha legislación en materia de interceptación de las comunicaciones.

Gran parte de estas carencias se tratan de subsanar con la L.O. 13/2015, de 5 de octubre, de modificación de la Ley de Enjuiciamiento Criminal para el fortalecimiento de las garantías procesales y la regulación de las medidas de investigación tecnológica. Pero me interesa destacar algunos aspectos de esta nueva normativa en relación a los antecedentes jurisprudenciales, tanto del TEDH, como de nuestro TS: aquellos aspectos donde la medida afecta a terceros que inicialmente no son objeto de la investigación.

a)Comunicación del hecho de la injerencia o interceptación a cualquier afectado por la misma

La STEDH de 6 de septiembre de 1978 (Caso Klass and others v. Alemania) distingue tres estadios en las medidas de vigilancia: <cuando es

ordenada>, <cuando se ejecuta> y <cuando ha terminado>. Reconoce que los dos primeros sólo son efectivos si se ejecutan sin el conocimiento del investigado. Reconoce que, en base al "rule of law" (principio de legalidad propio del estado de derecho, es decir, la previsibilidad legal), es exigible, entre otras cosas, que la injerencia de las autoridades en los derechos de los individuos se lleve a cabo en base a un control previo, que normalmente será judicial (como medio más idóneo de garantizar la independencia, imparcialidad y un procedimiento adecuado), pero admite que pueda ser realizado por otra autoridad no judicial. Entiende que esta última posibilidad no excede los límites de lo que se considera necesario en una sociedad democrática, siempre que dicha autoridad sea independiente y ejerza un control efectivo sobre el que ejecuta la medida, de manera que pueda emitir un juicio objetivo sobre la legalidad de la medida adoptada. Pero exige, en todo caso, que una vez cesada la medida, ésta sea notificada al afectado a fin de que éste pueda ejercitar los derechos que le asistan. No existe posibilidad efectiva de supervisión a posteriori si no existen medios establecidos para que el afectado tenga conocimiento de la injerencia en sus derechos, una vez concluida dicha injerencia y siempre que no ponga en peligro la finalidad de la investigación (parágrafos 56 a 58).

Más recientemente la STEDH de 4 de diciembre de 2015 (caso Roman Zakharov c. Rusia) vuelve a incidir en: "*En cuanto a la tercera etapa, después de que la vigilancia ha terminado, la cuestión de la notificación posterior de las medidas de vigilancia está inextricablemente ligada a la eficacia de los recursos ante los tribunales y, por tanto, a la existencia de una protección eficaz contra el abuso de las facultades de control. Hay en principio poco margen para recurrir a los tribunales a menos que el individuo afectado sea informado de las medidas tomadas sin su conocimiento y por lo tanto tiene la posibilidad de cuestionar a posteriori la legalidad de la medida (ver Klass y otros, antes citada, apartado 57, y Weber y Saravia, antes citada, § 135) o, alternativamente, si una persona que sospeche que sus comunicaciones están siendo o han sido interceptados pueda invocarlo ante los tribunales, de manera que la jurisdicción de los tribunales no dependa de la notificación de la intercepción al sujeto que ha sido objeto de la interceptación de sus comunicaciones (véase Kennedy, antes citada , § 167*". (parágrafo 234). El parágrafo 289 añade: "*...la Corte observa que en Rusia las personas cuyas comunicaciones han sido interceptadas no son* *notificadas de este hecho en ningún momento y bajo ninguna circunstancia. De ello se desprende que, a menos que se haya abierto un proceso penal en contra del afectado por la interceptación y que los datos interceptados sean utilizados como pruebas, o a menos que haya habido una filtración, es poco probable que la persona afectada pueda averiguar si se han interceptado sus comunicaciones".* Y en el parágrafo 298 añade que, aunque la ley prevea acciones legales frente a la posible violación de su derecho al secreto de las comunicaciones, no existe posibilidad efectiva de tomar medidas legales si no existe un conocimiento de las medidas adoptadas que le afecten. En su conclusión final (parágrafo 302), hace alusión expresa a: *"El derecho interno permite el almacenamiento automático de los datos claramente irrelevantes y no es lo suficientemente clara en cuanto a las circunstancias en las que se almacena el material interceptado y destruido después del final de un proceso".* Se condena el almacenamiento masivo de datos, sin conocimiento de los afectados, y sin garantías del conocimiento efectivo de dicho almacenamiento, y, por tanto, de la posibilidad de solicitar la destrucción o borrado de datos irrelevantes.

La STJUE de 8 de abril de 2014, por la que se invalida la Directiva 2006/24/CE, en su parágrafo 62 reconoce: "*"...en especial, el acceso a los datos conservados por las autoridades nacionales competentes no se supedita a un control previo efectuado,* ***bien por un órgano jurisdiccional, bien por un organismo administrativo autónomo...***"

El artículo 588 ter i) LECRim (L.O. 13/2015) regula el acceso de las <partes> en el proceso a las grabaciones. En su apartado 3 dispone:

"3. Se notificará por el juez de instrucción ***a las personas intervinientes en las comunicaciones interceptadas*** *el hecho de la práctica de la injerencia y se les informará de las concretas comunicaciones en las que haya participado que resulten afectadas, salvo que sea imposible, exija un esfuerzo desproporcionado o puedan perjudicar futuras investigaciones. Si la persona notificada lo solicita se le entregará copia de la grabación o transcripción de tales comunicaciones, en la medida que esto no afecte al derecho a la intimidad de otras personas o resulte contrario a los fines del proceso en cuyo marco se hubiere adoptado la medida de injerencia".*

Aunque el artículo 588 ter i) lleva por título "acceso de las partes a las grabaciones"[63], conforme a la doctrina del TEDH, que es de

---

[63] La STCo 25/2011, de 14 de marzo de 2011 (B.O.E. 11-04.2011) parece unir el control de la legalidad de una medida invasiva de un derecho fundamental a la existencia de un

aplicación en virtud de lo dispuesto en el artículo 10.2 de la CE, debe entenderse que el deber de notificar alcanza a toda persona afectada por la citada interceptación, aunque sea un tercero que no sea parte en el proceso. Además esta medida debería haber sido extendida a todos aquellos supuestos donde se lesiona un derecho fundamental del sujeto sin su conocimiento, como son "los registros remotos de los equipos informáticos" (art 588 septies a) o la "captación y grabación de comunicaciones orales directas o de imágenes mediante la utilización de dispositivos electrónicos (art. 588 quater a), más aún si esta invasión se produce en ámbitos tan reservados con son "domicilio o en cualesquiera otros lugares cerrados" (art 588 quater a.1. in fine), pudiendo llegar tal injerencia a la captación o grabación de imágenes (art. 588 quater a.3), más aún, teniendo en cuenta que todas estas injerencias se realizan sin el conocimiento del afectado.

La STEDH de 12 de enero de 2016 (caso Szabó y Vissy v. Hungría), en su parágrafo 77 reconoce que las medidas de vigilancia, incluidas

---

proceso, cuando en su F.D. 4º afirma: *"...«lo que nuestra doctrina ha considerado contrario a las exigencias del art. 18.3 CE no es la mera inexistencia de un acto de notificación formal al Ministerio Fiscal de la intervención telefónica –tanto del Auto que inicialmente la autoriza como de sus prórrogas–, sino el hecho de que la misma, al no ser puesta en conocimiento del Fiscal, pueda acordarse y mantenerse en un secreto constitucionalmente inaceptable, en la medida en que no se adopta en el seno de un auténtico proceso que permite el control de su desarrollo y cese» (STC 197/2009, de 28 de septiembre, FJ 7)"*, mientras que el TEDH considera que toda medida de injerencia en los derechos reconocidos por el artículo 8 CEDH debe ser puesta en conocimiento del afectado a fin de que éste pueda adoptar aquellos remedios legales que correspondan en caso de violación del artículo 8 CEDH. La STCo 26/2010, de 27 de abril (B.O.E. 27.05.2010) dice: *"... la garantía jurisdiccional del secreto de las comunicaciones no se colma con la concurrencia formal de una autorización procedente de un órgano jurisdiccional (en el caso del ordenamiento español, el Juez de instrucción, al que la Ley de enjuiciamiento criminal configura como titular de la investigación oficial), sino que ésta ha de ser dictada en un proceso, único cauce que permite hacer controlable, y con ello jurídicamente eficaz, la propia actuación judicial. Al desarrollarse la actuación judicial en el curso de un proceso es posible el control inicial por parte del Ministerio Fiscal –como garante de la legalidad y de los derechos de los ciudadanos–, en el periodo en que se desarrolla la misma, sin conocimiento del interesado y, posteriormente, cuando la medida se alza, por el propio interesado, que ha de poder conocer e impugnar la medida. No obstante, hemos afirmado que tal garantía existe también cuando las 'diligencias indeterminadas' se unen, pese a todo, sin solución de continuidad, al proceso judicial incoado en averiguación del delito, 'satisfaciendo así las exigencias de control del cese de la medida que, en otro supuesto, se mantendría en un permanente, y por ello constitucionalmente inaceptable, secreto' (SSTC 49/1999, de 5 de abril, FJ 6; 126/2000, de 16 de mayo, FJ 5; 165/2005, de 20 de junio, FJ 7; 136/2006, de 8 de mayo, FJ 5)".* (También STCO 5/2010, de 7 de abril B.O.E. 07.05.2010).

las escuchas telefónicas, cuando son encomendadas a la autoridad judicial presentan mayores garantías de independencia, imparcialidad y adecuación de la medida frente a posibles abusos de autoridades no judiciales. A pesar de este punto de partida, reconoce que dichas medidas pueden ser autorizadas por autoridad no judicial, siempre que dicha autoridad sea independiente de la que ejecuta la medida, aunque ello supone un mayor riesgo de abuso, si bien considera que la supervisión por un miembro del Ejecutivo políticamente responsable, como el Ministro de Justicia, no proporciona suficientes garantías frente a un abuso. En el parágrafo 80 reconoce que imponer como obligatoria una previa autorización judicial pueden ser contraproducente en la lucha contra el terrorismo en situaciones de emergencia[64], de ahí que admita que le ley prevea un poder o potestad de vigilancia secreta de correos postal y telecomunicaciones con el fin de preservar la seguridad nacional y/o prevención de desórdenes o crímenes, si bien estas medidas excepcionales deben quedar sujetas a posterior revisión, y al mismo tiempo, exige que si el control no es judicial presente ciertas garantías del conocimiento del hecho por el afectado y se establezca un sistema de salvaguarda de sus derechos. El parágrafo 86 vuelve a recordar que la cuestión de la notificación de las medidas de vigilancia al afectado está indisolublemente unida a la efectividad de los remedios legales y por lo tanto de la efectividad de las garantías frente a abusos en la activación de medidas de control, si bien a posteriori y siempre que no ponga en peligro la finalidad de la investigación[65].

---

[64] Esta doctrina es recogida por la L.O. 13 /2015, cuando introduce el artículo 588 ter d LECrim, en cuyo apartado 3 se establece: " *3.-En caso de urgencia, cuando las investigaciones se realicen para la averiguación de delitos relacionados con la actuación de bandas armadas o elementos terroristas y existan razones fundadas que hagan imprescindible la medida prevista en los apartados anteriores de este artículo, podrá ordenarla el Ministro del Interior o, en su defecto, el Secretario de Estado de Seguridad. Esta medida se comunicará inmediatamente al juez competente y, en todo caso, dentro del plazo máximo de veinticuatro horas, haciendo constar las razones que justificaron la adopción de la medida, la actuación realizada, la forma en que se ha efectuado y su resultado. El juez competente, también de forma motivada, revocará o confirmará tal actuación en un plazo máximo de setenta y dos horas desde que fue ordenada la medida*".

[65] En la STEDH de 16 de febrero de 2016 (caso Govedarski c. Bulgaria), el tribunal reconoce que la medida de entrada en el domicilio y registro puede ser adoptada por un órgano no judicial, siempre que existe un control judicial efectivo a posteriori sobre la legalidad y necesidad de dicha medida invasiva de los derechos del artículo 8 CEDH, y una limitación estricta a supuestos legalmente previstos de este tipo de potestades por

Ya en la STEDH de 7 de junio de 2007 (Caso Smirnov c Rusia), admitió que la orden de registro e incautación de un equipo informático en el domicilio del acusado proviniese de un fiscal por estar así autorizado en la legislación federal rusa[66].

El TS, Sala 2ª, en sentencia 841/2014, de 9 de diciembre, afirma: *"En lo referente a la notificación de tal medida el Ministerio Fiscal, tras un primer momento de duda ante la exigencia de tal requisito por parte del Tribunal Constitucional -STC 197/2009, reiterada posteriormente en otras[67]–, hoy día ya ha quedado claro que tal notificación solo sería exigible cuando tal medida no se adopte en el seno de unas diligencias judiciales, esto es unas Diligencias Previas, y se hiciese en unas "Diligencias Indeterminadas" que no tienen el carácter de proceso strictu sensu más aún, carecen de regulación legal y en rigor no son un proceso legalmente existente – STC 72/2010 y las en ella citadas--". (F.D. 5º).*

El F.D. 18 de la STS 877/2014, de 22 de diciembre: *"En relación a la ausencia de notificación del MF con carácter previo a la intervención y de los propios autos de intervención, la jurisprudencia del TS en sentencias 1044/2011 de 11-10; 644/2011 de 30-6; 628/2010, de 1-7; 98/2010 de 12-2; 483/2007 de 4-6; es clara al señalar que no puede sostenerse la ausencia de control judicial de la injerencia por el solo hecho de que se haya omitido la notificación del auto autorizante al Ministerio Fiscal. El art. 18.3 CE subordina la medida a la existencia de "resolución judicial" que la autorice y en línea de principio ello parece suficiente para alcanzar la garantía constitucional. La notificación al Ministerio Fiscal puede ser un "plus" de garantía procesal pero no tiene en rigor rango de exigencia constitucional".*

b) Alcance o extensión subjetiva de la interceptación respecto de terceros.

órganos no judiciales. Ver también STEDH de 30 de septiembre de 2014 (caso Prezhdarovi c. Bulgaria).

[66] En el mismo sentido STEDH de 10 de noviembre de 2015 (caso Slavov y otros c. Bulgaria): "*No obstante el margen de apreciación que se reconoce a los Estados, es necesario redoblar la vigilancia cuando la legislación nacional permite a las autoridades llevar a cabo una búsqueda sin orden judicial: la protección de las personas contra las violaciones arbitrarias por las autoridades públicas de los derechos garantizados por el artículo 8 requiere un marco legal y una estricta limitación de las potestades de este tipo (Camenzind c. Suiza 16 de diciembre de 1997, § 45, Reports 1997-VIII)*".

[67] En este sentido SSTCo 197/2009, de 28 de septiembre; 25/2011, de 14 de marzo; 26/2010, de 27 de abril ó 87/2010, de 4 de noviembre.

La autorización comprende la posibilidad de intervenir la comunicación y grabar su contenido, aunque pueda afectar a terceros, que inicialmente no sean el objeto de la investigación. La STS, Sala 2ª, 495/2015, de 29 de junio (Roj 3516/2015) en su F.D. 4º: "*Insertadas tales llamadas en el desarrollo de los acontecimientos, no se puede negar que a través de ese teléfono que usaron dos acusados se realizó una cierta coordinación. Sin embargo, ninguna lesión del derecho al secreto de las comunicaciones se ha producido porque, si bien el número NUM015 no estaba judicialmente intervenido cuando se efectuaron tales llamadas, sí lo estaba el de su interlocutor, el teléfono NUM016 que usaba Indalecio Teófilo. Intervención, sobre cuya legalidad ordinaria y constitucional el recurso no suscita duda alguna, y que amparaba la captación de todas las conversaciones mantenidas desde el mismo*".

La STS Sala 2º 265/2015, de 29 de abril de 2015, (Roj 1925/2015), en su F.D. 40, cita la STS núm. 433/2012, de 1 de junio: "..."*la intervención se produce respecto de las comunicaciones de aquellas personas frente a las que en un primer momento existen indicios de implicación en un hecho delictivo,* ***pero dado que las conversaciones son bilaterales, la autorización judicial abarca la posibilidad de utilizar como prueba de cargo tanto las manifestaciones que realicen a través de dichos teléfonos las personas investigadas, cuyas comunicaciones están intervenidas, como las manifestaciones de quienes se comuniquen con ellos, sin que la prueba así obtenida sea ilícita aunque las comunicaciones de éstos terceros no hayan sido intervenidas, siempre que se refiera al mismo hecho delictivo objeto de investigación****, como sucede en este caso con el tráfico de heroína y cocaína que realizaban los interlocutores de las recurrentes y en el que éstas colaboraban.* ***Cuando se autoriza la intervención de las comunicaciones que se realicen desde un teléfono determinado se legitima la grabación de las manifestaciones de los investigados con sus interlocutores, que en principio son desconocidos, pues en otro caso carecería de sentido alguno la medida, dado que los teléfonos se utilizan siempre para hablar con otras personas***". En el mismo sentido STS Sala 2ª 383/2014, de 16 de mayo de 2014 (Roj 2022/2014).

La STS Sala 2º 1591/2014, de 5 de febrero de 2015 (Roj 820/2015), en su F.D. 1º: "*...Si en el curso de las intervenciones legalmente practicadas emergen otros datos relevantes no puede hacerse oídos sordos....* ***La***

autorización para unas escuchas telefónicas no puede ser materialmente selectiva; es decir, ceñida a unas específicas conversaciones; *no por mor de una regla jurídica o precepto normativo, sino por pura imposibilidad: no es factible, interceptado un teléfono, que se escuchen solo las conversaciones que puedan tener relevancia para la investigación y que el resto de comunicaciones no sean ni oídas, ni grabadas. Ello sencillamente porque a priori no puede discriminarse entre las conversaciones con interés criminal y aquéllas otras –que suelen ser la mayoría– irrelevantes a esos efectos. Solo tras escucharlas se pueden separar unas de otras.* ***Por tanto, la habilitación judicial para unas escuchas necesariamente ha de extenderse a todas las conversaciones que se efectúan por el número identificado y no solo las atinentes al delito objeto de investigación.*** *Será labor posterior la selección. Pero no es irregular que se escuchen conversaciones no relacionadas con tal infracción.* ***Si en el curso de esas escuchas surgen indicios de otro hecho criminal distinto del investigado (hallazgo casual; lo que es consecuencia del principio de especialidad: las escuchas se deben acordar para investigar unos hechos concretos presuntos y no con carácter prospectivo y generalizado) se impone la dación de cuenta a la autoridad judicial para ampliar, en su caso, el objeto de investigación***...”

La STCo 184/2003, de 23 de octubre, sobre destinatario de comunicación que inicialmente no es el investigado, en su F.D. 4º: “*...en particular, poniendo en conexión la protección que el art. 8 CEDH brinda a los comunicantes con el requisito relativo a la necesaria previsión legal de la injerencia, ha declarado la vulneración de este derecho por ausencia de previsión legal si la legislación “no regula de forma detallada el caso de los interlocutores escuchados “por azar’, en calidad de ‘partícipes necesarios’ de una conversación telefónica registrada por las autoridades en aplicación de sus disposiciones” (STEDH de 16 de febrero de 2000, caso Amann c. Suiza, § 61)...*” Y añade el F.D. 5º: “*Pero, además, tampoco regula expresamente y, por tanto, con la precisión requerida por las exigencias de previsibilidad de la injerencia en un derecho fundamental las condiciones de grabación, custodia y utilización frente a ellos en el proceso penal como prueba de las conversaciones grabadas de los destinatarios de la comunicación intervenida, pues el art. 579 LECrim sólo habilita específicamente para afectar el derecho al secreto de las comuni-*

caciones de las personas sobre las que existan indicios de responsabilidad criminal en el momento de acordar la intervención de las comunicaciones telefónicas de las que sean titulares o de las que se sirvan para realizar sus fines delictivos, pero no habilita expresamente la afectación del derecho al secreto de las comunicaciones de los terceros con quienes aquéllos se comunican. A estos efectos resulta conveniente señalar que al legislador corresponde ponderar la proporcionalidad de la exclusión, o inclusión, y en su caso bajo qué requisitos, de círculos determinados de personas en atención a la eventual afección de otros derechos fundamentales o bienes constitucionales concurrentes al intervenirse sus comunicaciones, o las de otros con quienes se comunican, como en el caso de Abogados o profesionales de la información el derecho al secreto profesional (arts. 24.2, párrafo 2, y 20.1.d CE), o en el caso de Diputados o Senadores el derecho al ejercicio de su cargo de representación política (art. 23.2 CE), su inmunidad parlamentaria y la prohibición de ser inculpados o procesados sin previa autorización de la Cámara respectiva (art. 71.2 CE)".

Y en relación a las investigaciones prospectivas el F.D. 11º dice: "*a)... el juicio de constitucionalidad sobre la medida de intervención telefónica precisa examinar si la resolución judicial se adoptó teniendo en cuenta la existencia de indicios, y no meras suposiciones o conjeturas, "de que el delito pudiera estarse cometiendo o llegar a cometerse y de que las conversaciones que se mantuvieran a través de la línea telefónica indicada eran medio útil de averiguación del delito", esto es, la existencia de "datos objetivos que permitieran pensar que dicha línea era utilizada por las personas sospechosas de su comisión o por quienes con ellas se relacionaban, y que, por lo tanto, no se trataba de una investigación meramente prospectiva. En otras palabras,* ***el secreto de las comunicaciones no puede ser desvelado para satisfacer la necesidad genérica de prevenir o descubrir delitos (caso Klass, § 51), o para despejar las sospechas sin base objetiva*** *que surjan en la mente de los encargados de la investigación penal, por más legítima que sea esta aspiración, pues de otro modo se desvanecería la garantía constitucional*" (STC 49/1999, de 5 de abril, FJ 8)".

La previsión normativa de afectación de la medida a terceros se encuentra actualmente en el artículo 588 bis h) LECRim, introducido por la L.O. 13/2015: "*Podrán acordarse las medidas de investigación reguladas en los siguientes capítulos aun cuando afecten a terceras per-*

sonas en los casos y con las condiciones que se regulan en las disposiciones específicas de cada una de ellas".

Pero puede plantearse como tercero, la intervención del teléfono no del acusado o investigado, como emisor o receptor, sino el teléfono, terminal o equipo de la víctima. La STS 393/2015 Sala 2ª, de 12 de junio de 2015 (Roj 3220/2015), en su F.D. 2º reconoce: "*...no es cierto (el Auto) que el mismo no respete los criterios de necesidad y proporcionalidad de la diligencia ni supone infracción de derecho fundamental alguno el que la línea intervenida correspondiera a persona no sospechosa sino víctima de los delitos investigados...la investigación comienza precisamente con la intervención de las comunicaciones telefónicas de la propia víctima, ya que ese era el camino más directo para intentar desvelar cuáles eran las verdaderas dimensiones de lo que en principio pareciera ser una simple agresión causante de unas lesiones de una gravedad relativa".*

La LECrim en su artículo 588 ter b) (introducido por LO 13/2015, de 5 de octubre), regula este supuesto, pero varía los presupuestos de su aplicación: *"2. ...**También podrán intervenirse los terminales o medios de comunicación de la víctima cuando sea previsible un grave riesgo para su vida o integridad**".*

Ofrece, por tanto, distinto alcance o perspectiva respecto a lo mantenido en la citada STS, desde el momento que la intervención de los terminales de la víctima sólo puede obedecer, o bien a su consentimiento (como colaborador con la policía por propia iniciativa), o bien a que "sea previsible un grave riesgo para su vida o integridad", es decir, como medio necesario para la protección de la propia víctima, pero no como medio de investigación de la actividad delictiva en sí misma, como aconteció en la sentencia de 12 de junio de 2015. Distinto es el supuesto en el que la víctima colabora con la policía en la investigación, y facilita el conocimiento del contenido de las conversaciones, supuesto al que ya hemos hecho referencia.

c)El hallazgo casual: aquel supuesto donde investigando otro delito se descubre un delito distinto del investigado: su licitud viene avalada por la STS 5114/2015, de 26 de noviembre de 2015, Sala 2ª.

Dice la STS Sala 2ª 291/2013, de 14 de marzo (Roj 1915/2013): *"En el presente caso, vista la naturaleza del nuevo delito -tráfico de drogas- se aperturó unas nuevas Diligencias Previas al no existir conexidad delictiva con el delito inicial -homicidio--, y se iniciaron tales diligencias nuevas con testimonio del inicial auto de intervención telefónica que lo era por tal delito de homicidio, pero a las nuevas diligencias se llevó testimonio junto al auto de intervención inicial, de las conversaciones intervenidas en las que aparecía el nuevo delito de tráfico de drogas, con ello se cumplió con el deber de especialidad y se amplió la investigación al nuevo delito sin que se exija el dictado de un nuevo auto...Puede traerse a colación la STS 733/2004 de 7 de Junio que ante una denuncia idéntica a la que ahora se estudia, no se dictó un nuevo auto para ampliar la investigación al nuevo delito descubierto, sino que se amplió la investigación a ese nuevo delito manteniendo el auto inicial, y solo en el momento de la prórroga se indicó el nuevo delito. Se dice en dicha sentencia que fue correcta la actuación del instructor que ampliando la investigación al nuevo delito con mantenimiento del auto de intervención inicial, fue luego en la petición de prórroga cuando se citó el nuevo delito. En definitiva, lo esencial es que exista conocimiento temporáneo por parte del Juez del nuevo delito, y ya en las mismas diligencias o en otras, autorice la investigación con base en lo hallado en la investigación inicial, como aquí se hizo, y luego caso de prórroga, ya cite expresamente el nuevo delito".*

El nuevo art 588 bis i) LECRim regula el supuesto del hallazgo casual: "*El uso de las informaciones obtenidas en un procedimiento distinto y los descubrimientos casuales se regularán con arreglo a lo dispuesto en el artículo 579 bis*". Este artículo 579 bis, en su apartado 3º dispone: "*3. La continuación de esta medida para la investigación del delito casualmente descubierto requiere autorización del juez competente, para la cual, éste comprobará la diligencia de la actuación, evaluando el marco en el que se produjo el hallazgo casual y la imposibilidad de haber solicitado la medida que lo incluyera en su momento. Asimismo se informará si las diligencias continúan declaradas secretas, a los efectos de que tal declaración sea respetada en el otro proceso penal, comunicando el momento en el que dicho secreto se alce.»*

Made in the USA
Las Vegas, NV
28 March 2026

44420974R00111